中外文明传承与交流研究书系

全球性公共空间中的甲午战争
以英美报刊舆论为中心的考察

刘文明 著

图书在版编目（CIP）数据

全球性公共空间中的甲午战争：以英美报刊舆论为中心的考察／刘文明著．—北京：商务印书馆，2024
（中外文明传承与交流研究书系）
ISBN 978-7-100-22891-6

Ⅰ.①全… Ⅱ.①刘… Ⅲ.①中日甲午战争—研究 Ⅳ.①K256.307

中国国家版本馆CIP数据核字（2023）第165867号

权利保留，侵权必究。

（中外文明传承与交流研究书系）
**全球性公共空间中的甲午战争：
以英美报刊舆论为中心的考察**
刘文明 著

商务印书馆出版
（北京王府井大街36号 邮政编码 100710）
商务印书馆发行
三河市尚艺印装有限公司印刷
ISBN 978-7-100-22891-6

2024年3月第1版　　开本710×1000　1/16
2024年3月第1次印刷　印张 16 3/4

定价：98.00元

本书为国家社会科学基金项目
"中日甲午战争的英美报刊舆论研究"（13BSS009）成果

首都师范大学历史学院
中外文明传承与交流研究书系

编委会成员（按姓氏拼音为序）

郝春文　梁景和　梁占军　刘　城　刘乐贤　刘　屹
史桂芳　郗志群　晏绍祥　姚百慧　袁广阔　张金龙
张　萍

总　序

这套中外文明传承与交流研究书系，是首都师范大学历史学院于2021年获批北京人文科学研究中心后，开始策划出版的一套旨在集中反映本院教师在"中外文明传承与交流"这一主题下所作出的科研创新成果。书系拟分甲种和乙种两个系列。甲种确定为专著系列，乙种则为论文集系列。

首都师范大学历史学院力争入选北京人文科学研究中心，目的在于发挥自身在发掘和传播中华优秀传统文化，以及培养具有全球视野的各类高级复合型人才方面的经验和优势，强化为北京"四个中心"建设的服务意识，力争服务并解决国家重大战略需求，为构建中国特色人文社会科学话语体系贡献力量。是首都师大历史学科在新时代、新形势下，加强自身学科建设，加强社会服务意识，加强科研攻关能力，加强复合型人才培养的重要举措。我们有基础、有实力，也有信心，在"中外文明传承与交流"研究方面，作出足以代表北京人文社科最高水平的科研成果，以及提供足以解决北京市乃至国家现实需求的社会服务。

首都师范大学历史学院的前身是1954年成立的北京师范学院历史系。自创系伊始，我们建系的第一代教师就十分注重中国史和世界史协同发展。几位老先生当中，成庆华、宁可先生治中国古代史，谢承仁先生治中国近代史；戚国淦、齐世荣先生分别治世界中世纪史和现代国际关系史。他们为历史学科的发展奠定了基础，留下了"敬畏学术，追求卓越"的宝贵精神财富。2003年，历史系开始设立考古学学科，并于2004年开始招收文物专业的本科生。历史系改为历史学院后，2011年，一举获得教育部历史学门类下三个一级学科博士点，成为学院学科建设上一座新的里程碑。从此，首都师大历史学院也成为全国范围内为数不多的、按完整的历史学门类建设、三个学科协同发展的历史院系。

近二十年来，历史学院三个一级学科都有了较快的发展，并形成了自己的特色，有了明确的发展目标。其中世界史在连续几次学科评估中保持全国第三，至今仍是全校各学科在学科评估中排名最靠前的学科。除了我们的老前辈打下的坚实基础外，也是因为世界史学科的后继者们，具有勇于挑战自我、开辟新路的"敢为人先"的精神。世界史一方面保持了传统的优势学科方向，如世界上古中世纪史、国际关系史。另一方面则在国内率先引进全球史的学科理论，并对国别区域研究赋予新时代的新内涵。中国史是全国历史院系普遍都很强的学科。首都师大的中国史研究，从一开始就不追求"大而全"，而是把有限的力量集中在自己优势的方向上去。如出土文献的整理研究，包含简帛学和敦煌学等"冷门绝学"，秦汉、魏晋南北朝、隋唐、宋等断代史研究，近代社会文化史研究，并在历史地理学、宗教史研究等方面有新的拓展。考古学重点发展的是新石器时代至三代考古，特别是在中华文明起源研究、手工业考古等方面具有优势。此外还着重发展文物博物馆、文化遗产、科技考古等专业方向。

社会在发展，时代在进步，历史学的发展也应该在保持原有优势的前提下不断开创新的增长点。强调服务社会，强调学科交叉，等等，这些都要求我们在三个一级学科协同发展方面要有新的举措。

有鉴于此，首都师大历史门类，将建设"中外文明传承与交流"人文科研中心作为一个重要的契机，力争在过去三个学科互相支持、共同发展的基础上，进一步深化三个学科在具体科研课题方面的交流与合作。历史学院有三个一级学科博士点的有利条件，完全可以在中外文明起源与传承研究、中外文明交流互鉴研究等方面，实现合作攻关。虽然目前书系第一批的著作和论文集还有"各自为战"的意味，但我们的最终目标是能够推出代表中国历史学科最高水平的、能够充分体现历史学三个一级学科之间互通互补的科研成果，以及探索历史学三个一级学科之间，乃至与历史学之外其他学科之间交叉合作的研究模式。只有这样，才能达到"中外文明传承与交流"北京人文科学研究中心建设的目标。

编委会

2022 年 6 月

目 录

前　言 / 1

绪论　为何研究甲午战争的国际舆论 / 7

第一节　研究的学术缘由和基本思路 / 7
第二节　相关研究综述 / 12
第三节　甲午战争时期的英美报刊 / 31

第一章　英美报刊对战争动态的报道和评论 / 39

第一节　对战前局势的关注和战争爆发后的评论 / 39
第二节　对主要战役的报道和评论 / 55

第二章　关于"高升号"事件的英美报刊舆论 / 83

第一节　英国报刊对"高升号"事件的报道 / 84
第二节　美国报刊对"高升号"事件的报道 / 117

第三章　英美报刊关于"旅顺大屠杀"的报道和争论 / 127

第一节　英美战地记者对"旅顺大屠杀"的报道 / 127
第二节　英美报刊关于"旅顺大屠杀"的争论 / 140

第四章　英美报刊对马关和谈及《马关条约》的报道和评论 / 150

第一节　对马关和谈和李鸿章遇刺的报道 / 151

第二节　关于《停战协定》和《马关条约》的报道和评论 / 159

第五章　"文明"话语与甲午战争 / 173

第一节　19世纪西方"文明"话语 / 174

第二节　甲午战争中的"文明"话语 / 185

余论　全球性公共空间中的"他者"叙事 / 201

附　录 / 211

一、英国报刊中法学界关于"高升号"事件的争论 / 211

二、英美报刊谴责日本的相关报道 / 225

参考文献 / 245

前　言

　　中日甲午战争不仅对近代中国产生了重大影响，而且也是整个东亚历史的转折点。战后的中国出现了面临被瓜分的危机，而日本却由此跻身欧美所谓"文明国家"（civilized nation）的行列，走向了殖民扩张的道路并成为东亚的霸主。中国史学界对甲午战争的研究已经取得了丰硕的成果，并且这种研究至今仍在不断深化。然而，国内史学界对与甲午战争相关的外延性问题研究相对不足。关于战争的国际舆论就是甲午战争研究的一个重要外延性问题，但现有研究成果却屈指可数。因此，本书选择这一领域作为研究对象，以英美报刊为中心考察西方国家对于甲午战争的舆论和态度，以此弥补关于甲午战争研究中对国际舆论研究的不足。

　　在国内史学研究中，甲午战争通常是一个中国史的问题，关注者大多是中国近代史的学者，而世界史学界除了少数日本史的学者有所涉及，很少予以关注。因此，本书的研究也试图打破中国史与世界史的学科界限，从全球史视角把中日甲午战争置于一个更广阔的公共舆论空间来考察。一方面，将英美报刊的报道和评论作为全球性公共空间中的"他者"叙事来看待，从甲午战争的英美报刊舆论来反思英美霸权背景下的"他者"叙事；另一方面，借助于这种"他者"叙事来审视这场战争，为我们理解这场战争提供一个思考问题的新维度。

　　本书所用的"公共空间"概念由哈贝马斯的"公共领域"（public sphere）引申而来，在哈贝马斯所阐述的"资产阶级公共领域"的启发下，将围绕甲午战争形成的国际舆论场域称为"全球性公共空间"。哈贝马斯在《公共领域的结构转型》中探讨资产阶级公共领域时，提出了公共领域形成的三个要素，即公众、公众舆论和公共场所（媒介）。公共领域就是由公众自由参与而理性地讨论事务的公共空间。18世纪欧洲资产阶级在沙龙和咖啡馆里的讨论，可以看作最早形成的公共领域，而之后发展起来的大众传播媒介——报纸和杂志，进一步促进了资产阶级公共领域的形成。然而，哈贝马斯所说的公共领域只局限于民族国家的范围，因为哈贝马斯把公共领域只看作一种资产阶级民主政治形式，强调在公众参与和民主协商面前存在一个公共权力部门，而这一条件在跨国情境下很难得到满足。因此，哈贝马斯的"公共领域"是一种狭义的所谓"民主政治形式"。但是，如果我们将"公共领域"看作一种广义的公共舆论的话语空间，是各种参与者围绕一个共同关注的话题展开讨论而形成的舆论场域，那么，这种"公共领域"就可以超越国家边界而形成一种更大范围的跨国性公共空间。而且，这种跨国性公共空间在19世纪下半叶的全球化环境中已经具备了形成的条件。为了区别于哈贝马斯对公共领域的界定，笔者更倾向于将超越民族国家界限的这种"公共领域"称为"公共空间"，即跨国公共空间或全球性公共空间。

19世纪下半叶，随着工业革命、交通技术革新和资本主义经济的发展，西方列强主导的资本主义世界市场和殖民体系形成，全球化加速发展，世界各地的联系和交往日益紧密。在世界联结成一个整体这一大背景下，任何一个地方性事件都有可能成为一个全球性事件。因此，在这样一个时代，完全有可能围绕一个事件而形成一种国际舆论的全球性公共空间。与此同时，19世纪下半叶通信技术的发展，使全球性公共空间中的媒体和话语的即时性在技术上成为可能。到19世纪80年代，由电缆联结而成的世界网络基本成型，信息传播进入了电报时代。此时的欧洲和北美，甚至每个中等城市都有自己的电报局。当时的中国也成了这个网络中的一部分。正是在这种信息即时传递的基础上，有关甲午战争的消息能迅速传遍世界，并形成一个全球性舆论场域。

19世纪下半叶报纸杂志和通讯社的发展，为全球性公共空间的形成提供了必需的基本要素——公众舆论和公共场所（媒介）。19世纪下半叶，以约瑟夫·普利策的纽约《世界报》为代表的"新式新闻业"发展起来，报纸成为西方国家民众日常生活中的一部分。与此同时，欧美人士在非英语国家开办的英文报纸也发展起来。例如，19世纪40年代以后外国人在中国创办的外文报刊多达120种以上，主要有香港的《孖剌报》《德臣报》和《南华早报》，上海的《字林西报》《上海航运日报》和《大美晚报》，天津的《京津泰晤士报》等。这些非西方国家的英文报刊与欧美国家的报刊在新闻报道上相互援引，共同构成了一个国际舆论圈。另一方面，国际通讯社在19世纪下半叶也依托电报技术而发展起来。较早建立并随后具有国际影响的通讯社，主要有法国的哈瓦斯社（后来的法新社，1835年），德国的沃尔夫通讯社（1849年），英国的路透社（1851年）。在美国，1848年几家报社联合成立了港口新闻联合社，后来几经变化于1892年成立了联合通讯社（美联社）。这些通讯社到19世纪末都发展成为国际通讯社，向各国报刊提供即时新闻。

这样，在19世纪下半叶，全球一体化、交通和电报技术的发展、报刊的繁荣等，共同促成了围绕某一国际事件的全球性公共空间的形成。中日甲午战争可以说是世界上第一场新闻媒体普遍使用电报传递信息的战争（克里米亚战争中已有使用但不普遍），这使得甲午战争成为一场具有即时国际舆论的战争。因此，将甲午战争置于一个全球性公共空间中来考察，将英美报刊关于甲午战争的报道和评论看作全球性公共空间中的"他者"叙事，可以为研究甲午战争提供一种思考问题的新视角，进而在全球史的框架中从整体上进一步理解甲午战争。

本书以中日甲午战争中的重大战役和重大事件为中心，着重考察了1894—1895年英国和美国主要报刊对于这些战役和事件的报道和评论。英美报刊对中日之间在朝鲜问题上的争端，从一开始就给予了高度关注，中日战争爆发后便进行了大量报道，并对一些重大事件作了评论。从报道的情况来看，英美报刊对战争的进程进行了实时动态的跟踪报道，尤其是对"高升号"事件、平壤战役、大东沟海战、旅顺战役和旅顺大屠杀、威海卫战役、马关和谈等重大事件作了大量深入报道。第一章"英美报刊对战争动态的报道和评论"，主要根据甲午战争的进程，考察英美报刊对战前局势和战争中重大战役的报道，包括对战争爆发、平壤战役、大东沟海战、威海卫战役的报道和评论。在这些报道中，大多数对清军的战术、军纪和士气作了较为负面的评价。第二、三、四章则介绍和分析了英美报刊对战争中三个重大事件的报道及评论，即第二章"关于'高升号'事件的英美报刊舆论"、第三章"英美报刊关于'旅顺大屠杀'的报道和争论"、第四章"英美报刊对马关和谈及《马关条约》的报道和评论"。

关于"高升号"事件，由于"高升号"船属于英国公司，因此英国报刊比美国报刊更关注此事，而且部分报刊还强烈谴责了日本。但以《泰晤士报》为代表的报纸则比较冷静，有为日本辩护的嫌疑，尤其是霍兰德、韦斯特莱克等法学家通过这些报刊表达了对日本的支持。

英美报刊关于"旅顺大屠杀"的报道是在整个战争报道中最有价值的部分，因为托马斯·科文、詹姆斯·克里尔曼和弗雷德里克·维利尔斯等战地记者坚持报道"旅顺大屠杀"的真相，揭露了日军在旅顺的暴行，使世界为之震惊。但是，当时仍有许多英美报刊偏袒日本。

英美报刊对中日马关和谈及《马关条约》的签订给予了极大关注，对整个和谈和签约过程进行了连续报道，并且对一些重要事件和条约内容作了评论。不过，总的来说其叙事和评论的立场都几乎是站在日本一边，以成王败寇的价值判断来评述甲午战争的结果。当然，英美许多报刊之所以为日本唱赞歌，一个重要的影响因素是他们与日本在中国问题上有着共同利益，日本用武力进一步打开中国的大门，从中国攫取大量特权，而这些特权根据中国与欧美列强不平等条约中的最惠国待遇，这些国家都可一体均沾。因此，英美报刊舆论除了在割让领土方面表现出了不同看法，对于《马关条约》中其他条款的规定，均看作战争理所当然的结果，是日本作为战胜国理应获得的利益。

在整个战争期间的英美报刊舆论中，西方世界所谓的"文明"话语一直扮演着重要角色，以"文明"和"野蛮"作为评判战争行为的价值标准，因此"文明"话语是考察和理解英美报刊的评论及其态度的一个重要因素。第五章"'文明'话语与甲午战争"，就是从19世纪西方"文明"话语和英美报刊中的"文明"话语来考察英美报刊对甲午战争的评论。日本作为西方国家眼中的"半文明"国家，经过明治维新后力图证明自己已经成为一个"文明"国家，以便修改与西方国家间的不平等条约并进而取得东亚霸权。这样，在中日甲午战争期间，日本积极迎合西方"文明"话语并将其运用到宣传之中，通过操纵"文明"话语来建构自身的"文明"形象和清朝的"野蛮"形象。中日甲午战争的结果是日本通过《马关条约》从中国获得了割地赔款及一系列特权，并且不久后吞并了朝鲜。这种结果在某种程度上又是日本打着"文明"旗号、按照西方"文明"方式处理国际事务的必然结果。笔者认为，中日甲午战争期间，由欧美国家主导并被日本操纵利用的"文明"话语，通过国际舆论而演变成了一种国际政治中的符号暴力。日本凭借其宣传、公关及在战场上的有利地位，成功操纵了"文明"话语并与西方国家一道掌握了战争中评判是非的国际话语权，把自己划在了"文明"的阵营，由此给自己的侵略行为披上了"正义"和"合法"的外衣。相反，清代中国则被贴上"野蛮"和"妨碍进步"的标签而被污名化，由此丧失了对日战争的正义性，不仅承受了旅顺大屠杀和割地赔款的惨痛，而且遭受屈辱却没有得到西方国家大多数媒体的理解和同情。

最后，笔者在"余论"中从全球史视角对本书的研究视角和方法作了进一步思考。如前所述，从19世纪下半叶开始，由于资本主义世界市场和世界殖民体系的形成、交通和通信领域的技术革命、报纸杂志等媒体的发展，世界成了一个互动密切的整体，一种前所未有的全球性公共空间由此形成。在这种空间中，当事者和观察者具有同时在场性，"他者"叙事也因其即时性和共时性而成为一种有声叙事，并对当事者的行为产生影响。将中日甲午战争置于一个更广阔的公共舆论空间，借助于"他者"叙事来审视这场战争，可以为我们理解这场战争提供一个思考问题的新维度。同时，通过对甲午战争国际舆论的考察，也有助于我们反思西方媒体的"他者"叙事在全球性公共空间中的"话语霸权"。

中日甲午战争期间的英美报刊舆论，反映的并不仅仅是英美媒体对于甲午战争的看法，它也反映了中国在当时西方列强主导的世界体系中的国际地位。因此，以英美报刊作为基本史料和分析的切入点，我们还可以作进一步的相关研究。为此，笔者选译了英美报刊相关评论和报道作为"附录"列在书末，包括英国报刊中法学界关于"高升号"事件的争论、英美报刊关于中日甲午战争的评论、英美报刊对"旅顺大屠杀"的报道，希望这些史料能为进一步研究相关问题提供参考。

为何英美大多数报刊舆论倾向于支持日本？笔者认为，由于英美在这场战争中的立场都是基于自身利益，而英美与日本在侵略中国这个问题上具有利益一致性，这决定了英美报刊从本国利益出发而表现出支持日本的立场。另一方面，英美强调自由贸易和民主政治，推崇社会达尔文主义，用带有欧洲中心主义色彩的进步观和文明观来衡量国际上一个国家或社会的好坏，形成了民主与专制、自由与保守、进步与停滞、文明与野蛮、开放与排外等对立范畴。在这套话语和价值观之下，由于日本以"文明开化"和西方"文明"代言人的形象出现，并在战争中迎合西方话语，因此日本和清朝在英美报刊眼中便分别成了上述对立范畴的体现，尽管清政府在战争中惨败并最终签订丧权辱国的条约，英美大多数报刊并未表示同情。不仅如此，一些报刊的评论还认为清朝是"该打"的，1895年4月9日《纽约时报》的社论就是如此，其中声称清政府"需要被鞭打"，使其认识到"世界上不是有四种、三种或两种文明，而是只有一种文明，那就是欧洲和美洲的文明，凡不属于这种文明的都是野蛮的"。①《纽约时报》这一评论发表于中日《马关条约》签订前夕，当时在李鸿章马关遇刺的情况下，在明知日本要求割地赔款的苛刻条件下，《纽约时报》没有表现出丝毫的同情，反而发表了如此对中国带有羞辱性的社论，实在令人震惊。不过，震惊之余，更多的应该是深思，深思美国媒体的评论何以如此。希望本书的研究对于这种深思能够起到一点抛砖引玉的作用。

一场国际战争的胜败并非单纯由军事力量决定，而是诸多因素综合影响的

---

① "Japan and China", *New York Times* (New York), Apr 9, 1895, p. 4.

结果，其中国际舆论关系到参战方能否获得国际同情与支持，成为影响战争的重要因素之一。甲午战争是中国和日本都正处于社会转型时期的一次重要对决，对于这样一场没有西方国家直接参与的东亚国际战争，争取西方国家舆论的同情和支持非常重要。史实表明，日本明治政府对此有所认识，并采取了一些措施来争取有利于其侵略战争的国际舆论环境。而清政府对外宣传及争取国际舆论措施的缺失，使得当时受侵略的中国反而被一些西方报刊指为"不遵守国际法"的"野蛮"国家，从而使日本竭力宣扬的所谓"日清战争乃文明与野蛮之战"的论调在国际舆论界大行其道。今天，中国正处于现代化转型和民族复兴的关键时期，以史为鉴探讨甲午战争时期的国际舆论及其主流话语的影响，具有重要的现实意义。

绪论　为何研究甲午战争的国际舆论

第一节　研究的学术缘由和基本思路

一、学术缘由和研究目的

清朝与日本之间的甲午战争，不仅对于中国和日本的历史有着重大影响，而且影响到整个世界格局的变化。战后的中国出现了面临被瓜分的危机，而日本却由此挤入了欧美"文明国家"的行列，走向了殖民扩张的道路并成为东亚的霸主，并进入世界强国之列，国际政治格局也随之发生变化。因此，对于这场战争，自战争结束之日起就受到了中国学者的极大关注。

早在1895年甲午战争结束后不久，就有中国知识分子搜集整理有关战争的资料出版，例如，陈耀卿编的《时事新编初集》(1895年)，思恢复编的《中倭战守始末记》(1895年)，孔广德编的《普天忠愤集》(1895年)，王炳耀编的《甲午中日战辑》(1896年)，林乐知、蔡尔康译撰的《中东战纪本末》(1896年)，易顺鼎编的《盾墨拾余》(1896年)等。但这些资料辑录，有不少是从外文编译的，只是编纂整理而很难算得上研究。

戚其章先生在回顾中日甲午战争的研究时[①]，认为中国对甲午战争的研究是从20世纪30年代才起步的，50年代之后随着新中国的建立，甲午战争史研究出现了"转机与发展"，进入一个新阶段，但在"文化大革命"期间受到了严重影响。从70年代末起，改革开放带来了甲午战争研究的"拓宽和深化"，在研

[①] 参见戚其章：《建国以来中日甲午战争研究述评》，《近代史研究》1984年第4期；《中日甲午战争研究四十年》，《历史教学》1991年第2期；《甲午战争研究一百年的回顾》，《历史教学》1994年第7期；《中日甲午战争史研究的世纪回顾》，《历史研究》2000年第1期。

究广度和深度上都取得了重大突破。

20世纪30年代，当时主要是在日本占领中国东北地区和意欲进一步侵华的背景下，一些学者希望以史为鉴来救亡图存，开始了甲午战争史研究。综观这一时期中国学者对甲午战争的研究，主要聚焦在以下几个方面：一是仍然比较注重资料的编辑，对国内史料的整理如《清光绪朝中日交涉史料》（1932年起刊印）和《清季外交史料》（1934年）；也有对国外资料的编译，如戴乐尔（William F. Tyler）的《中国纪事》（30年代初张荫麟节译为《甲午中日海战见闻记》）、坎宁安（Afred Cunningham）的《威海卫的清军》（1935年李鼎芳译为《乙未威海卫战事外纪》）、艾伦（James Allan）的《在龙旗下》（1934年费青、费孝通译为《中日战争目击记》）、司督阁（Dugald Christie）的《奉天三十年记》有关甲午战争的部分（1937年陈德震译为《甲午战时辽居忆录》）等。二是出现了研究甲午战争史的专著和论文，专著如王锺麒的《中日战争》（1930年）、张荫麟的《甲午中国海军战迹考》（1935年）、朱国定的《甲午之战》（1939年）等；论文如归与1937年发表的《中日黄海海战纪略》和《中日威海战役纪略》，吴景贤的《甲午战争中国失败的原因》（1931年）等。三是研究开始涉及战争的外交和国际关系，著作有王芸生的《六十年来中国与日本》（1932—1934年）、吴兆铭的《日本帝国主义与中国》（1934年）、王信忠的《中日甲午战争之外交背景》（1937年）等；论文有张忠绂的《甲午战争与远东国际关系之变化》（1932年）、张禄的《甲午战争中之俄国外交》（1934年）等。

20世纪50—70年代，中国的甲午战争史研究，在史料整理和研究著作及论文方面都取得了一些成果。史料整理编纂方面，以邵循正等人编辑的7卷本《中国近代史资料丛刊·中日战争》（1956年）最具代表性。著作方面影响较大的有贾逸君的《甲午中日战争》（1955年）、郑昌淦的《中日甲午战争》（1957年）和戚其章的《中日甲午威海之战》（1962年）。但在1967年之后，由于"文化大革命"的干扰，学术研究几乎停顿。到20世纪80年代，随着中国改革开放和科学文化事业的复兴，甲午战争研究也进入一个新的发展阶段。20世纪80—90年代，国内史学界在这一领域取得了丰硕的研究成果，发表有关论文近千篇，出版了大量著作，例如戚其章的《北洋舰队》（1981年）、《甲午战争史》（1990年）、《甲午战争与近代社会》（1990年）、《甲午战争国际关系史》（1994年），孙克复、关捷的《甲午中日海战史》（1981年）和《甲午中日陆战史》（1984年），孙克复的《甲午中日战争外交史》（1989年），关捷的《甲午风云与近代中国》（1997年），戴逸、杨东梁、华立的《甲午战争与东亚政治》（1994

年）等。另外，史料整理方面也取得了成果，代表性的是戚其章主编的《中国近代史资料丛刊续编·中日战争》（1989—1996年）。不仅如此，这一时期还展开了热烈的学术争鸣，但讨论的问题主要集中在对战争中几大战役的探讨和几个重要人物的评价，例如，关于丰岛海战、平壤战役、黄海海战、威海卫战役、台湾保卫战中的问题和对刘步蟾、丁汝昌、方伯谦、李鸿章、刘永福的评价。关于这一时期的甲午战争的研究状况，韩俊英、王若、辛欣编著的《史鉴——甲午战争研究备要》（1997年）作了较好的综述。

2000年之后，国内史学界对甲午战争的研究出现了新趋势，主要体现在以下几个方面：首先，对海外史料的发掘和运用越来越多。例如雪儿简思的《大东亚的沉没：高升号事件的历史解剖》（中华书局，2008年）、雪珥的《绝版甲午：从海外史料揭秘中日战争》（文汇出版社，2009年）、陈悦的《沉没的甲午》（凤凰出版社，2010年）、宗泽亚的《清日战争（1894—1895）》（世界图书出版公司，2012年）等著作。这些著作虽然都采用了面向大众读者的书写方式，但都大量利用了海外资料，因此对一些问题的叙述和解释不同于传统的视角。又如崔志海的《美国政府与中日甲午战争》、马军的《事迹与文献：甲午黄海海战北洋水师中的洋员》[1]等，都较为充分地利用了英文史料。这些研究都有助拓展中日甲午战争的研究视角和领域。另外，还有一些海外史料的翻译整理，如张黎源、吉辰将戴乐尔的《中国纪事》译为《我在中国海军三十年（1889—1920）——戴乐尔回忆录》（2011年），张黎源2013年翻译出版了介绍菲罗·诺顿·马吉芬（Philo Norton McGiffin）的传记，以《他选择了中国》为书名；吉辰校注出版了桥本海关的《清日战争实记》（2017年）。其次，开始寻找突破传统研究领域的新视角和新问题，例如关于国际法与甲午战争的关系、战争期间中国和日本的报刊舆论等。当然，甲午战争中的国际法问题在日本学界并不是一个新问题，早在甲午战争结束后不久，日本就出于为其辩护的目的，出版了从国际法角度解释甲午战争的著作，影响最大的是有贺长雄的《日清战役国际法论》（1896年）、高桥作卫的《日清战争期间的国际法案例》（1899年）和《英船高升号之击沉》（1903年）。[2]但对于中国史学界而言，这一方面的研究一

---

[1] 崔志海：《美国政府与中日甲午战争》，《历史研究》2011年第2期；马军：《事迹与文献：甲午黄海海战北洋水师中的洋员》，《军事历史研究》2015年第4期。

[2] Nagao Ariga, *La Guerre Sino-Japonaise au Point de Vue du Droit International,* Paris: A. Pedone, 1896. Sakuye Takahashi, *Cases on International Law during the Chino-Japanese War,* Cambridge: The University Press, 1899. 高橋作衛『英船高陞号之擊沈』、清水書店、1903年。

直是缺失的，直到2001年戚其章的《国际法视角下的甲午战争》一书问世。随后有赖骏楠的《十九世纪的"文明"与"野蛮"——从国际法视角重新看待甲午战争》、孙洪军的《从甲午战争中"禁米出洋"政策的实行看清政府的国际法意识》、范永强的《中日甲午战争中的国际法运用比较分析》等论文。[①] 关于甲午战争期间报刊舆论的研究，国内学术界主要集中于对当时国内几大报纸的考察。例如，对甲午战争期间《申报》《字林沪报》《新闻报》《万国公报》《直报》等有关报道的研究。关于这方面的研究状况，笔者将在后文相关研究综述中作进一步考察。再次，出现了甲午战争研究的总结性著作——6卷本的《中日甲午战争全史》[②]，分战前篇、战争篇、战后篇、思潮篇和人物篇，比较全面地考察了中日甲午战争的历史。

通过对中日甲午战争研究的历史回顾，不难看出，中国史学界对甲午战争的研究已经取得了丰硕的成果，并且经历了一个不断深化和扩展的过程，即从最初对战争中几大战役和重要人物的研究和评价，扩大到关注战争中的国际法和报刊舆论，并出现了总结性的多卷本著作，在资料整理方面也不断深入。这些都表明，对中日甲午战争的研究在中国史学界已是一个相当成熟的领域。然而，这并不意味着甲午战争的相关问题已无研究的空间。国内史学界对甲午战争的研究成果虽然非常丰富，但与战争相关的外延性问题研究相对不足。笔者认为，与甲午战争相关的外延性问题，最为典型的是围绕战争的国际关系和国际舆论。在以往的研究中，对国际关系早已有所关注和研究，但对于国际舆论却关注不够，研究成果也是屈指可数。

19世纪晚期，随着工业革命、交通技术革新（轮船和火车的使用）和资本主义经济的发展，西方列强主导的资本主义世界市场和殖民体系形成，全球化加速发展，世界各地的联系和交往日益紧密。与此同时，随着电报等通信技术和通讯社的发展，报纸杂志日益发达，尤其在欧美国家，报纸逐渐成为大众日常生活的一部分，世界各地的信息共享达到了一个空前的高度，在一定程度上形成了一个全球性的公共空间。中日甲午战争正处于这样一个正在形成中的国际舆论空间中，这是研究甲午战争应该考虑的重要因素。另一方面，一场国际

---

① 戚其章：《国际法视角下的甲午战争》，人民出版社，2001年；赖骏楠：《十九世纪的"文明"与"野蛮"——从国际法视角重新看待甲午战争》，《北大法律评论》第12卷第1辑，2011年；孙洪军：《从甲午战争中"禁米出洋"政策的实行看清政府的国际法意识》，《绥化学院学报》2012年第6期；范永强：《中日甲午战争中的国际法运用比较分析》，《西安政治学院学报》2015年第1期。

② 关捷、唐功春、郭富纯、刘恩格总主编：《中日甲午战争全史》，吉林人民出版社，2005年。

战争的胜败并非单纯由军事力量决定，而是诸多因素综合的结果，其中国际舆论关系到参战方能否获得国际同情与支持，也成为影响战争的重要因素。因此，甲午战争的国际舆论问题理应受到研究者的重视。然而，上述研究现状表明，关于甲午战争的国际舆论，国内学者几乎没有专门研究，实际上国外也只有日美等少数几位学者涉及这一问题。笔者认为，打破世界史与中国史的学科界限，以英美报刊舆论为研究对象，从全球史视野对这一问题进行专门研究，具有重要的学术价值。为此，笔者申报了国家社科基金项目"中日甲午战争的英美报刊舆论研究"，考察甲午战争期间英美主要报刊对这场战争的报道和评论，一方面通过考察这些"他者"叙事，帮助我们从"他者"视角来理解这场战争；另一方面，也通过对英美报刊相关报道的考察，了解当时的英美舆论及其对这场战争的态度。

二、研究思路和史料来源

中日甲午战争时期，以报刊为主要形式的近代媒体已初步发展起来，电报的广泛使用使各国报纸对战争的报道非常及时。在这种背景下，战时的国际舆论成为影响战争的一个重要因素。甲午战争期间，"高升号"事件、平壤战役、大东沟海战、旅顺大屠杀、威海卫战役、李鸿章在马关被刺、《中日马关条约》的签订等事件，都一度成为英美报刊报道的热点。英美报刊对一些事件的报道，如"高升号"事件、旅顺大屠杀、李鸿章遇刺等，还对日本政府产生了舆论压力，只是当时清朝政府没有很好地利用西方报刊的国际舆论服务于战争，反而被日本应急公关而扭转了局面，使英美报刊舆论最终都站在日本一边。因此，把甲午战争置于世界情境之中，从全球史视角对英美报刊关于甲午战争的新闻舆论进行探讨，以期由此进一步丰富国内的甲午战争研究，是本书的一个学术出发点。

为了达到上述研究目的，本书将在唯物史观的指导下，采用全球史的研究方法，打破中国史和世界史的学科界限，将甲午战争置于全球情境和世界舆论的大背景下来考察，借助于西方舆论这种"他者"视角和"他者"史料来审视这场战争。与此同时，在哈贝马斯"公共领域"理论的启发下，本书提出以"全球性公共空间"来思考甲午战争中的国际舆论，并且借用福柯、布迪厄等西方学者关于"话语"和"权力"的理论来反思英美报刊关于甲午战争的舆论，揭示英美报刊关于甲午战争的报道和评论中的话语霸权。

本书绪论介绍本研究的学术缘由和研究目的，综述中国、日本和英美史学界的相关研究，并对甲午战争期间英美报刊发展情况及其对甲午战争的关注作一简要考察。第一章主要根据甲午战争的进程，考察英美报刊对战前局势、战争爆发和战争中重大战役的报道和评论。第二、三、四章则介绍和分析了英美报刊对战争中三个重大事件——"高升号"事件、"旅顺大屠杀"、马关和谈及《马关条约》的报道和评论。第五章是从"文明"话语角度对甲午战争中英美报刊舆论的反思。在战争期间，西方"文明"话语一直扮演着重要角色，以"文明"和"野蛮"作为评判战争行为的价值标准，这是我们考察和理解英美报刊的评论及其态度的一个重要维度。最后，笔者在"余论"中从全球史视角出发，探讨了"全球性公共空间"概念对于中日甲午战争在研究方法上的意义。

本研究必须建立在阅读中日甲午战争期间的英美报刊的基础之上，以当时的报刊为第一手资料，由此考察其相关报道和评论。幸运的是，当今历史资料的电子化和相关报刊数据库的建设，为笔者在国内通过互联网获取英、美、日等国报刊原始资料提供了可能。本研究使用的报刊数据库主要有：

ProQuest Historical Newspapers

British Library Newspapers

The Times Digital Archive 1785-2013

ProQuest British Periodicals

ProQuest American Periodicals

19th Century UK Periodicals

19th Century U.S. Newspapers

Chronicling America（Historic American Newspapers）

Readex（America's Historical Newspapers）

New York Times Archive

第二节　相关研究综述

中国和日本作为甲午战争的交战国，各自学术界对本国及对方的报刊舆论研究还是比较重视的，尤其是日本学界对甲午战争期间日本报刊的研究，成果相当丰富，但对以英美为代表的西方国家媒体，中日学者都没有将其作为一个重要问题加以关注。在美国也只有个别学者涉及这一问题，而英国史学界却对此了无兴趣，未见任何研究。

一、中国史学界研究状况

（一）对甲午战争时期中国报刊舆论的研究

中国史学界对中日甲午战争期间报刊舆论的关注，始于20世纪90年代中期。比较早的一篇论文是1994年龚书铎先生发表的《甲午战争期间的社会舆论》，该文以《申报》《时事新编初集》为主要史料来源探讨了甲午战争时期中国的社会舆论。① 与此相类似，探讨当时中国社会舆论的论文还有李坚的《甲午战争时期报刊舆论与社会变迁》和《甲午战争时期的新闻舆论》。这两篇论文均对《申报》《新闻报》《字林沪报》进行了研究，前者探讨了这些报刊在唤起民族觉醒意识、催化思潮流转和推助国民心态转变等方面所起的作用，后者讨论了这些报刊对朝鲜局势、战争进程和《马关条约》签订的新闻舆论。② 李康民的硕士学位论文《中国的新闻舆论与中日甲午战争》，通过考察1894年1月初至1895年12月底的《申报》《新闻报》《字林沪报》《万国公报》《直报》等，从战前"跟踪局势进展"、战争期间"紧跟战争的步伐"和战后"对战争结局的反思和回应"三个方面分析了这些报刊舆论。③

中国史学界对甲午战争时期国内舆论的考察，更多的是集中于对几大报刊的研究，其中关于《申报》的研究成果最多。李新军考察了甲午战争前夕的《申报》舆论，主要分析了该报对战前局势的评判。④ 陈鹏研究了甲午战争期间的《申报》舆论，主要探讨了《申报》在战前的变革主张及其对战争的态度和判断，战争期间的主战态度及其防务防奸策略，以及战后对《马关条约》和割让台湾的态度。⑤ 赵兴元考察了马关议和时期的《申报》，探讨了该报关于马关议和的报道特点及其立场和主张，分析了它对马关议和极为关注的原因，并从《申报》的报道和言论分析了战后国人的心态。⑥ 李慧也以《申报》为研究对象，

---

① 龚书铎：《甲午战争期间的社会舆论》，《北京师范大学学报》（社会科学版）1994年第5期。
② 李坚：《甲午战争时期报刊舆论与社会变迁》，《华东师范大学学报》（哲学社会科学版）1997年第2期；《甲午战争时期的新闻舆论》，《河北学刊》1999年第1期。
③ 李康民：《中国的新闻舆论与中日甲午战争》，山东大学硕士学位论文，2012年。
④ 李新军：《甲午战争前夕的〈申报〉舆论》，《沧桑》2008年第5期。
⑤ 陈鹏：《甲午战争期间的〈申报〉舆论》，华东师范大学硕士学位论文，2004年。
⑥ 赵兴元：《马关议和时期的〈申报〉》，《吉林师范学院学报》1995年第7期；《从〈申报〉看甲午战后国人心态》，《求是学刊》1997年第2期。

对甲午战争前后《申报》的论说进行了梳理，分析了《申报》论说的形式与内容，并对此进行了评价。[1] 曾庆雪则从另一视角研究了甲午战争时期的《申报》，将关注点放在《申报》的失实报道上，分析了其战争新闻的来源、失实报道的特点和类型，以及失实报道的原因。[2] 另外，韩小林考察了《申报》的另一面，即它对甲午战争期间日本国内情况的报道，主要包括日本国内的军备情况、经济发展及社会进步、社会乱象和存在的弊端、寓居日本的中国侨民情况等。[3]

除《申报》外，学者们对当时中国境内其他几大报刊的舆论也作了探讨。郑师渠的《〈万国公报〉与中日甲午战争》考察和评述了《万国公报》对甲午战争的报道。[4] 徐建平探讨了天津《直报》在甲午战争期间的相关报道和评论，以及它对战后舆论的导向作用。[5] 姚颖冲对甲午战争时期《新闻报》的舆论进行了梳理和评说。[6] 李敬和吕朋则对甲午战争期间《字林沪报》的报道进行了研究。[7] 另外，常萌萌探讨了新加坡中文报纸《叻报》关于甲午战争的报道。[8]

（二）对甲午战争时期日本报刊舆论的研究

中国学界关于甲午战争报刊舆论的研究，关注的重点是国内报刊，而对于日本的报刊舆论研究较少。比较早的一篇论文是郑瑞侠于 1993 年发表的《甲午战争前日本的舆论及情报准备》，但从文中引用文献来看，作者几乎没有运用当时的日本报刊资料。[9] 2012 年，王美平发表《甲午战争前后日本对华观的变迁——以报刊舆论为中心》一文，通过挖掘和梳理当时日本各大报刊、从军日志、政论意见书等相关资料，提出战争的结局及舆论界的侮蔑性报道，致使民众的主流对华观完成了从"仰慕"中国到"蔑视"中国的逆转，日本对中国战败原因的分析促使其"蔑华观"定型固化，并演化为长期实施侵华政策的认识诱因。[10] 2017 年任勇胜的《作为媒体行为的朝鲜特派员——甲午战争前期朝日新

---

[1] 李慧：《〈申报〉对中日甲午战争的回应》，四川大学硕士学位论文，2005 年。
[2] 曾庆雪：《中日甲午战争期间〈申报〉的失实报道研究》，山东大学硕士学位论文，2015 年。
[3] 韩小林：《甲午战争期间〈申报〉对日本的报道综述》，《嘉应学院学报》（哲学社会科学版）2015 年第 9 期。
[4] 郑师渠：《〈万国公报〉与中日甲午战争》，《近代史研究》2001 年第 4 期。
[5] 徐建平：《甲午战争时期的天津〈直报〉及其对战后的舆论导向》，《历史档案》2004 年第 3 期。
[6] 姚颖冲：《甲午战争期间的〈新闻报〉舆论》，华东师范大学硕士学位论文，2006 年。
[7] 李敬：《甲午战争期间的〈字林沪报〉舆论》，华东师范大学硕士学位论文，2006 年；吕朋：《〈字林沪报〉对甲午战争的报道》，《青年记者》2015 年 1 月上。
[8] 常萌萌：《〈叻报〉对甲午战争报道的研究》，山东大学硕士学位论文，2015 年。
[9] 郑瑞侠：《甲午战争前日本的舆论及情报准备》，《辽宁大学学报》1993 年第 6 期。
[10] 王美平：《甲午战争前后日本对华观的变迁——以报刊舆论为中心》，《历史研究》2012 年第 1 期。

闻通讯报道的媒介研究》，从新闻学角度探讨了日本《朝日新闻》向朝鲜派出特派员及其相关报道活动，重点考察了信息传播的过程和版面呈现的视觉形态。[1]

此外，海外华人学者对这一问题也有探讨。雪珥的《舆论战帮日本人打赢甲午战争》概要介绍了甲午战争期间日本的舆论宣传，认为甲午战争中日本人之所以能够打败中国，很大程度得益于宣传战和媒体战。[2] 郭海燕的《有关甲午战争宣战前日本报刊对中国报道的研究——以〈朝日新闻〉报道李鸿章及清军动向为中心》考察了《朝日新闻》的有关报道，认为其战前报道通过列举清军的具体数据、具体事例，向日本民众传递中国军队素质差、实力弱、不受朝鲜政府和当地朝鲜人欢迎的信息。这些有关清国政情和清军动向的新闻报道，成为日本民众了解中国的主要途径，也是其形成具体的中国认识的主要基础。[3]

还有一些学者从中日对比的角度来探讨两国舆论情况。孔令洁的《甲午战争期间的中日报刊舆论及其比较研究》，分别探讨了甲午战争时期中国和日本的报刊舆论，并将两国的报刊舆论进行了比较。[4] 蒋丰、赵新利的《甲午战争背后的中日舆论较量》也比较了两国政府对舆论的不同态度。[5] 也有学者以美国传教士在朝鲜创办的《朝鲜丛报》为史料来分析平壤战役。[6]

（三）对甲午战争时期相关英美报刊文章的翻译和研究

中国学者关于甲午战争的英美报刊舆论的研究，与本书研究的主题密切相关，因此笔者将溯及甲午战争以来的情况。关于这方面的研究综述，笔者分对报刊文章的翻译、利用报刊资料进行著述和研究与对报刊舆论本身进行研究三个方面来介绍。

1. 对英美报刊文章的翻译

中日甲午战争爆发后，英美报刊对这场战争作了大量报道，其中有些报道在一定程度上反映了当时的战况，因此，一些英美报刊文章在甲午战争后不久

---

[1] 任勇胜：《作为媒体行为的朝鲜特派员——甲午战争前期朝日新闻通讯报道的媒介研究》，《汉语言文学研究》2017 年第 4 期。
[2] 雪珥：《舆论战帮日本人打赢甲午战争》，《文史博览》2014 年第 5 期。
[3] 郭海燕：《有关甲午战争宣战前日本报刊对中国报道的研究——以〈朝日新闻〉报道李鸿章及清军动向为中心》，《社会科学战线》2014 年第 10 期。
[4] 孔令洁：《甲午战争期间的中日报刊舆论及其比较研究》，首都师范大学硕士学位论文，2013 年。
[5] 蒋丰、赵新利：《甲午战争背后的中日舆论较量》，《青年记者》2015 年 2 月上。
[6] 石建国：《西方传教士视域下的甲午中日战争"平壤战役"——以〈朝鲜丛报〉为中心》，《韩国研究论丛》第二十七辑（2014 年第一辑）。

便被翻译或编译为中文发表。这些英美报刊文章的翻译，可以看作早期中国学者对甲午战争英美报刊舆论的关注。

较早从英文翻译成中文的报刊文章，是1895年阙名（思恢复）编的《中倭战守始末记》卷二之《倭寇残杀记》。《倭寇残杀记》一文译自克里尔曼（James Creelman）于1894年12月20日刊登于纽约《世界报》的长篇通讯《旅顺大屠杀》。克里尔曼这篇通讯是对日军进入旅顺后所犯暴行的揭露，在世界上产生了广泛影响，即时将其译成中文具有重要意义。不过，《倭寇残杀记》一文与原文对照，明显有翻译错误。例如，"中国无兵"一节中的表述："中国无兵。此次之战露出许多可怕之事如下：中国实在无可用之兵。"[①] 这句话的原文为：THERE IS NO CHINESE ARMY. The tremendous facts revealed by the war so far are: That there is practically no Chinese army in existence. 克里尔曼在此说的是旅顺城内"没有中国军队"，那里"实际上不存在中国军队"，而不是"中国无兵"和"中国实在无可用之兵"。克里尔曼把旅顺城内"没有中国军队"作为一个子标题加以强调，是针对日本为自身辩护谎称日军所杀旅顺居民为清军所说的。日本政府对外宣称清军在旅顺城内化装成平民袭击日军，因此日军进行了还击，杀死了这些军人。克里尔曼在后文中明确说道："我亲眼见证旅顺城中可怜的人们从未企图反抗侵略者。日军现在声称有子弹从窗户和门廊中射来，而这一说法完全是谎言。"（I can say as an eye witness that the wretched people of Port Arthur made no attempt to resist the invaders. The Japanese now claim that shots were fired from the window and doorways, but the statements are utterly false.）《倭寇残杀记》中对这句话的翻译也表达了这层意思："我亲眼看见旅顺难民并无抗拒犯军，日人谓枪弹由窗及门放出，尽是虚语。"正因为日军大肆屠杀无辜平民，克里尔曼才有他从文明角度评述日本的一段话，称"日本一直在用文明的外衣来打扮自己"，"本质上是一个野蛮国家"。因此，《倭寇残杀记》中的"中国实在无可用之兵"为误译。

1896年，林乐知和蔡尔康译撰《中东战纪本末》初编8卷，1897年增撰"续编"4卷，1900年再撰"三编"4卷，共计达16卷。书中有许多文章译自欧美人士的回忆录、著述和欧美报刊文章，尤其是第六卷和第七卷最为突出。从全书的摘译情况来看，许多文章应是在《万国公报》刊载过的，包括英国、德

---

① 阙名编：《中倭战守始末记》，沈云龙主编：《近代中国史料丛刊三编》第三十二辑，台北文海出版社，1987年，第112页。

国、法国、俄国、美国、奥地利、西班牙、意大利、荷兰等国报刊上关于甲午战争及战后的报道和评论。第六卷的十篇《裒私议以广公见论》，收集译介西方各国报刊关于甲午战争的评论，其目的与《万国公报》的宗旨相似："广学会创为《万国公报》，顾名思义，盖将集万国之公论，以成一家之言也。特当事变纷乘之会，各国报馆，各谋其国，各顾其人，欲求仗义执言，置本国之事于度外者，奚翅晨星硕果。于以知今日之时局，理与势两相倚，势苟弱，理亦即与之俱弱也。中东交战一役，历观西报，比比皆然。然不表而出之，中国岂知其命意之所在。故仆等所译各报，绝不愿稍从粉饰，及至和局龘定，俄法德起而阻日本之割地。英国则效寒蝉之噤声。彼华人之无识者，必将感三国之助我，而疑英之阴袒日本。呜呼，岂其然哉！岂其然哉！今将各国之意见，选译于后。要之，就其各国而言，只成一国之私议，就华人而言，可观万国之公见；于公报命名之意，非特不相悖，且适相合也。"①对于第七卷之目的，他们也明确指出："第七卷语录六篇，皆泰西各国通人之所著，译而存之，以见此书为天下之公言，非一二人之私言也。"②这些语录包括《英琅威理军门语录》、《英威妥玛大臣语录》、《美福世德国务卿语录》、《德汉纳根军门语录》、《美麦吉芬游戏语录》（McGffin，今译马吉芬）、《英斐利曼特而水师提督语录》。后来这些内容被收入中国史学会编的中国近代史资料丛刊《中日战争》第六册（新知识出版社，1956年）。

不过，《中东战纪本末》中的许多文章只是林乐知对欧美报刊的摘译，因此对文章的取舍在很大程度上反映了他对事件的态度和倾向。在此以《美麦吉芬游戏语录》为例予以分析。该文曾以《美国麦吉芬副将语略》为题发表于1895年9月的《万国公报》，署名林乐知译、铸铁生述。由于文中提及此文来自"英国画图月报"对麦吉芬的采访，国内学者便均以英国《画图月报》或《图画报》为其来源。笔者查阅了1895年英国具有较大影响的几种画报，包括 The English Illustrated Magazine（月刊）、The Illustrated London News（周刊）和 The Strand Magazine: An Illustrated Monthly（月刊），发现该文很可能来自后者，即1895年7月《斯特兰德杂志：插图月刊》中对马吉芬的采访文章《马吉芬少校——鸭

---

① 林乐知、蔡尔康译撰：《中东战纪本末》初编卷六，载陈支平主编：《台湾文献汇刊》第六辑第九册，九州出版社、厦门大学出版社，2004年，第51页。
② 林乐知、蔡尔康译撰：《中东战纪本末》初编"中东战纪本末例言"，载陈支平主编：《台湾文献汇刊》第六辑第八册，九州出版社、厦门大学出版社，2004年，第33页。

绿江战役中"镇远"舰的指挥官》①,因为《美麦吉芬游戏语录》中的描述均能从这篇英文中找到来源。该文包括 10 幅插图共 9 页(第 616—624 页),经林乐知摘译后约为 2 页半,因此略去了许多内容,包括对马吉芬经历的介绍、大东沟海战的队形、一些战斗情节(包括邓世昌阵亡)和马吉芬受伤经过等。然而,对镇远舰上管带林曾泰及水兵贪生怕死的描述,却大部分保留了下来,这种内容占到了文摘全文的 1/3 以上。《美麦吉芬游戏语录》中说道:"余立镇远舰之天桥上,测算准头,忽见日舰一弹直向本舰旁堕入海中,旋复跃起越本舰而过,始沉海底。余偶下瞰本舰诸弁兵等,见管舵之福州人隐身于右舷挡炮铁牌之后,面如白纸。及日舰第二弹至,舰身大震,管舵人已不知所之。继闻本舰炮声不能如连珠之相接,余急下桥而至舱面,将助炮手以速轰也。乃见总兵林曾泰匍匐而口求佛佑。林官也,全船之司命也,乃胆小如鼠,效乳臭小儿之啼哭。偾事必矣,不觉浩叹。及视其次诸官,皆能各司其事,不露恇怯之态,甚属可恃,水手亦甚得力,乃转而深喜之,居无何。本舰之炮忽不甚灵,余自舱面悬足而下,将入炮舱审谛,忽有一人推我股而大呼曰:'此中地甚狭窄,汝思匿避,可别寻安乐处。'俯视则管舵人及另有十二人,殆知此处铁甲最厚,故皆蜷伏其中也。不觉大怒,即以足猛踢之,而奋跃入舱,手搥管舵人之胸,责以何得在此,旋整理炮位讫,仍出至舱面。"②本来,马吉芬在这篇采访中就有突出自己而贬低北洋官兵的嫌疑,而林乐知又通过摘译对此作了进一步放大。因此,林乐知、蔡尔康译撰的《中东战纪本末》虽有意让当时的中国人"观万国之公见",但这种"公见"经过了林乐知的加工,明显带有其"私议"。在 2013 年出版的《他选择了中国:大东沟海战亲历者、北洋海军洋员马吉芬传》中,张黎源将马吉芬这篇接受采访的文章作为该书附录全部译成了中文。③

1936 年第 9 卷第 12 期的《海事月刊》上,刊载了归与翻译的《中日海战评论撮要》,包括《美国马鸿上校之黄海海战评论》和《英国贺伦比元帅之黄海

---

① Alfred T. Story, "Captain McGffin—Commander of the 'Chen Yuen' at the Battle of Yalu River", in *The Strand Magazine: An Illustrated Monthly*, Vol.10, Strand, 1895.
② 林乐知、蔡尔康译撰:《中东战纪本末》初编卷七,载陈支平主编:《台湾文献汇刊》第六辑第九册,九州出版社、厦门大学出版社,2004 年,第 227—228 页。该段英文见 Alfred T. Story, "Captain McGffin—Commander of the 'Chen Yuen' at the Battle of Yalu River", in *The Strand Magazine: An Illustrated Monthly*, Vol.10, Strand, 1895, p.619.
③ 李·马吉芬:《他选择了中国:大东沟海战亲历者、北洋海军洋员马吉芬传》,张黎源译,山东画报出版社,2013 年,第 160—169 页。

海战评论》两篇译文[①]，马鸿（Alfred T. Mahan，今译马汉）的文章为美国1895年8月《世纪杂志》中的《鸭绿江之战的教训》一文[②]，而贺伦比（Geoffrey Hornby）的文章来源难以考证，据日本海军军令部编纂的《廿七八年海战史》，该文译自1894年11月的《联合服务》杂志。归与在译文前加按语说："兵争之事，若胜若败，盖必有其致胜致败之因，非可以侥幸偶然夺之也。夫胜而期能再胜，既须求其所以成胜之由以勉之，败而勿致再蹈覆辙，尤须穷其前此所以失败之故以为未来规戒。吾国与日本甲午之役，海陆并北，创巨痛深，遗患所及，迄今靡息，有国人昧于国防之义，不惟对于海军无复建设计划，即该役军绩，及其致败因素，亦鲜有战史的观感追维检讨之者。……该次海战，非徒支配东亚局势，抑且影响欧美国际间现势者至钜，此举世政家兵家之所由重视之也。顾吾国国难严重如是，而国人于此转为漠然，不追其因，不务其本，不努力于海上军备。悉恐今兹国难甚于昔时国难，而将来国难更甚于今兹国难也。爰将列强对于该次海战之评论，摘要述之，用资自警，而供心焉国策国防者之参考。"[③] 由此可见，对这两篇文章的翻译是基于当时中国所面临的国难，希望以史为鉴，总结经验教训，用以自警。正因为如此，《中日海战评论撮要》连续几期刊载，第10卷第2期刊载了《英国海军年鉴对于该次海战之述评》，第10卷第3期刊载了《美国海军少校马格奋躬历是役之述评》。

马吉芬评述甲午战争的原文与马汉的文章同刊于1895年8月的美国《世纪杂志》，原文名为《鸭绿江战役：中国铁甲舰"镇远"号指挥官的亲身回忆》。[④] 与马吉芬在接受《斯特兰德杂志》的采访时所讲述的鸭绿江战役相比，他在这篇文章中较为客观地描述了这场海战，以其亲身经历讲述了海战的经过，成为研究大东沟海战的重要史料。正因如此，这篇文章被多次译为中文。除了归与首先发表在《海事月刊》的译文，还有郑天杰和赵梅卿《中日甲午海战与李鸿章》中的"麦吉芬所记鸭绿江之战"，戚其章主编中国近代史资料丛刊续编《中日战争》第七册中胡玉铮翻译的"西方人士对中日战争的评论：鸭绿江外的海战"，戚俊杰和郭阳主编《甲午纵横》第3辑中张黎源翻译的"鸭绿江外的海

[①] 归与：《中日海战评论撮要》，《海事月刊》1936年第9卷第12期，第67—74页。

[②] A. T. Mahan, "Lessons from the Yalu Fight: Comments on Commander McGiffin's Article by the Author of 'Influence of Sea Power upon History'", *The Century Illustrated Monthly Magazine*, Vol. 50, New York: The Century Co., 1895, pp. 629-632.

[③] 归与：《中日海战评论撮要》，《海事月刊》1936年第9卷第12期，第67页。

[④] Philo N. McGiffin, "The Battle of the Yalu: Personal Recollections by the Commander of the Chinese Ironclad 'Chen Yuen'", *The Century Illustrated Monthly Magazine*, Vol. 50, pp. 585-604.

战"，张黎源翻译李·马吉芬的《他选择了中国：大东沟海战亲历者、北洋海军洋员马吉芬传》中的"大东沟海战"。[①] 其中《甲午纵横》第3辑中的译文为全译本，其余版本均有删节。

值得一提的是，戚其章主编的中国近代史资料丛刊续编《中日战争》第七册中，"西方人士对中日战争的评论"一节翻译了一组评论文章，包括马吉芬、汉纳根、斐利曼特尔、贺伦比、德皇威廉二世、马汉、英国海军中将克鲁姆、希拉里·耶·哈巴特、塔布留·雷阿德·库劳斯等人及《柏林府海事通览》《泰晤士报》的评论。这些评论作者中的一些人亲历过这场海战，因此它们成为珍贵的史料。美中不足的是，这些评论均从日本海军军令部《廿七八年海战史》和川崎三郎的《日清战史》中由日文转译过来，使研究者在精确引用史料时不便于核对原文。

2001年由郑曦原编的《帝国的回忆：〈纽约时报〉晚清观察记》（2011年出版第二版），也涉及甲午战争时期，翻译了《纽约时报》中有关报道十余篇，包括丰岛海战、黄海大战、日军攻占威海卫等。

2015年，刘文明组织编译的《西方人亲历和讲述的甲午战争》出版，其不同于以往甲午战争史料集的特点，是将当时亲历战争的英美人士（主要是战地记者）的回忆录和具有较大影响的报道整理翻译成册，其中许多文章是第一次译成中文，有助于国内研究者从一个新维度来理解这场战争。该书收集的回忆录包括：在国内第一次完整翻译的詹姆斯·艾伦的《龙旗下：我的中日战争经历》，节选翻译的詹姆斯·克尔曼的《在大道上：一个特派记者的冒险经历》、弗雷德里克·维利尔斯的《维利尔斯：他五十年的冒险经历》、阿尔弗雷德·坎宁安的《水陆华军战阵志》和A. B. 德·盖维尔（Amédée Baillot de Guerville）的《在日本的那些日子》。对甲午战争新闻报道的翻译，包括克里尔曼在纽约《世界报》发表的《旅顺大屠杀》，托马斯·科文（Thomas Cowen）在《泰晤士报》发表的《旅顺陷落》《旅顺陷落后的日军暴行》《旅顺暴行》《威海卫之战》《北洋舰队的覆灭》等，维利尔斯的《关于旅顺的真相》，朱利安·拉尔夫（Julian Ralph）在《哈勃周刊》发表的《在日本和中国的战地笔记》《中国有战

[①] 参见郑天杰、赵梅卿：《中日甲午海战与李鸿章》，台北华欣文化事业中心，1919年；戚其章主编：《中日战争》第七册，中华书局，1996年；戚俊杰、郭阳主编：《甲午纵横》第3辑，华文出版社，2010年；李·马吉芬：《他选择了中国：大东沟海战亲历者、北洋海军洋员马吉芬传》，张黎源译，山东画报出版社，2013年。

胜的机会吗？》和《中国面临的最大危险》。①

由上可见，从1895年《中倭战守始末记》中的《倭寇残杀记》，到2015年《西方人亲历和讲述的甲午战争》中的《旅顺大屠杀》，这120年间，克里尔曼等人对日军暴行的揭露一直受到中国学者的重视，相关海外报刊文章不断译成中文，成为研究中日甲午战争的重要史料。然而，对于当时欧美各国报刊中关于战争的大量报道，已译成中文的只是其中极少一部分。②

2. 利用英美报刊资料进行著述和研究

中国学术界利用英美报刊资料进行甲午战争的研究，可以说与相关文章的翻译一样早。1896年王炳耀的《甲午中日战辑》，叙述中有许多内容是从西文翻译而来，除了一些电报、信函等译自西文，还有不少篇幅参考采纳了西方报刊文章的说法。因此，该书可以算作利用大量西方报刊资料来评述甲午战争的早期著作。

王炳耀在书中引用西方报刊舆论最多的章节是"附录鸭绿水战杂记""朝

---

① 刘文明编：《西方人亲历和讲述的甲午战争》，浙江大学出版社，2015年。
② 本书研究主题为甲午战争时期的英美报刊舆论，在此笔者综述的重点为中国学界对英美报刊文章的翻译。其实国内学者对英文资料的翻译中，回忆录也占有重要的一席之地，这些回忆录包括：（1）艾伦的《在龙旗下》(Under the Dragon Flag, 1898)：费青、费孝通选译为《中日战争目击记》（1934年《新生》杂志第1卷7、8、9期连载）；邓俊秉、马嘉瑞选译为《在龙旗下——甲午战争亲历记》（中国社会科学院近代史研究所近代史资料编辑组编《近代史资料》总57号，中国社会科学出版社，1985年），收入戚其章主编中国近代史资料丛刊续编《中日战争》第六册；兰言选译为《旅顺落难记》（沈龙云主编近代中国史料丛刊第四辑《中日战争资料》，台北文海出版社，1967年）；邢科翻译全文为《詹姆斯·艾伦：龙旗下的冒险经历》（刘文明编《西方人亲历和讲述的甲午战争》，浙江大学出版社，2015年）。（2）戴乐尔（William F. Tyler）的《中国纪事》(Pulling Strings in China, 1929)：张荫麟于20世纪30年代初译为《泰莱甲午中日海战见闻记》，后收入中国近代史资料丛刊《中日战争》第六册（中国史学会编，新知识出版社，1956年）；张黎源、吉辰翻译全书为《我在中国海军三十年（1889—1920）——戴乐尔回忆录》（文汇出版社，2011年）。（3）肯宁咸（Afred Cunningham，又译为坎宁安）的《水陆华军战阵志》(The Chinese Soldier and Other Sketches, 1902)：李鼎芳将该书第三章"在威海卫的中国水手"译为《肯宁咸乙未威海卫战事外纪》，刊于1935年5月3日的《大公报》史地周刊，后收入中国史学会编中国近代史资料丛刊《中日战争》第六册；邢科翻译该书大部分为《阿尔弗雷德·坎宁安：清军与军事改革》（刘文明编《西方人亲历和讲述的甲午战争》）。（4）司督阁（Dugald Christie）的《奉天三十年记》(Thirty Years in Moukden, 1883-1913, 1914)：陈德震选译为《甲午战时辽居忆录》（1937年6月11日《大公报》史地周刊），后收入戚其章主编中国近代史资料丛刊续编《中日战争》第六册和沈龙云主编近代中国史料丛刊第四辑《中日战争资料》。（5）美国前国务卿柯士达（John W. Foster）的回忆录被译为中文，收录于中国史学会编的中国近代史资料丛刊《中日战争》第七册、戚其章主编的中国近代史资料丛刊续编《中日战争》第六册、复旦大学历史系中国近代史教研组编写的《中国近代对外关系史资料选辑（1840—1949）》（上海人民出版社，1977年）。（6）美驻华公使田贝关于甲午战争的记载也被译为中文，收入中国史学会编的中国近代史资料丛刊《中日战争》第七册和复旦大学历史系中国近代史教研组编的《中国近代对外关系史资料选辑（1840—1949）》。

鲜纪乱六""朝鲜纪乱十"和"附哀私议以广公见论"。除了"附哀私议以广公见论"是把《中东战纪本末》卷六中"哀私议以广公见论""续哀私议以广公见论"和"四哀私议以广公见论"三篇整合在一起的转载,其他西方报刊舆论应是王炳耀搜集而来。从他所列西方报刊名称来看,包括《泰晤士报》《英国新报》《伦敦报》《英京日日电报》《伦敦特报》《英大日报》《苏格兰季报》《士丹叠报》《俄国拿缚司笛报》《俄国大日报》《奥国新报》《法国时报》等。王炳耀把西方报刊的报道当作了解甲午战争的重要途径,因为他知道,"西报云,中日战事既成,欧洲各国,特派人员至中华军中,观水陆战守机宜,随时具报本国。各大报馆,如英之泰晤士等,亦各派采访使者,随营观战"[1]。因此西方报刊舆论成为他分析评论甲午战争的重要资料来源。例如,王炳耀引用英国报刊舆论来分析中国甲午战败的原因:"倾阅西报,有英人为比例之说曰:日人贤矣,水师将领,胆大心灵,又重之以慷慨,异时可驰名于四远。我英驻泊东方水师提督,先已褒奖不置,并称其驶船之法,亦颇敏捷也。至论华舰之水军,其胆量不弱于日本,毫无疑义。惜无日本之玲珑恳挚,南省之人,更形懒惰。然使水师将领,尽能如丁水师提督之智勇,中国战事,万不致糜烂若此。又使中朝知丁君之智勇,不任他人掣其肘,则与日本群舰,恶斗于海中,亦必较历战情形,焕然改观矣。……英人则屡言,华人具有当兵之材料,惜未有裁制以成物者。日人前后二十五年,勤学不辍,是以娴于战事。华人则约略仅学二十五月耳。以月较年,宜其不逮远甚。中东两军水战,如牙山,如鸭绿江,偾事之舰,皆来自南省,非久隶丁君麾下者也。由此以观,广东福建水师,与北洋较,直如中国与日本较耳。日本所以能胜中华者,唯在素日之勤学,其兵心亦灵活,及能恪遵军令耳。"[2] 关于日军在旅顺对平民的屠杀,王炳耀也引用了《泰晤士报》中的报道:"泰晤士报,录访事友信,略言日本既得旅顺,纵兵焚杀四日,尝缚数华人于一处,鸣枪肆击,复以利刃乱剁,至体无完肤始已。盖因有日兵数名,前被华军获而尸诸市,故为此报复之举。然其暴虐之惨,各国皆含愤矣。"[3]

在《甲午中日战辑》刊印之后的相当长一段时间里,中国史学界对研究甲午战争的西文史料的运用一直处于边缘地位,大多数研究成果几乎没有采用西

---

[1] 王炳耀:《甲午中日战辑》,载沈云龙主编:《近代中国史料丛刊》第一辑,台北文海出版社,1966年,第93页。

[2] 王炳耀:《甲午中日战辑》,载沈云龙主编:《近代中国史料丛刊》第一辑,台北文海出版社,1966年,第174—175页。

[3] 王炳耀:《甲午中日战辑》,载沈云龙主编:《近代中国史料丛刊》第一辑,台北文海出版社,1966年,第181页。

文资料。这种情况在2000年之后有所变化。2001年，戚其章出版的《国际法视角下的甲午战争》中，开始大量使用英国外交史料（British documents on foreign affairs），尤其是涉及旅顺大屠杀时，运用了纽约《世界报》和伦敦《泰晤士报》等报刊中的报道。戚其章的论文《西方人眼中的旅顺大屠杀》，主要介绍了克里尔曼、科文、维利尔斯等人对旅顺大屠杀的报道，他对此评述道："旅顺大屠杀的真相之所以能够大白于天下，乃是经历了一个曲折的过程。当时不少前来'观战'的西方人士亲眼目睹了惨案发生的整个过程，但他们的态度和反应却大相径庭。我们不应该忘记克里尔曼、柯文等西方记者，由于他们敢于主持正义，才得以破除层层阻力，报道事实真相，给后人留下了关于旅案的真实而详细的宝贵记录。"[1] 2004年由关捷担任总主编的《旅顺大屠杀研究》[2]一书，也运用了纽约《世界报》和伦敦《泰晤士报》的相关报道作为史料。陈悦的《西方人眼里的甲午战争》一文，对西方人的甲午战争观作了一个概括性阐述，评述了西方关于丰岛海战、旅顺大屠杀等事件的舆论。[3]

近年来，在中日甲午战争研究中利用西方报刊史料的中文成果明显增多，雪儿简思的《大东亚的沉没：高升号事件的历史解剖》（2008年）、雪珥的《绝版甲午：从海外史料揭秘中日战争》（2009年）、陈悦的《沉没的甲午》（2010年）等著作就体现了这一点。例如，雪珥的《绝版甲午》所列参考资料中，就包括英国的《泰晤士报》，美国的《纽约时报》《芝加哥论坛报》《基督教科学箴言报》《洛杉矶时报》《华尔街日报》《华盛顿邮报》，法国的《小日报》。但是，总的来说，这种情况并不普遍，这一领域中的国内学者对运用西方报刊资料来研究仍未给予足够的重视，主流的研究在以中文及日文史料为主的同时，没有充分利用西方报刊史料来作有益的补充。

3. 对英美报刊舆论的研究

中国史学界对甲午战争时期英美报刊文章的翻译，为研究这一时期的英美报刊舆论奠定了基础。但是，翻译不等于研究。迄今为止，中国史学界对甲午战争时期英美报刊舆论的研究仍然非常薄弱，国内涉及这一研究领域的学者屈指可数。

2013年徐毅嘉的硕士学位论文《美国报界对中日甲午战争的报道述评——

---

[1] 戚其章：《西方人眼中的旅顺大屠杀》，《社会科学研究》2003年第4期。
[2] 关捷总主编：《旅顺大屠杀研究》，社会科学文献出版社，2004年。
[3] 陈悦：《西方人眼里的甲午战争》，《光明日报》2014年9月26日。

以西海岸四大报为例》是国内在这一研究领域中较早的一项成果。该文依据1894—1895年间美国西海岸四大报即《洛杉矶时报》《旧金山考察家报》《旧金山纪事报》和《萨克拉门托蜜蜂报》关于甲午战争的相关报道，同时借鉴前人在美国移民史、甲午战争史等领域的相关研究成果，考察了美国报界对甲午战争的报道内容、报道倾向及其报道的客观程度，并在此基础上进行了分析评价。全文分为三个部分，第一部分简要介绍了美国西海岸四大报，并从消息来源、报道即时性、报道客观性等三个方面对这四大报关于甲午战争的相关报道作了概要阐述。第二部分对美国报界报道立场为何倾向于日本进行了分析，主要从当时的中日移民问题、日本政府的战争宣传、美国报界所持的西方文化偏见等三个角度作了简要探讨。第三部分考察了美国西海岸四大报对甲午战争的具体报道，包括对以李鸿章、明治天皇和伊藤博文为代表的中日领导人的报道，对影响战争的重大事件如高升号屠杀事件、旅顺大屠杀的报道，以及对日本军事实力崛起的反应。[1]该文的学术价值，正如作者在绪论中所说，是把美国关于甲午战争的报道"作为一个独立的课题进行研究"，"把收集到的1894—1895年间美国西海岸四大报关于甲午战争的相关报道材料进行系统整理，结合新闻学、历史学的相关理论知识对这些材料进行分析、归纳，既达到了学科交叉研究的效果，又实现了史料利用方面的创新，同时还对国内学术界深入展开此领域相关课题研究有所裨益"。[2]不过，这篇文章考察的主要是美国西海岸的四大报刊，虽然也涉及了纽约《世界报》，但对于甲午战争的美国舆论来说，美国东部那些颇有国际影响的报刊及其舆论更值得进一步探讨。同时，该文虽然探讨了美国西海岸四大报刊的报道立场及其有关具体报道，但着墨不多，还存在较大的深入分析的空间。另外，该文对当时美国报刊所关注的一些问题，如对北洋舰队、威海卫战役、马关和谈等问题的报道，未能论及。

2016年李磊宇的硕士学位论文《中日甲午战争期间〈泰晤士报〉的相关报道研究》，探讨了甲午战争期间英国《泰晤士报》对战争的相关报道。全文共分四章，第一章论述了论文的选题目的与意义、相关研究现状以及该文的主要研究思路；第二章介绍了19世纪末英国《泰晤士报》的发展状况，并从整体上简述了其有关甲午战争的报道；第三章选取了《泰晤士报》对于战争过程中重要

---

[1] 徐毅嘉：《美国报界对中日甲午战争的报道述评——以西海岸四大报为例》，吉林大学硕士学位论文，2013年。

[2] 徐毅嘉：《美国报界对中日甲午战争的报道述评——以西海岸四大报为例》，吉林大学硕士学位论文，2013年，第4页。

事件的报道进行具体的分析；最后一章对《泰晤士报》相关报道的不足之处以及影响进行了评述。①《泰晤士报》作为当时在英国影响最大的报纸之一，开辟了"中国与日本""远东战事"等专栏对甲午战争的进展进行报道，因此对其报道的分析，对于研究当时英国报刊舆论来说具有代表性。从这一角度来说，李磊宇的论文对于了解甲午战争时期英国的报刊舆论具有重要意义，同时它也是国内首次专门研究《泰晤士报》与甲午战争关系的成果。不过，关于《泰晤士报》对高升号事件、旅顺大屠杀等问题的报道，论文虽有论及，但还有进一步分析和讨论的空间。

另外还有一篇论文与此研究领域相关，即何扬鸣、吴静的《试析甲午战争期间中日对欧美新闻舆论的态度》。该文通过比较后认为，中国对欧美新闻舆论的忽视导致了其决策的失误以及国际地位的下降，日本则充分利用了欧美新闻舆论，极大地帮助了其新兴形象的树立、战争罪行的掩盖。中日两国对欧美新闻舆论的不同态度，直接影响了战争的进程与结果。②

综上所述，由于中日甲午战争一直是中国近代史研究中的重要内容，已成为一个比较成熟的研究领域，因此已取得了丰硕的成果，这种研究状况从《中日甲午战争研究论著索引（1894—1993）》和《史鉴——甲午战争研究备要》③两书的编纂可见一斑。然而，如前所述，大多数研究成果都是在中文史料的基础上取得的，其次是依靠日文史料，而对于西文史料的运用相对不足。近年来情况虽有所改观，逐渐重视西方国家的外交档案和西方相关人士的回忆录，但对于西方报刊资料的使用仍主要局限于旅顺大屠杀研究。在这种情况下，中国学者对于西方报刊舆论本身的研究就更少了。本书的研究便希望在弥补这种不足方面略尽绵薄之力，推动国内史学界对中日甲午战争及其外延性问题的全方位研究。

二、日本史学界研究状况

日本是甲午战争的当事国，因此日本史学界对于甲午战争的研究，成果也

---

① 李磊宇：《中日甲午战争期间〈泰晤士报〉的相关报道研究》，首都师范大学硕士学位论文，2016年。
② 何扬鸣、吴静：《试析甲午战争期间中日对欧美新闻舆论的态度》，《国际新闻界》2009年第9期。
③ 中国甲午战争博物馆、北京图书馆阅览部：《中日甲午战争研究论著索引（1894—1993）》，齐鲁书社，1994年；韩俊英、王若、辛欣编著：《史鉴——甲午战争研究备要》，中央民族大学出版社，1997年。

非常丰富。在关于甲午战争的报刊舆论研究方面，也出现了一些论著，但仍是甲午战争研究领域中相对薄弱的环节。笔者在此也从日本史学界对其本国报刊舆论和对西方报刊舆论的研究两个方面进行综述。

（一）对甲午战争时期日本报刊舆论的研究

关于日本战前的舆论动员，小林瑞乃的《日清战争开战前夕的思想状况——围绕金玉均暗杀事件的考察》一文作了探讨。他通过分析日本报刊围绕金玉均暗杀事件的报道，考察了这些报道如何在影响舆论支持战争方面提供了逻辑依据。他认为，当时的日本舆论将金玉均塑造成悲壮身亡的亲日派革命家，关于暗杀事件的大量报道激起了日本人的"侠义"精神，批评政府的懦弱，也激起了日本人对中国的敌意，并且相信即将到来的战争是一场圣战。[①]

日本学者的研究更多的是关注日本报刊舆论在甲午战争中所扮演的角色及其影响。

一些学者从整体上探讨了战争期间的日本报刊舆论。例如，土屋礼子的《日本大众报纸中关于清法战争和日清战争的报道》中，探讨了日本报刊中关于甲午战争的新闻舆论。[②] 松木修二郎的《日清战争及其后的报纸——新闻报道的蜕变》，考察了从甲午战争起日本新闻报道的变化。[③] 小林宗之的《战争与号外：从号外的诞生到日俄战争》，专门考察了日本号外新闻从江户时代末出现到日俄战争期间的发展。他提出，甲午战争和日俄战争期间关于战争的号外新闻在日本颇受欢迎，激发了日本国民的战斗精神。[④] 金山泰志的《日清战争前后日本儿童杂志中的中国观》，通过分析日本儿童杂志中对中国的描述，探讨了中日甲午战争前后日本人中国观发生的重大转变。作者认为，儿童杂志不仅包含故事和娱乐的内容，而且也具有教育功能，因此对中国的评价——从对古典中国的积极评论转向对当时中国的消极评价，适合于整个日本社会。[⑤] 大谷正的著作《战士和军夫的日清战争——阅读来自战场的书信》也涉及报纸在其中扮演的角色。甲

---

① 小林瑞乃「日清戦争開戦前夜の思想状況——金玉均暗殺事件をめぐる一考察」、『青山學院女子短期大學紀要』第 64 輯、2010 年 12 月。
② 土屋礼子「日本の大衆紙における清仏戦争と日清戦争の報道」（シンポジュウム報告 世紀末の日英仏における報道と文学）、『Lutèce』通号 37、2009 年。
③ 松木修二郎「日清戦争とその後の新聞——報道新聞への脱皮 -1-」、『政経研究』23（2）、1986 年 12 月；「日清戦争とその後の新聞——報道新聞への脱皮 -2-」、『政経研究』23（3）、1987 年 3 月。
④ 小林宗之「戦争と号外（1）——号外の誕生から日露戦争まで」、Core Ethics Vol. 8（2012）。
⑤ 金山泰志「日清戦争前後の児童雑誌に見る日本の中国観」、『史學雜誌』120（11）、2011 年 11 月。

午战争期间，日本不少地方报纸专辟版面登载参战士兵和军夫的信件、日记。该书认为，这些书信和日记中的记述，传达出蔑视中国及朝鲜的情感，这种中国观和朝鲜观对后来日本的战争和外交都产生了负面影响。[1] 此前大谷正在一次演讲中，也阐述了地方报纸报道和刊载士兵书信在甲午战争中所扮演的角色。[2]

还有一些学者考察了甲午战争时期日本某些具体的报刊。例如，石仓和佳比较了国木田独步和德富苏峰在《国民新闻》上关于甲午战争的报道及评论。[3] 杉井六郎以《基督教新闻》和《福音新报》为例探讨了中日甲午战争与基督教的关系。[4] 原田敬一的《国权派的日清战争——以〈九州日日新闻〉为中心》，通过对《九州日日新闻》的分析，从"战争与民众"的视角探讨了"熊本县的甲午战争"。熊本县是第六师团的大本营和自由民权时期国权派的重要中心，国权派的机关报《九州日日新闻》在熊本县的战争动员方面起了重要作用。[5]

在中日甲午战争中，画报和漫画在日本的战争宣传中起了重要作用，一些学者也对此进行了研究。福井纯子考察了甲午战争时期日本的漫画中所描绘的中国人[6]，李其珍则探讨了甲午战争和日俄战争期间日本报纸中新闻评论漫画的社会功能，指出当时日本报纸中的新闻漫画都服务于战争，使新闻评论漫画成为新闻业中一个重要的组成部分。[7] 1985年，酒井忠康和清水勋编纂的《日清战争时期的漫画》作为"近代漫画"系列的第3卷出版，是一部甲午战争及其前后时期的政治讽刺漫画集，收集了乔治·比哥（ジョルジュ・ビゴー）、田口米作、小林清亲等人的作品，并对漫画作了解说。[8] 另外，辻千春对以甲午战争为题材的日本锦绘和中国年画进行了对比研究，认为甲午战争期间中日两国的装

---

[1] 大谷正『兵士と軍夫の日清戦争——戦場からの手紙を読む』、有志舎、2006年。
[2] 大谷正「戦争・戦地の情報と地域の民衆——地方新聞の日清戦争報道と掲載された兵士の手紙」、『自由民権』(12)、1999年3月。
[3] 石倉和佳「独歩と蘇峰——『国民新聞』における日清戦争報道より」、『関西英学史研究』(5)、2010年。
[4] 杉井六郎「日清戦争とキリスト教-1-『基督教新聞』と『福音新報』を中心として」、『キリスト教社会問題研究』(31)、1983年3月；「日清戦争とキリスト教-2-『基督教新聞』と『福音新報』を中心として」、『キリスト教社会問題研究』(32)、1984年3月；「日清戦争とキリスト教-3-『基督教新聞』と『福音新報』を中心として」、『キリスト教社会問題研究』(33)、1985年3月。
[5] 原田敬一「国権派の日清戦争——『九州日日新聞』を中心に」、『文学部論集』(81)、1997年3月。
[6] 福井純子「おなべをもってどこいくの——日清戦争期の漫画が描いた清国人」（特集 近代日本社会の軍事動員と抵抗）、『立命館大学人文科学研究所紀要』(82)、2003年12月。
[7] 李其珍「新聞論評漫画の社会的機能に関する一考察：日清・日露戦争期における新聞漫画の内容分析から」、『マス・コミュニケーション研究』(72)、2008年1月。
[8] 酒井忠康、清水勲編『近代漫画Ⅲ・日清戦争期の漫画』、筑摩書房、1985年。

饰画都成了反映战争的艺术呈现，以彩色木刻技术记录了同一场战争，而这些画影响到两国人民的情感，并由此影响到彼此的形象建构。① 福永知代的研究则与上述论著有所不同，他以《国民新闻》的报道为中心，考察了日本画家久保田米仙关于甲午战争的战争宣传画。②

另外，大谷正通过对《日本外交文书》等史料的考察，探讨了1894—1913年间日本外务省对中国华北（主要是北京、天津和芝罘）、华中、华南、东北地区和朝鲜的报刊舆论的影响及操纵。③ 铃木健二的《国族主义与媒体——日本近代化过程中报纸的功过》一书，对新闻媒体在日本近代化过程中所起到的作用作了比较系统的研究，认为国族主义与宣传媒介作为社会上层建筑有着密切的关系，媒体对日清之间这场日本近代第一次大规模对外战争的大幅报道，构成了日本民族特质形成的舆论条件，促进了日本向近代国家的转型。④

（二）对甲午战争时期英美报刊舆论的研究

日本史学界中，关注甲午战争期间英美报刊舆论的学者不多，因此研究成果也非常有限。

1998年，冈村辉人把美国《纽约时报》、英国《泰晤士报》和《每日电讯报》中关于甲午战争爆发的各4篇重要报道汇编在一起作为史料发表，第二年又在同一杂志上译成日语刊出，这12篇文章选自1894年7月28日至8月3日这3家报纸的报道，内容包括中日之间可能发生战争、丰岛海战和"高升号"的沉没、中日双方宣战等。⑤

中日甲午战争期间，日本政府对欧美报刊最为在意的是一些不利于日本的舆论，尤其是对旅顺大屠杀的报道，因此这一问题也成了当代日本学者考察欧美

---

① 辻千春「日中両国の報道版画：19世紀末に現れた錦絵と年画にみる日清戦争の描き方を中心に」、『名古屋大学博物館報告』（27）、2011年。
② 福永知代「久保田米僊の画業に関する基礎的研究（2）久保田米僊と日清戦争——『国民新聞』におけるルポルタージュを中心に」、『お茶の水女子大学人文科学紀要』57号、2004年。
③ 大谷正「中国および朝鮮における日本外務省の『新聞操縦』-1- 1894年～1913年」、『專修法学論集』（通号55・56）、1992年2月；「中国および朝鮮における日本外務省の『新聞操縦』-2-」、『專修法学論集』（通号57）、1992年9月；「『新聞操縦』から『対外宣伝』へ——明治・大正期の外務省対中国宣伝活動の変遷」、『メディア史研究』（5）、1996年11月。
④ 鈴木健二『ナショナリズムとメディア——日本近代化過程における新聞の功罪』、岩波書店、1997年。
⑤ Teruto Okamura「Hostilities Prior to War Declaration as Reported in American and British Newspapers 1.Chino-Japanese War」、『北星学園大学文学部北星論集』（35）、1998年3月；岡村輝人「英米新聞の中の日本報道：宣戦布告前の戦闘に関して（I）」、『北星学園大学文学部北星論集』（36）、1999年3月。

报刊舆论的关注点。三轮公忠的《"文明的日本"和"野蛮的中国"》一文回顾了日本和美国学者对旅顺大屠杀的研究，考察了詹姆斯·克里尔曼关于旅顺大屠杀的报道以及当时一些人对此提出的不同看法，并由此探讨了克里尔曼的报道对当时日本国际形象的影响。[1] 大谷正对旅顺大屠杀的国际舆论的研究发表了一系列文章，具有较大影响。从1987年起，他陆续发表5篇探讨旅顺大屠杀的论文，考察了当时以纽约《世界报》为代表的英美报刊对旅顺大屠杀的报道。[2] 其中，《旅顺屠杀事件的一项考察》一文既将英美报刊中的报道作为史料，又对通讯报道本身作了探讨，以12月12日克里尔曼的《日军大屠杀》报道为界将欧美舆论分为前后两个阶段。《〈世界报〉与日清战争报道》则详细分析了克里尔曼和纽约《世界报》对旅顺大屠杀的报道。《旅顺屠杀事件与有关国际舆论》一文在某种程度上是对上述论文观点的总结，考察了旅顺屠杀事件的国际环境、克里尔曼的报道及其影响。从大谷正的几篇论文可以看出，他对克里尔曼及《世界报》关于旅顺大屠杀的报道作了较为细致的考察，但对英美其他报刊的相关舆论关注不够，更没有深入探讨当时英美报刊关于整个甲午战争的舆论。

三、美英史学界研究状况

中日甲午战争时期，美国和英国的报刊对这场战争作了大量报道。但是，由于美英不是甲午战争的当事国，甲午战后美英学者对这场战争的研究远不及中国和日本学者，对美英两国当时报刊舆论的研究就更少了，尽管他们获取和阅读这方面史料的条件与中日两国学者相比具有得天独厚的优势。

不过，在美英关于甲午战争的著述中，美英学者对其本国报刊史料的运用要明显多于中日学者。例如，美国罗格斯（Rutgers）大学教授杰弗里·M. 多沃特（Jeffery M. Dorwart）的《辫子战争：1894—1895年中日战争中的美国介入》中，就大量使用了美国报刊资料，报纸包括《亚特兰大宪政报》

---

[1] 三轮公忠「『文明の日本』と『野蛮の中国』——日清戦争時『平壌攻略』と『旅順虐殺』のジェイムス・クリールマン報道を巡る日本の評判」、『軍事史学』45-1·通巻177、2009年6月。

[2] 大谷正「旅順虐殺事件の一考察」、『専修法学論集』(45)、1987年3月；「エドワード・ハワード・ハウス詮考——『旅順虐殺事件の一考察』補遺-1-」、『専修法学論集』(48)、1988年9月；「ワールド新聞と日清戦争報道——『旅順虐殺事件の一考察』補遺-2-」(明治国家史の研究-特集-)『The Annual Bulletin of Social Science』(23)、1989年3月；「旅順虐殺事件と国際世論をめぐって」(日清・日露戦争と世界〈特集〉)、『歴史評論』(532)、1994年8月。「旅順虐殺事件再考（含質疑·討論）」(1995年度（大阪歴史学会）大会特集号)、『ヒストリア』(149)、1995年12月。

（*The Atlanta Constitution*）、《波士顿环球报》（*Boston Globe*）、《芝加哥论坛报》、《新奥尔良皮卡尤恩报》（*New Orleans Picayune*）、《纽约论坛报》（*New-York Tribune*）、纽约《世界报》（*The World*）、《太平洋商业广告报》（*Pacific Commercial Advertiser*）、《旧金山考察家报》（*San Francisco Examiner*）、《斯普林菲尔德共和党人报》（*Springfield Republican*）等，杂志包括《北美评论》、《论坛》、《竞技场》（*Arena*）、《大陆月刊》（*Overland Monthly*）、《商业与金融纪事》（*Commercial and Financial Chronicle*）、《文摘》（*Literary Digest*）、《舆论》、《世纪杂志》、《传教士世界评论》（*Missionary Review of the World*）、《评论回顾》（*Review of Reviews*）等。[1] 美国海军军事学院教授佩恩（S. C. M. Paine）的《1894—1895年的中日战争：观念、力量和主导权》中，也参考了《纽约时报》、纽约《世界报》、伦敦《泰晤士报》（*The Times*）、伦敦《佩尔美尔街日报》（*The Pall Mall Gazette*）等报刊及一些德国和法国报纸。[2]

对美英报刊关于甲午战争报道的研究，美国学术界中仅有少数几位学者有所涉及，而且主要集中在对克里尔曼关于旅顺大屠杀报道的探讨。杰弗里·M. 多沃特的论文《詹姆斯·克里尔曼、〈纽约世界报〉和旅顺大屠杀》，对克里尔曼对甲午战争尤其是旅顺大屠杀的报道及其影响进行了评述，但由于该文主要是基于新闻学角度的研究，因此其最后的结论是："克里尔曼关于中日战争的报道虽然没有对美国公众和政府产生持续的影响，但它预示了煽情新闻的方法，这种方法在4年后的美西战争中被纽约报刊更成功地使用。"[3] 丹尼尔·凯恩（Daniel Kane）的《各抒己见：旅顺大屠杀不同描述背后的因素》，探讨了克里尔曼和盖维尔对旅顺大屠杀的不同报道及其影响因素。他认为，"旅顺大屠杀"因西方记者对日军暴行的煽情描述而在新闻史中占有显著地位。纽约《世界报》的克里尔曼是煽情描述的代表，而《纽约先驱报》（*New York Herald*）盖维尔的描述则被遗忘了，他断然否认克里尔曼所描述的屠杀。由此，凯恩在文中从个人、新闻业、政治三个方面探讨了这两种不同报道背后的影响因素。[4] 弗雷德里

---

[1] Jeffery M. Dorwart, *The Pigtail War: American Involvement in the Sino-Japanese War of 1894-1895*, University of Massachusetts Press, 1975.

[2] S. C. M. Paine, *The Sino-Japanese War of 1894-1895: Perceptions, Power, and Primacy*, Cambridge University Press, 2003.

[3] Jeffery M. Dorwart, "James Creelman, the *New York World* and the Port Arthur Massacre", *Journalism Quarterly*, 1973, Vol. 50, No. 4, p. 701.

[4] Daniel Kane, "Each of Us in His Own Way: Factors behind Conflicting Accounts of a Massacre at Port Arthur", *Journalism History*, vol. 31, no. 1 (Spring 2005): 23-33.

克·A.莫里茨（Frederic A. Moritz）的《中国大屠杀：他的独家新闻传遍了全世界》一文，评述了克里尔曼对旅顺大屠杀的报道及其世界性影响，并对克里尔曼坚持报道日军暴行作了积极评价，认为他对日军野蛮行为的批评是一种被遗忘的"预言"，它实际上预示了1937年日军再次在中国实施的南京大屠杀暴行。[①]

多沃特、凯恩和莫里茨的研究都主要集中于克里尔曼和《世界报》，但托马斯·L.哈丁（Thomas L. Hardin）的《中日甲午战争中的美国报刊和公众舆论》则对整个美国报刊舆论作了初步考察。哈丁认为，中日甲午战争爆发后，美国报刊舆论普遍持支持日本的态度，哪怕发生了旅顺大屠杀，美国一些报刊仍然为日本开脱。到清政府战败和签订《马关条约》，日本获得赔款和割地等，美国报刊也普遍认为这是日本胜利所得，因此当发生三国干涉还辽时同情日本。不过，哈丁也提出，在甲午战争之后，由于日本实力的增长和霸权野心，一些美国报刊开始担忧日本对美国的威胁，由此开始渲染"黄祸论"。[②]

由上可见，美国学术界对中日甲午战争时期美国报刊舆论的研究，虽然仅有几位学者涉及，但毕竟还算有人关注，这比英国的情况要好得多。据笔者的检索，英国学者无人涉及这一研究领域。尽管甲午战争时期的英国报刊对这场战争作了较多的报道，但英国史学界对此并不关心。

第三节 甲午战争时期的英美报刊

19世纪下半叶，随着工业革命在英国的完成和向其他国家扩展，欧美国家的工业化和城市化获得了突飞猛进的发展，而在取得经济腾飞的同时，英美社会其他方面也发生了相应的巨大变革，其中一个重要变化，就是报刊这种"新式新闻业"的蓬勃发展，尤其是便士报的盛行，阅读报纸逐渐成了英美国家普通民众日常生活中的一部分。另一方面，随着欧美资本主义经济的发展和对外扩张，资本主义世界市场也随之形成，包括中国清朝在内对西方顽强抗拒的国

[①] Frederic A. Moritz, "China Slaughter: His Scoop Was Heard around the World", *Media History Digest*, fall-winter 1991, pp.38-46; 另参见 Frederic A. Moritz, "A Tale of Darkest Massacre, Slashes Japan's Shining Armor: James Creelman at Port Arthur", http://www.worldlymind.org/creelarthur.htm#portent，2013年6月26日。

[②] Thomas L. Hardin, "American Press and Public Opinion in the First Sino-Japanese War", *Journalism Quarterly*, March, 1973, vol.50, no.1, pp.54-59.

家，也被迫拉入这个体系之中，欧美列强的利益也因此遍布全世界。而当时的一项重要科技成就——有线电报的发展，使得英美列强主导的世界网络实现了信息传播的即时性，英美报刊也借此实现了对世界各地新闻的即时报道。因此，当中日甲午战争爆发之时，足不出户的英美民众也能通过报刊即时了解发生于东亚的这场战争。

一、19世纪下半叶的英美报刊

英国在19世纪上半叶完成工业革命之后，从1851年到1873年经过了一个经济大发展和大繁荣的时期，一些学者称这一时期为英国的"黄金时代"。正是在这个"黄金时代"，英国社会中的激进出版物开始退潮，大众出版物开始涌现，廉价而又具有可读性的大众报纸取代工人阶级的激进报纸而发展起来，即出现了所谓的"新式新闻业"。19世纪下半叶在英国影响较大的报纸，主要有《泰晤士报》、《每日新闻报》(The Daily News)、《标准报》(The Standard)、《每日电讯报》(The Daily Telegraph)、《劳埃德新闻周刊》(Lloyd's Weekly News)、《佩尔美尔街日报》、《伦敦新闻画报》(The Illustrated London News)、《图画报》(The Graphic)、《观察家报》(The Observer)和《曼彻斯特卫报》(The Manchester Guardian)等。尤其是《泰晤士报》在英国甚至西方世界都具有巨大影响。对英国本土来说，当时英国的报纸作为一支独立的力量，在国内舆论甚至政治生活中都扮演了重要角色，成为在君主、上议院（贵族）、下议院（资产阶级）之外的"第四等级"。[①] 另一方面，作为大英帝国的报纸，报道的范围并不仅仅局限于英国本土，而是"胸怀"世界。英国历史学家本·威尔逊在其《黄金时代》中感叹地说："如果大后方相对安宁和太平，即很少发生能够引起后人注意的头条新闻，那么英国人就会积极投身于更广阔的世界。这个国家的利益与地球上其他地区的利益相互结合，其程度之深已经到了空前恐怕也是绝后的地步。这一点在我写作此书的时候显得尤其清晰。打开任何一份当时的报纸，包括地方报纸，人们都会看到大量关于某个遥远地区的令人惊讶的细节报道。我敢打赌，今天我们对这些地区的了解还不如当时的人。"[②]

[①] 王超：《论早期英国"第四等级"报刊观念——以〈泰晤士报〉独立精神形成为例》，《今传媒》2015年第12期。

[②] 本·威尔逊：《黄金时代：英国与现代世界的诞生》，聂永光译，社会科学文献出版社，2018年，"序言"第III页。

在美国，早在19世纪30年代，以纽约《太阳报》(The Sun)和《纽约先驱报》为代表的一些美国报纸就开始打破传统，掀起了一场"便士报革命"，以售价1美分而发行量大增。到19世纪下半叶，内战结束后的美国经济得到飞速发展，美国工业产值在1860年居世界第4位，到1890年已跃居世界首位，占世界工业总产值的近三分之一。与工业化相伴随的是城市化的发展。1860年至1890年，美国城市人口占全国人口的比例由19.8%上升到39.6%，其中1万到2.5万人的城市由58个增加到280个，10万人以上的城市由9个增加到38个。[①]城市的发展和人口的集中为新闻业的发展提供了条件。美国从1870年到1900年，面向大众发行的英文日报从489家增加到1967家，所有日报的总发行量从260万份上升到1500万份，周报的数量也从约4000家增加到12000多家。[②]在这些报刊中，影响较大的有纽约《世界报》、纽约《太阳报》、《纽约先驱报》、《纽约论坛报》、《纽约新闻报》(New York Journal)、《纽约时报》(New York Times)、《华盛顿邮报》(The Washington Post)、《芝加哥每日论坛报》(Chicago Daily Tribune)、《亚特兰大宪政报》、《哈勃周刊》(Harper's Weekly)等。

19世纪下半叶英美报刊的繁荣，促使新闻业逐渐发展成为一种职业，并出现了专门的编辑部和职业化的记者。这种变化，正如迈克尔·舒德森指出："新闻某种程度上是19世纪30年代的'发明'，而记者则是19世纪80年代的'社会发明'。早期的报纸通常都由一个人包揽全活：印刷、广告、编辑、报道统统都由一个人完成。18世纪和19世纪早期的'特派记者'通常都是身处外国港口的旅行者或总编的朋友，这些人负责给家乡报纸写信报道点东西。19世纪中，总编逐渐放弃了这些非正式的新闻渠道，开始花钱雇用自由职业写手、专业记者。便士报就是第一批雇用记者报道地方新闻的报纸。詹姆斯·戈登·贝内特则是雇用'外国特派记者'的先驱。"[③]贝内特(James Gordon Bennett)的《纽约先驱报》和约瑟夫·普利策(Joseph Pulitzer)的纽约《世界报》是当时英美新式新闻业的代表。1872年贝内特去世时，塞缪尔·鲍尔斯评价他说："在他的带领下，《先驱报》成为美国第一家领悟到将不惜任何代价搜集新闻作为新闻业之首要职责的报纸，甚至是世界上第一家领悟到此职责的报纸。这是贝内特先

---

① 丁则民主编：《美国通史》第3卷，人民出版社，1990年，第296页。
② 迈克尔·埃默里、埃德温·埃默里、南希·L.罗伯茨：《美国新闻史：大众传播媒介解释史》（第九版），展江译，中国人民大学出版社，2009年，第162页。
③ 迈克尔·舒德森：《发掘新闻：美国报业的社会史》，陈昌凤、常江译，北京大学出版社，2009年，第55—56页。

生的坚定信念与信仰。虽然《先驱报》政治上不坚定且评论意见没有价值，但是它由此成为全世界报纸企业的象征。"①与《先驱报》不同的是，纽约《世界报》恰恰以其评论赢得了大量读者。《世界报》在1884年的一篇社论中说："我们可以问心无愧地宣布，《世界报》的成功很大一部分归功于报纸健康的办报原则，而不是新闻栏目和售价。"②1887年，《世界报》的日销售量达到了25万份。

在新闻业、记者职业化和报刊发行量大增的同时，报纸也日益成为英美民众日常生活中的一部分。城市化和城市生活的快速变化，为生活化的报纸提供了空间。迈克尔·舒德森对此评论说："《世界报》等以扩大读者群为目标的报纸对城市人口逐渐演变的生活体验、价值观和渴望作出了反应。这便意味着报纸'娱乐'功能的增强，同时也提升了以指导城市生活为目标的'实用报纸'的重要性。""从某个角度来看，普利策发展的大众新闻业，仅仅是将便士报革命延伸到了对日常生活的关注。但日常生活也发生了重大变革，参政、阅读、都市、美国这个国家、社会的变迁和地理的迁徙，犹如万花筒，对民众来说都是全新的。"③因此，当时的报纸适应了社会生活的变化，同时也反映了这种变化，而生活在那个时代的民众则通过报纸来阅读和了解这种变化，并由此了解世界。民众对报纸的需求从报纸的发行量可以看出来。1896年纽约几大报刊的发行量表明了这些报纸在人们日常生活中的地位。纽约《世界报》的早报加晚报发行量为60万份，《纽约新闻报》的发行量为43万份，纽约《太阳报》的早报加晚报共计13万份，《纽约先驱报》为14万份，纽约《晚邮报》为1.9万份，《纽约论坛报》为1.6万份，《纽约时报》为9000份。④

19世纪下半叶英美报刊出现的繁荣局面，与当时的科技进步分不开，尤其是印刷技术、通信技术的进步，直接促进了新闻业的大发展。19世纪中叶时，机器印刷取代了手工印刷，滚筒印刷取代了平版印刷。1847年又出现了"霍氏"（Hoe Type）双筒印刷机，这种印刷机与19世纪末改进的排字和铸版技术相结合，大大提高了印刷的速度。在1890年代，霍氏印刷机每小时可以印48000份

---

① 维拉德·G. 布莱雅：《美国新闻事业史》，王海、刘泉译，北京师范大学出版社，2014年，第168—169页。
② 迈克尔·舒德森：《发掘新闻：美国报业的社会史》，陈昌凤、常江译，北京大学出版社，2009年，第82页。
③ 迈克尔·舒德森：《发掘新闻：美国报业的社会史》，陈昌凤、常江译，北京大学出版社，2009年，第91、94—95页。
④ 迈克尔·舒德森：《发掘新闻：美国报业的社会史》，陈昌凤、常江译，北京大学出版社，2009年，第99页。

12版的报纸。这种印刷技术保证了每天报纸的大量发行。通信技术的进步是报刊繁荣的另一项技术保证。有线电报在19世纪40年代出现后，很快就运用于新闻业。世界上第一条电报线路是1844年美国铺设的从华盛顿到巴尔的摩之间的电报线。1851年在英国多佛和法国加莱之间有了第一条跨海国际电报线路。1866年又成功铺设了大西洋海底电缆，实现了大西洋两岸的即时通讯。到19世纪80—90年代，电报业得到飞速发展，基本形成了由电报线路构成的世界通信网络。与此同时，19世纪70年代电话机被发明，到80年代英美主要城市之间已有电话线路连接。这样，19世纪末的英美报刊，基本上实现了新闻的实时采集，使得"新闻"从时间上来说成了真正的新闻，使读者能够实时了解国内甚至世界范围内发生的事件。

二、英美报刊对甲午战争的关注

英美报刊对中日之间在朝鲜问题上的争端从一开始就给予了高度关注，中日战争爆发后便进行了大量报道，并对一些重大事件作了评论。从报道的情况来看，英美报刊对战争的进程进行了实时动态的跟踪报道，尤其是对"高升号"事件、平壤战役、大东沟海战、旅顺战役和旅顺大屠杀、威海卫战役、马关和谈等重大事件作了大量深入报道。例如，英美报刊对"高升号"事件的报道，笔者以"高升号"为关键词对1894年7月25日至1895年4月20日的报刊进行检索，对"不列颠图书馆报纸"数据库（British Library Newspapers）的检索结果是，涉及"Kow Shing"的英国报纸报道数量达642篇，涉及"Kowshing"的英国报纸报道数量为143篇，这个数据库还不包括《泰晤士报》《曼彻斯特卫报》《观察家报》《每日电讯报》等报刊；而对这一时段《泰晤士报》数据库（The Times Digital Archive）中"kowshing"的检索结果为54篇。对美国国会图书馆（Library of Congress）"记录美国"（Chronicling America）的"美国历史报纸"数据库（Historic American Newspapers）的检索结果是，涉及"Kow Shing"的美国报纸报道数量为362篇，涉及"Kowshing"的美国报纸报道数量为44篇，这个数据库不包括《纽约时报》《纽约先驱报》《华盛顿邮报》等报纸。由此可见，当时英美报刊对这一事件的报道力度。而且，从这一组数据也可以看出英美两国报刊对"高升号"事件报道的强度差异。由于"高升号"商船为英国公司的船只，因此英国报纸对这一事件给予了更多的关注和报道。如果考虑到当时美国报刊的数量要远超过英国，那么英国这一报道的密度就更大了。

中日甲午战争期间英美报刊相关报道的消息来源主要有三个：一是由报社派出的记者发回的报道，二是由路透社、中央新闻社、联合通讯社等几大通讯社提供的消息，三是由日本和清朝驻英美的公使馆发布的消息。

由报社派出战地记者进行报道是19世纪下半叶出现的新生事物，贝内特的《纽约先驱报》和普利策的纽约《世界报》是向国外派遣记者的先行者。"《纽约先驱报》的亨利·M. 斯坦利报道过内战和印第安人的战争，作为《先驱报》的记者到过亚洲和非洲。他的事业生涯以他的远征队1871年到非洲寻找失踪的传教士戴维·利文斯通而达到了顶峰。另一名《先驱报》记者杰罗姆·B. 斯蒂尔森于1877年独家采访了印第安人酋长'坐牛'，有关的采访报道占了14栏的篇幅。普利策麾下最优秀的记者和主编约翰·A. 柯克里尔采访过俄国—土耳其战争。这些例子尽管所反映的活动内容有限，却预示了19世纪90年代将会取得丰硕的报道成果。"[1] 因此当中日甲午战争爆发之时，英美主要报刊开始派遣战地记者到日本和中国进行报道。

甲午战争期间，清政府对西方记者的相关报道持拒斥态度，不允许西方记者随军报道，而日本政府则相反，主动邀请西方记者前往采访报道。因此，英美报刊派出的战地记者均是日军的随军记者，而在中国的记者均无随军机会，只能在后方获取消息进行报道。在甲午战争中影响较大的英美战地记者，包括伦敦《泰晤士报》的托马斯·科文、伦敦《黑与白》周刊兼《标准报》的弗雷德里克·维利尔斯、纽约《世界报》的詹姆斯·克里尔曼、纽约《莱斯利图画周刊》兼《纽约先驱报》的A. B. 德·盖维尔、纽约《哈勃周刊》的朱利安·拉尔夫。前4位是日军的随军记者，跟随日军第二军深入战场进行了报道，而拉尔夫则主要在中国的后方对战争进行报道。

清朝政府及其驻外公使尚没有认识到国际舆论的重要性，没有采取措施引导英美报刊舆论；而日本政府及驻外公使则对此有高度的认识，有意向英美报刊和通讯社提供消息来引导舆论。因此，在战争当事国发布的有关消息方面，在英国和美国都一直由日本公使馆唱主角。

在消息来源方面，英美报刊的许多报道都来自日本方面，这使得日本对英美报刊舆论有着更大的影响，由此使得许多报道不利于中国。同时，也由于以下两个因素的影响，英美报刊的相关报道明显具有站在日本立场进行报道的倾

---

[1] 迈克尔·埃默里、埃德温·埃默里、南希·L. 罗伯茨：《美国新闻史：大众传播媒介解释史》（第九版），展江译，中国人民大学出版社，2004年，第185—186页。

向性。

首先，英美的国家利益和外交政策影响到英美报刊报道的立场。

关于英国在中日甲午战争中的立场，中国史学界存在不同的看法。例如，高鸿志认为，英国在中日甲午战争爆发前后始终推行纵容日本侵略中国的政策，一再迫使清政府向日本侵略者屈服，以维护并扩大英国在华权益。[①] 赵树好则认为，英国对待中日的态度完全以其自身的目的利益为出发点，不能简单地判断支持谁反对谁，因此根据战争的进程，可把英国的态度分为三个阶段来看待，初期力求维持现状，中期对日本有所支持，后期则对双方的态度都表现出冷淡。[②] 戚其章认为，"英国远东政策的根本点，是维护英国在远东的既得利益和优势地位，尽一切努力防止俄国南下的扩张政策的实现。无论它起初反对日本挑起侵华战争也好，以后又支持日本提出的媾和条件也好，都不违背其远东政策的根本点"[③]。因此，英国政府在战争过程中，对中日的态度并非始终如一，而是根据自己利益而变化。

美国政府对中日甲午战争的态度，与英国政府一样，出发点也是自身的国家利益，因此在战争中表面声称中立，实际上却偏袒日本。"美国偏袒日本的原因，主要是希望借日本之手废除中朝宗藩关系，进一步打开中国大门，同时利用日本削弱英国、俄国等在东亚的影响力。"[④]

这样，由于英美在这场战争中的立场都是基于自身利益，因此总的来说表现出偏袒日本的倾向性。因为，它们与日本在侵略中国这个问题上有着共同利益。这最明显表现在英美两国报刊支持日本要求清政府放弃朝鲜宗主权，以便使朝鲜向英美开放，同时也支持日本要求中国开放更多通商口岸及《马关条约》中的相关规定，因为按照最惠国待遇，英美国家也可与日本一样享有在中国的商业特权。英美与日本在侵略中国这个问题上的利益一致性，决定了英美报刊从本国利益出发时，表现出支持日本的立场。

其次，英美社会中的自由主义价值观也对报刊的相关报道和评论产生影响。

19世纪下半叶的英美社会，资本主义自由市场经济和资本主义民主政治都得到了发展，自由主义成为主流意识形态。在这种背景下，强调自由贸易和民主政治，推崇社会达尔文主义，用带有欧洲中心主义色彩的进步观和文明观来

---

① 高鸿志：《英国与中日甲午战争》，《安徽大学学报》（哲学社会科学版）1994年第4期。
② 赵树好：《英国与甲午战争》，《学海》1997年第1期。
③ 戚其章：《甲午战争国际关系史》，人民出版社，1994年，"前言"第4页。
④ 崔志海：《美国政府与中日甲午战争》，《历史研究》2011年第2期。

衡量一个社会的好坏，如此等等，笔者将这些思想所体现出来的价值观统称为自由主义价值观。英美报刊在评论中日甲午战争之时，基本上都是以这种自由主义价值观来评论这场战争中的重大事件及整个战争的。

  19世纪中叶，英国社会学家赫伯特·斯宾塞将其进步理念与达尔文的进化论结合起来，将生物学原理应用于社会，提出"物竞天择，适者生存"，国家也像一个有机体那样优胜劣败。因此，那些保守、专制的政权阻碍进步，必然会被自由、民主的政权所取代。这种观点在19世纪的英美社会中影响广泛。1895年4月9日，《纽约时报》的社论就认为清政府"该打"，认为只有给清政府严厉的教训，使其接受西方文明，这个国家才有希望。《纽约时报》的论调，典型地反映了西方报刊从西方文明价值观出发来评论甲午战争，将日本对中国的侵略看作在履行西方列强的"文明使命"，以西方文明来改造世界的态度。

第一章　英美报刊对战争动态的报道和评论

从 1894 年 7 月 25 日发生"高升号"事件，到 1895 年 4 月 17 日中日双方签订《马关条约》，中日甲午战争历时近 7 个月，以清政府求和而结束。在这场战争中，由于日本蓄谋已久，做好了充分的战争准备，使得本身羸弱不堪而又试图一味仰赖列强调停的清政府，在对日作战中节节败退，战火很快从朝鲜燃烧到中国境内。这场战争关系到东亚国际政治秩序的改变，中国传统的东亚大国地位是否被日本取代，以及这种变化是否影响西方列强在东亚及中国的利益，这些问题都引起了西方国家的高度关注。因此，从战争一开始，英美报刊就持续跟踪报道了战争的进程。本章将以战争进程中的几个关键事件为中心，包括战前局势、战争的爆发、平壤战役、大东沟海战、威海卫战役等，考察英美报刊对这些事件的相关报道及评论。

第一节　对战前局势的关注和战争爆发后的评论

一、关注战前局势

日本自 1868 年开始明治维新之后，国力日渐强大并开始走向扩张之路。当欧美列强将侵略的矛头指向朝鲜时，日本也加紧了对朝鲜的渗透和侵略。而朝鲜作为清朝的藩属国，朝鲜政府一直与清政府保持着友好关系。这样，随着日本对朝鲜事务的干预，清政府和日本在朝鲜问题上的关系趋于紧张。1894 年 4 月底，朝鲜爆发东学党起义，朝鲜政府请求清政府出兵帮助镇压，日本也乘机出兵朝鲜，由此造成了中日军队在朝鲜对峙的局面。

早在 1884 年，金玉均领导朝鲜"开化党"在日本的支持下发动"甲申政变"，但很快失败并流亡日本，这一事件反映了清朝与日本在朝鲜问题上的角力。10年之后，1894年3月28日，流亡日本的金玉均到上海后被刺身亡，这件事作为一个国际问题引起了英美媒体的关注。例如，1894年5月21日的《泰晤士报》以"在上海发生的一场政治暗杀"为题，报道了金玉均在上海遇刺的事件，将朝鲜半岛的政治问题再次搬上了国际舆论的舞台。《泰晤士报》在报道中不仅描述了金玉均遇刺的过程，还回顾了十年前的政变，看到了这场发生于朝鲜内部的政变的本质，认为"血腥的对立名义上是以金为代表的开化党和强力的闵氏集团之间的对立；然而，真正的对立双方是支持金一派的日本（金曾经担任朝鲜驻日官员）和支持闵氏一派的清政府"①。因此该报认为，这场政变不仅仅是朝鲜内部的权力斗争，也是清朝和日本哪一方的影响在朝鲜占据主导地位的较量。正是基于这种认识，《泰晤士报》的报道关注的是这一刺杀事件背后深层的政治博弈，并倾向于站在日本一方来报道和评价此事。

在1894年7月中旬之前，《泰晤士报》《标准报》等英国报刊虽然对中日矛盾及远东局势非常关注，但并不认为中日之间会因为朝鲜问题爆发大规模的军事冲突。在5月22日的报道中，《泰晤士报》报道了英国远东舰队副司令弗里曼特尔（Edmund Fremantle）在李鸿章的陪同下参观了威海卫军港，并对清朝在海军与军港建设上取得的成果给予较高评价。当时，中日在朝鲜问题上的关系正趋向紧张，英国远东舰队对清朝军港进行访问，反映了英国政府和海军并不认为中日之间会有大规模的战争，因此在该则报道的最后明确指出"在朝鲜发生的动荡并不重要"②。7月7日的《标准报》报道说："日本驻德国公使认为，朝鲜问题将不会导致战争。他说，日本派遣军队到朝鲜只是为了保护日本公使馆和领事馆。……他声称，日本没有打算吞并朝鲜，但希望促使承认它为一个中立国。这些话似乎表明，问题会得到友好解决。"③正是因为相信了日本谎言，英国《每周标准快报》（The Weekly Standard and Express）在7月14日还相信中日之间的矛盾可通过英国调停来解决。它报道说："星期二，金伯利勋爵为了解决中日之间关于朝鲜的纠纷而提出英国调停。日本接受了这一主张，有理由相信中国也将同样会接受。"④

---

① "A Political Assassination in Shanghai", *The Times* (London, England), May 21, 1894, p.14.
② "News from China and Japan", *The Times* (London, England), May 23, 1894, p.5.
③ "China, Japan, and Corea", *The Standard* (London, England), Saturday, July 07, 1894, p.7.
④ "Japan and China Difficulties", *The Weekly Standard and Express* (Blackburn, England), Saturday, July 14, 1894, p.8.

同样，在美国报刊中也有观点认为中日之间会在大国调停下避免战争。例如，《芝加哥每日论坛报》在分析了日本和清朝在朝鲜问题上的态度后，引用美国官方对朝鲜局势的看法认为："中国和日本在朝鲜问题上一直争执不下，因为双方对朝鲜的自主权各有自己的设想。然而，如果日本人同样撤军的话，中国愿意撤军。但日本对朝鲜的弊政有许多不满，因此提出了一系列的要求，其中一些要求涉及朝鲜作为一个独立国家的存在，日本宣称在这些条件得到满足之前不会撤军。在这一点上，引起了其他国家的关注，因为这被认为将整个北亚的和平置于危险的境地。在这里有着利益关系的列强开始考虑该做些什么，以阻止日本追求导致朝鲜这个小国解体的行为，因为朝鲜起着两个亚洲大国之间缓冲区的作用。英国、俄国和法国提出了和平的规劝，但日本对此不予理睬。日本现任政府（美国人觉得它亲近）在如此绝望的政治关口，觉得有必要激起民族感情以作为一种自我保护的手段。于是，美国被卷入这一事件中。我们在中国和日本有巨大利益，并且希望扩大我们的贸易关系，当美国驻东京公使谭恩（Dunn）向国务院描述这一情况时，美国觉得，促使欧洲大国阻止这种肯定对双方都是灾难的冲突，不仅符合我们的利益，也有益于所有相关国家。美国在以前曾做过这种事情，特别是有关于中美洲小国的例子。我们成功地阻止了战争，而且我们的做法得到了邻国的感激，并得到了整个世界的尊重和赞赏。"①在这一报道中，作者之所以认为欧美列强如果出面调停就可以阻止中日之间的冲突，一方面是对欧美列强在国际事务中具有重要影响力的自信，另一方面也是因为其缺乏对日本在朝鲜问题上真正目的的正确认识和判断。在分析日本的态度时，该报认为"日本没有不良企图（ulterior motives）"，相信日本没有"任何对朝鲜领土的计划"。显然，这篇报道的作者相信了当时日本政府辩称的不撤军是为了改革朝鲜弊政，而不是企图侵占领土。正是在这一认识的前提下，这一篇文章相信通过列强调停可以阻止日本的行为，从而避免战争。

不过，以《泰晤士报》为代表的西方报刊，通过对日本国内情况的观察，也看到了问题严重性的一面。当时的伊藤内阁并没有获得日本议会的大多数支持，面临着严峻的执政形势。1894 年 5 月 11 日《泰晤士报》报道，日本政府遭到国会反对派的强烈批评与攻击；日本全境爆发了严重的水灾，造成了巨大的人员财产损失和成千上万人流离失所；司法舞弊与受贿案遭到披露；持续的洪

---

① "Not Seeking for War", *Chicago Daily Tribune* (Chicago), July 19, 1894, p. 5.

水对粮食收获造成了严重的威胁等。①6月22日的《泰晤士报》又报道了在横滨与东京爆发了较为严重的地震，造成了人员伤亡与财产损失。②这些事件一定程度上造成了日本国内的紧张形势。甲午战争之前，《泰晤士报》在有关日本国情的相关报道中，已经透露出了日本密谋发动战争的苗头。

总的来说，当一些报刊认为中日之间的矛盾可以调停时，也有相当多的报刊从1894年6月下旬起就对朝鲜局势持越来越悲观的看法。例如，6月24日美国的《华盛顿邮报》和《纽约时报》分别以"即将开战"和"日本和中国可能发生战争"为题，对中日在朝鲜问题上的争论及由此造成的危机作了相同的报道。报道说，华盛顿收到的全部消息都表明，日本和清朝之间的敌对行动日益迫近。"现在，似乎战争再也不可避免，朝鲜很可能成为战场，而美国刚刚第二次承认朝鲜的独立。清政府一直宣称对朝鲜拥有宗主权，同时又否认对朝鲜的行动负责，这引起了许多的反感。中国和日本都派军队去朝鲜，但所声称的从上海派遣的军队的数量，显然有点夸张。""现在的危机导致了日本与中国之间目前的死结。清政府急切地要求日本撤军，理由是朝鲜的麻烦已结束。日本政府对这一事实并不满意，而且也不承认清政府有权提出这一要求。日本政府坚持认为，这一要求应该像适用于日本那样适用于清国，应该由朝鲜政府提出。""日本政府因此向清政府建议，应该共同采取措施来保持朝鲜的安定，两国政府应该改善其对朝政策，以确保其将来的稳定和繁荣。清政府拒绝了这一建议，并且现在派遣大批军队去朝鲜。日本政府在坚持立场的同时，也宣称愿意采取一切合理的预防措施来避免冲突。"③这一报道，表明他们看到了中日之间在朝鲜问题上的矛盾难以调和，但他们显然也被日本的虚伪和谎言欺骗了，似乎是清政府提出了无理要求并造成了紧张局势，战争危机的责任被推给了清朝。

在日本借口帮助朝鲜政府镇压叛乱与保护侨民而增兵朝鲜之后，英国《泰晤士报》开始深入细致地报道与剖析朝鲜半岛局势，其关注点主要在于中日双方军事调动的最新进展，日本挟持朝鲜国王并提出改革条款，俄国是否会采取干预和调停行动等。而随着朝鲜局势的日益紧张，英美大多数报刊都开始认为中日之间的战争不可避免。7月22日的《华盛顿邮报》刊载了一篇《可能已宣战》的报道，以"中国和日本开始了敌对行动""朝鲜的危险形势"为子标题，对来

---

① "News from China and Japan", *The Times* (London, England), May 11, 1894, p.14.
② "Japan", *The Times* (London, England), June 22, 1894, p.5.
③ "About to Go to War", *The Washington Post* (Washington, D.C.), June 24 1894, p.1; "Japan and China May Fight", *New York Times* (New York), June 24, 1894, p.9.

自上海、横滨和旧金山关于朝鲜局势的消息和"可能已经宣战的传闻"作了报道。[1] 7月23日,《泰晤士报》在报道"朝鲜问题"时,该报记者发自上海的电文也明确指出:"中国和日本之间的战争被认为是确定的。"[2] 同一天美国的《纽约时报》对朝鲜问题及清日朝三国军事力量作了详细报道。该报认为,朝鲜问题已非常明确,那就是:清朝拒绝日本提出的共同改革朝鲜内政的要求以维护自己的宗主权。而日本否认朝鲜为清朝的藩属国,强调朝鲜为独立国家。日本军队控制了汉城和济物浦,而清朝提出由俄国调停的建议被日本拒绝。清朝害怕与日本的战争引起列强武装干涉,使其丧失对朝鲜的宗主权。清朝唯一的选择就是与日本妥协,但却派军队去保护其附属国。清朝此举并非公然向日本展示,而是为了使朝鲜安定。对清朝提出的清日军队同时撤出朝鲜的建议,日本回应是要求双方军队共同占领朝鲜,共同管理朝鲜的财政并引入必要的改革。该报道在作出上述评述之后指出:"中国和日本经常争吵至战争的边缘并达成和解,但他们从来没有处于目前如此危险的必然冲突的境况。"[3]《纽约时报》这一分析基本上是客观的,也看到了问题的本质,即日本不愿意与清朝一同从朝鲜撤军,以改革朝鲜内政为借口要强行驻兵并控制朝鲜,因此中日之间的战争不可避免。在这一结论的基础上,该报道接着分析了清朝、日本和朝鲜三国的陆军和海军情况。7月24日,《纽约时报》以"战争在朝鲜即将来临"为题,以子标题"中国和日本似乎决定开战"报道了来自上海和伦敦的相关消息,其中说道:"关于中国已经对日本宣战的报道是草率的。尚未正式宣战,但战争即将来临。"[4]

甲午战争爆发之前,英美报刊多次援引路透社有关东亚局势的报道,其中有多则报道是对日本驻英国公使的采访,日本公使发表日本政府对于当时局势的看法与态度,这无形中在宣扬有利于日本的观点。例如,伦敦的《泰晤士报》和《标准报》在1894年7月5日的报道,都援引路透社记者对日本驻英公使的采访说:"当前的矛盾是由日本代表的进步与由清国代表的反动保守(reactionary conservatism)之间的矛盾,日本将不顾清国可能试图作出的任何阻碍,为履行其责任而毫不退缩。对事件的立场就是如此。我国政府向清政府提出共同对朝鲜内政进行改革。朝鲜政府不能维持王国的秩序,在各个方面都太虚弱。因此,日本向清政府提出重组朝鲜行政机构,但清政府拒绝了我方提

---

[1] "War May Be Declared", *The Washington Post* (Washington, D.C.), July 22, 1894, p. 1.
[2] "The Korean Question", *The Times* (London, England), Monday, July 23, 1894, p. 5.
[3] "Forces of China and Japan", *New York Times* (New York), July 23, 1894, p. 5.
[4] "War Is Imminent in Corea", *New York Times* (New York), July 24, 1894, p. 5.

出的共同改革的建议，理由是清国是朝鲜的宗主国。日本对此并不认同，因为朝鲜国王在没有清政府同意或干预的情况下与日本及西方列强签订了国际条约，根据国际法，这一事实本身证明了朝鲜的独立。天皇的军队赴朝鲜最初是为了镇压叛乱，之后增兵朝鲜是因为清国作出了相似的举动。撇开改革朝鲜内政不谈，天皇政府必须采取一切手段维护日本在朝鲜的权利，并有力地保护该王国的完整。这是我方的主要目标。日清两国政府之间的谈判仍在进行，但无论如何，日本决定坚持极为需要的朝鲜内政改革。"① 日本政府这种"进步与保守之争"的论调，借助于英美报刊在西方社会产生了不利于清朝形象的影响。同时，这种论调也借此否定清朝与朝鲜的宗藩关系，为日本侵略、占领朝鲜提供借口。

　　对于围绕朝鲜问题可能发生的战争，一些英美报刊还对事态发表了社论。例如，伦敦《泰晤士报》于7月24日发表社论认为："关于朝鲜形势，最好的说法是中日之间的战争实际上尚未爆发。已经宣战的传闻似乎是没有根据的。的确，除非两国采取措施缓和现在的紧张局面，战争极有可能会首先爆发，然后宣战。当这两国的军队在远离各自首都的地方相遇时，即使强有力地组织起来的政府也难以完全控制事态。中国和日本都在十万火急地向朝鲜增派援军，双方的海军都在展示极端行为，雇用了大量商船，已经发出了为防御而关闭港口的通告，无论如何，这两个国家都展示出一种坚定的战斗决心，而丝毫没有减少他们的自负。"该报编辑在描述了这一紧张态势之后，分析了朝鲜、日本和清朝在这种形势中所面临的国内情况。其中分析日本时说道："对于日本政府来说，当前的国内形势使其从朝鲜已占据的位置撤军极为困难。正在进行的宪法之争，像现代日本其他事情一样，颇具西方风格。伊藤（Ito）伯爵并没有得到日本议会的大多数支持，既不理解也不关心对议会政府实施安抚的艺术。另一方面，他得到了天皇的信任，……很可能，如果真的要开战的话，日本人将以轻松的心情走向战争。他们有理由为其陆军和海军而感到自豪。他们对成为东亚的头号强国雄心勃勃，并对中国有一种世代相传的嫉妒和厌恶。"② 由此可以看出，《泰晤士报》在这一社论中的分析在一定程度上道出了问题的所在，尤其是日本的内政问题和野心，使得战争不可避免。不过，社论中并没有对日本的野心和行为提出批评。

---

① "The Occupation of Korea", *The Times* (London, England), July 05, 1894, p. 5. "China and Japan in Croea", *The Standard* (London, England), Thursday, July 05, 1894, p. 5.
② *The Times* (London, England), Tuesday, July 24, 1894, p. 9.

伦敦《标准报》也在 24 日发表社论认为："中央新闻社的权威报道说，围绕朝鲜问题的中日关系在过去 48 小时变得越来越紧张。日本着重坚持改革朝鲜体制和更好地保护其居住于朝鲜的臣民。另一方面，清政府表示决心竭力抵制日本干涉朝鲜事务的主张。昨天，[英国]女王政府向日本和清政府驻伦敦公使紧急表达了可能的后果，并且延长了会议时间，结果是进一步给北京和东京发电报。到昨天晚上，英国政府改善中日两国关系的努力仍然没有效果。"[1] 因此在《标准报》看来，中日关系已经非常紧张，英国政府的调停不可能缓和这种紧张关系，战争也就不可避免。

美国《华盛顿邮报》也于 7 月 25 日发表了一篇社论，对中日两国力量及可能发生的战争作了如下评论：

> 尽管有各种和平的预测，但中国和日本在朝鲜进行战争是当前形势最有可能的结果。即使现在作出一种避免战争的调整，也不能指望持久的和平，因为最终的外交解决几乎不会改变两个国家的主张。由于明显的和天然的原因，美国人民同情日本。我们的衷心祝愿可能对日本在与天朝的战争中没有多大用处，但它当然可以得到我们的祝愿，这也是我们为它所能做的，虽然《纽约先驱报》迫切希望我们的海军给予它大量帮助。无论我们在朝鲜有什么利益——以及这种利益是多么有限——需要保护，我们的海军军官也不可能犯下大错去参加战斗，支持或反对两个交战国中的一方。不存在卷入亚洲战争的门罗主义，严守中立是我们明确的责任。
>
> 如果规模最大的军队总是肯定能赢，那么中国将会在与日本的战争中获胜。天朝皇帝被认为拥有 4 亿多人口，常备军数量在和平时期达到 65 万人，在非常时期则可使数百万人投入战斗。据说，中国的正规军装备良好，由中国和外国有能力的军官训练。中国海军分为 4 支舰队，由 5 艘战舰、65 艘护卫舰（defense vessels）和巡洋舰、43 艘鱼雷艇构成。其中一艘战舰属于第一等级。这些战舰中最大的舰艇是在英国建造的，但最小的舰艇由福州的帝国兵工厂建造。
>
> 日本居民只有中国的大约十分之一，或者说，大约只有 4100 万人。日本军队借鉴欧洲模式而组织良好。超过 20 岁的全部男子都必须在日本常备军中服役 7 年，其中服现役 3 年。然后他们必须再作为后备军人服役 5 年。

---

[1] "China, Japan, and Corea", *The Standard* (London, England), Tuesday, July 24, 1894, p.5.

这样，从 17 岁到 40 岁的全部男子，没有登记入伍，也可以在战时被号召投入战斗。和平时期的军队总数大约是 27 万 5 千人，拥有 360 门野战炮和山炮。士兵使用日本人发明并由日本兵工厂制造的来复枪。舰队由 5 艘装甲巡洋舰、9 艘二等巡洋舰、22 艘三等战舰构成。这些舰艇装备了 307 门炮。其中有两艘军舰的速度达到每小时 22.5 节（knots）。

我们不能像《费城时报》那样，把这两个亚洲大国之间的战争当作推进基督教的最佳途径来欢迎。很可能，这一战争的结果会有利于"耶稣基督"（the Prince of Peace）宗教的传播，因为从恶中带来善是国家统治者的事情。但是，要想因为"异教徒"正准备自相残杀而获得一种快乐感，就需要一种局限于战争领域的哲理。《费城时报》说："这些异教徒国家为什么而开战，相对来说无关紧要。最重要的是看到在冲突中公平地发动战争，无论谁是胜利者或被征服者，这必然对双方都大有裨益。《圣经》能够在基督教国家中发挥战斗作用，但当遇到不信它的异教徒时，剑和战斧就成了基督教文明最重要的助手。这两个国家都需要一场相互大战带来的教训。按照一般原则，战争是令人遗憾的，但一场中日之间的战争必然会给自由的宗教观念带来无价的益处。"①

在这一社论中，《华盛顿邮报》判断中日之间的战争不可避免，表达了对日本的同情，但并不支持美国直接干预这场即将到来的战争。通过对中日双方军事实力的分析，该报编辑从军队规模大小的常识出发，认为清朝有可能在战争中取胜。对于这场战争后果和影响的评价，《华盛顿邮报》引用《费城时报》的评述，表明一部分美国报刊对中日之间的战争持一种幸灾乐祸的旁观态度，虽然《华盛顿邮报》对此并不完全赞同，但也将中日战争看作有益于基督教观念的传播。

总的来说，在甲午战争爆发前夕，许多英美报刊的报道中预言中日之间战争即将发生，并且不时出现有关中日已经宣战的传闻。因此一些报刊密切关注朝鲜局势，对中日双方在朝鲜问题上的态度、外交、军事动态比较关心，并且还比较注意观察清朝和日本的国内情况，如《泰晤士报》报道有关日本国内水灾严重、伊藤内阁在国会选举中面临的困境等。但从战前报道的内容和评论观点来看，明显对日本存在着"纵容"倾向，明知日本的侵略野心，却并没有指

---

① "China and Japan", *The Washington Post* (Washington, D.C.), July 25, 1894, p. 4.

责日本挑起事端的行为。

二、战争爆发后的报道和评论

1894年7月25日发生"高升号"事件，日本不宣而战，中日之间进入实际战争状态。对于"高升号"事件和中日双方在牙山等地的冲突，英美报刊立即给予了关注和报道。7月27日和28日，美国和英国的报刊开始报道中日之间的军事冲突。当时关于中日之间战争的消息来源，各报纸普遍采用了联合通讯社（The Associated Press）和中央新闻社（The Central News）的两条新闻。例如，纽约《世界报》以"中国意欲取胜"为题，华盛顿《晚星报》（The Evening Star）以"一艘中国运输船遇袭"为题，盐湖城《盐湖先驱报》（The Salt Lake Herald）以"现在已存在实际的战争"为题，根据联合通讯社发自天津的电文，对中日战争的爆发进行了报道，其中说道："现在，形势的严重性已经完全变成了现实，即中日之间的战争已经开始。按照通常的外交形式，尽管东京或北京都没有正式宣战，但两国政府都明白，实际的战争状态已经存在，两国军队之间的进一步冲突预计随时会发生。这里表现出了对战争的后果非常担忧。似乎普遍认为，虽然日本可能获得战争的最初胜利，但清军最终会把日本人驱逐出朝鲜，哪怕不得不为此派遣数百万人去前线。""最初公然的战争行为发生在上星期二。日本人对'高升号'轮船开火并击沉了它，该船属于伦敦的休·马西森公司（Hugh Mathieson & Co.），清政府租赁其用于运送军队去朝鲜。"[1] 7月28日的伦敦《标准报》也作了类似的报道，但在表述时稍有差异，明确指出是日本打响了战争的第一枪："日本方面最初公然的行动，是由日本军舰向开往朝鲜的'高升号'运输船开火并将其击沉。"[2]

纽约《世界报》的报道中还对中日爆发战争作了简要评述："中国人和日本人相互憎恨，现在既然发生了交火，清军在战斗中失利，就只好准备进行一场决定性的斗争。日本为这场危机准备了许多年，撇开别的不说，单就这个原因，日本会厌恶任何欧洲的干涉。"[3] 这一论述，虽然是短短的几句话，但道出了当时

---

[1] "China Means to Win", *The World* (New York), Friday, July 27, 1894, Evening Edition, p.1; "A Chinese Transport Attacked", *The Evening Star* (Washington, D.C.), Friday, July 27, 1894, p.2; "Actual War Now Exists", *The Salt Lake Herald* (Salt Lake City), July 28, 1894, p.1.

[2] "China, Japan, and Corea", *The Standard* (London, England), Saturday, July 28, 1894, p.5.

[3] "China Means to Win", *The World* (New York), Friday, July 27, 1894, Evening Edition, p.1.

中日两国对这场战争的态度。从这篇报道可以看出，以纽约《世界报》为代表的一些报刊，已经认识到战争是由日本长年准备和发动的，并且志在必胜，因此日本会反对欧洲国家的调停和干涉。

另一些英美报刊则主要采用了中央新闻社发自上海的电文。例如，《纽约时报》以"中日爆发战争"为题，《华盛顿邮报》以"宣战"为题，《芝加哥每日论坛报》以"东方战事"为题，都采用中央新闻社的电文报道说："中国和日本已经宣战。日本人抓住了朝鲜国王并将其囚禁。11艘中国轮船在前往朝鲜的途中。船上军队大部分是配备了弓和箭的苦力（coolies）。一些到达朝鲜的中国轮船，被日本人阻止其军队登陆。据报道说，日本人的大炮击沉了其中数艘运输船。"① 英国《泰晤士报》则在《中国和日本》这一标题下，同时采用了上述联合通讯社和中央新闻社两则电文进行报道。②

中日之间的战争爆发之后，一些英美报刊开始对中日两国军事力量进行比较分析并对这场战争进行评价。美国的报纸如7月27日的纽约《世界报》和华盛顿《晚星报》，28日的《盐湖先驱报》和《圣保罗环球日报》（The Saint Paul Daily Globe），英国的报纸如7月30日的敦提（Dundee）《电讯晚报》（The Evening Telegraph），31日的《阿伯丁周刊》（Aberdeen Weekly Journal），8月3日的《曼彻斯特卫报》等，都对当时中日军事力量作了比较。在这些中日对比分析中，普遍认为清朝的军事力量从总体上强于日本，但在战略战术和质量上不如日本，因此认为对战争的结果不能作简单判断。例如《圣保罗环球日报》就作了如下评述：

> 中日之间的战争已经爆发，这场战争很可能永远决定北亚两个民族谁取得霸权的问题。这一战争可能是短暂、激烈和决定性的，或者也许是长期和令人精疲力竭的。这主要依赖于初次战役的结果和欧洲列强是否为了和平或自身利益而出面干涉。
>
> 从两国本身来看，这两个民族大致旗鼓相当。中国人口众多，地域极为辽阔。但日本人更聪明，资源更丰富，对战争准备得更充分。清军由650000名士兵和5460名军官组成，他们像欧洲军队那样以大致相同的比例

---

① "China and Japan at War", *New York Times* (New York), July 27, 1894, p.5; "Declaration of War", *The Washington Post* (Washington, D.C.), July 27, 1894, p.1; "War in the Orient", *Chicago Daily Tribune* (Chicago), July 27, 1894, p.1.

② "China and Japan", *The Times* (London, England), July 28, 1894, p.5.

分成几个服役的分支。海军规模很大，许多军舰的建造现代而强大。它拥有1艘头等战舰、1艘二等战舰、3艘三等战舰、9艘护卫舰、9艘二等和12艘三等A级的巡洋舰、35艘B级的巡洋舰、43艘鱼雷艇，全部处于良好状态。能够扛枪的全部男性公民（citizens）都要服兵役，在几个月内军队人数还可以增加到200万或300万人，如果能够提供与此数量相当的武器装备的话。

日本军队的规模比其对手要小得多，因为这个国家没有必要维持一支庞大的军队。日本军队以征兵制为基础按照统一的制度组织起来。全部20岁以上的男性都要在常备军中服兵役7年，其中3年必须服现役，4年在预备役部队，退役之后再作为后备军人服役5年。这样，没有登记入伍的从17岁到40岁的全部男子，也可以作为后备人员在战时被号召投入战斗。1892年，和平时期的日本军队由6个分支构成，包括12个旅或24个步兵团（37925名军官和士兵），6个骑兵中队（1302名军官和士兵、1146匹马），8个炮兵团（5428名军官和士兵、240门野战炮和120门山炮、1655匹马），6个工兵营（2175名军官和士兵），6个运输中队（2108名军官和士兵、1746匹马），还包括其他各种服役者，和平时期的总兵力为3662名军官和62441名非现役军官及士兵、314门野战炮、156门山炮、8791匹马。另外，还有6个宪兵营（1058名军官和士兵、88匹马），4个义勇兵营（3290名军官和士兵）。预备队有兵力99554人，后备军人99176人。军队中使用的步枪是几年前日本发明的村田枪（the Murata）。

日本海军规模也小，由5艘装甲巡洋舰、9艘二等巡洋舰、1艘一等和40艘二等鱼雷艇组成。全部状态良好，人员和装备也全部配齐。陆军和海军的纪律都非常好，作战方式都是模仿欧洲的方式，战术方面综合了法国和德国体系的长处。

日本人享有比其邻居善战的声誉。他们的爱国精神和对统治者的忠诚都特别强烈。由于这些原因，关于战争的结局，与从两国兵力数量上不平衡来预测结局相比，似乎可能会有更多的疑问。

这次争端涉及对朝鲜的霸权问题。朝鲜王国本土是一个没有法律和强盗横行的地方，那里受到的破坏长期威胁到东方的商业。数年来的情况表明，必须制服他们，而日本从事了这一任务，目的不是为了自我扩张或扩大领土，只是为了使商业摆脱正在摧毁它的敌人。中国压制这种动荡的权力长期得到承认，并且质疑日本采取措施的权利，由此造成了目前的复杂局面。

权利（right）在日本一边，也许会发生这种结果：力量仍在中国一边。①

《圣保罗环球日报》的评论，通过对中日陆海军力量及某些国情的对比来分析战争可能的结果，但很明显，该报编辑在写这篇评论时早已有了先入为主的看法，相信了日本所编造的战争目的，即为了日本和西方国家的商业利益，使朝鲜摆脱清朝的宗主权并向它们全面"开放"。因此，这篇评论表现出了希望日本能在这场战争中取胜的明显倾向性。

英美报刊面对东亚两个国家之间的全面战争，除了从中日军事力量对比来评判战争，还发表了各种评论。例如，7月28日的《曼彻斯特卫报》，将中日战争看作一种"亚洲战争"与欧洲国家之间的战争进行比较，以此来评价这场战争及其后果。

中日之间的战争一旦发生，欧洲人将会感到非常惊讶。欧洲人将见证一种至今不曾习惯的场面。一场亚洲战争有点不同于欧洲战争。一方面，它不是一场带有有限责罚（limited liability）的战争。标准的欧洲战争意味着一场最多持续两年或三年的战争，以缔结条约结束，参战国基本上还保持原样。其中一方可能会失去一个行省，或者不得不支付一大笔赔款，但在地图上王国没有污点，没有民族的毁灭，没有国家领导人被俘虏。另一方面，一场亚洲的战争，在本质上是一场对参战国的责罚没有限制的战争。发动战争者公开宣称的意图，就是相互吃掉对方。亚洲人如果进行战争，其战争不是为了力量的平衡，或者在世界事务中占主导地位，或者这样那样隐藏的支配形式，而仅仅是为了征服。目标是征服敌人，使其领土荒芜，使其居民沦为奴隶。没有人宽恕被征服者，没有人不想把自己的利益最大化，没有人害怕文明世界的舆论。亚洲人的战争是符合逻辑的，他们看不到战争为签订协议和最终条约而争取一种好条件所具有的乐趣。正如为了"喝醉"而饮酒，他们为了摧毁而战斗。因此，日本和中国一旦全面发生战争并任其所为，他们有可能一直打到斯坦福（Stanford）先生不得不"卷起亚洲地图"并出版一幅重新着色的新版地图。②

《曼彻斯特卫报》以"一场亚洲战争"来评论中日甲午战争，特意以欧洲

---

① "The War in the Orient", *The Saint Paul Daily Globe* (Saint Paul), Saturday, July 28, 1894, p.4.
② "An Asiatic War", *The Manchester Guardian* (Manchester, England), July 28, 1894, p.8.

"文明"国家之间的战争为比较的背景来突出其"亚洲战争"的"野蛮"性。显然,这里所描述的亚洲式战争具有评论者作为英国人进行想象的成分,带有东方主义的色彩。不过,评论者预测战争结果会导致"出版一幅重新着色的新版亚洲地图",的确表明了日本人发动战争的目的具有评论者所说的"亚洲战争"的特点。当然,日本在这场战争中,以领土扩张和称霸亚洲为主要目的,同时也有模仿欧洲式战争的一面,因此一旦清朝战败,必然以清朝签订割地赔款的条约而结束。

7月29日《纽约论坛报》的评论,也将清朝和日本进行对比来分析战争可能的结果。评论者认为,清朝在人口规模和地理位置等物质因素上比日本具有决定性的优势,但是,"在教育、工业、自由政体以及一切文明的因素方面,日本将会与美国及西欧国家并驾齐驱,而不是与亚洲国家为伍。这种特质在战争以及和平时期都有表现。日本的兵工厂、铸造厂和造船厂都可与世界上最好的相媲美。日本军队的组织和纪律要远远胜过清军。在勇气、持久的毅力和爱国精神方面,两国之间也无法相比"[1]。因此认为最终日本会取得胜利。这一评论虽然看到了清政府的无能可能会抵消其人口众多和地大物博的优势,但总的来说是站在西方文明优越论的角度来评述这场战争,由于日本明治维新以来对西方文明的学习,因此评论者断定日本的精神力量会胜过清朝的物质力量。

7月31日,《纽约时报》也对中日战争发表了社论。这一社论完全站在日本的立场来评述。首先,评论者认为,英国政府不可能因为日本击沉的"高升号"运输船属于英国公司,就站在清朝一边,卷入清日之间的争端会使事件成为"重大的国际纠纷"。其次,该社论认为,日本在尚未宣战的情况下击沉了"高升号"运输船,这是清朝的一面之词。由于中国向朝鲜增兵是一种针对日本的战争行为,因此日本击沉"高升号"运输船是合理的。"中国试图增兵牙山(Ashan),从目的和意图来看,都是一种战争行为。对于日本人来说,如果不事先干预而是等到这一意图成功实施,然后满足于抗议,这简直是愚蠢的,既不明智、没有尊严,也无法调停。"再次,评论者提出,在这场中日冲突中,欧美国家会同情谁是一个不言自明的问题,因为,"清政府想要使其声称拥有宗主权的所有国家,包括中华帝国本身,对商业及西方文明关闭其国门,而日本的目的则是促使其开放,使其受到西方文明的影响,这也将是日本胜利所具有的效果"。"中国的胜利将会随之强化中国排外和停滞不前的政策,而日本的胜利则

---

[1] "China and Japan", *New-York Tribune* (New York), July 29, 1894, p.6.

会强化日本促进商业和进步的政策。"①《纽约时报》这篇社论,在很大程度上代表了欧美国家的想法,把日本看作为其侵略朝鲜及中国开道的急先锋,借助于中日战争寄希望日本的胜利来进一步打开清朝的国门。欧美国家在这一点上与日本是一个利益共同体,这决定了欧美国家在甲午战争中的基本立场。

《纽约时报》在甲午战争问题上的立场,基本上贯穿了整个战争过程。例如,在8月23日的评论中,该报仍然站在支持日本的立场来说话。评论者认为,战争朝着有利于日本的方向发展。首先,战争进行到目前为止,清朝海军无法取得制海权,不能从海路增兵朝鲜,而陆路上通往朝鲜的关口又被日本占领,因此清朝处于不利地位。其次,该报认为朝鲜王国想摆脱清朝的宗主权,与日本结盟,有利于日本。再次,日本人在这场战争中充满了"民族热情","团结一致和斗志昂扬"。而清朝的情况相反,人民缺乏爱国热情,而且对国内有诸多不满,有可能"不满意的人会利用一场外国战争的机会发动一场叛乱",在这种情况下,"日本的位置优势和同盟优势将大大抵消中国在数量上的优势"。由此评论者得出结论说:"总的来说,机遇似乎对日本有利,除非发生外国干涉。"②但是,评论者认为,在日本完全侵占朝鲜和在东亚大陆取得立足之地之前,欧洲国家乐于见到日本为争取朝鲜"独立"而取得的胜利,不会出面干涉,因此说道:"日本正与朝鲜一道为朝鲜的独立而战,而且欧洲国家都没有任何反对朝鲜独立的动机。"③

《华盛顿邮报》对战争发展趋势的预测与《纽约时报》略有不同。在1894年8月19日的一篇署名评论中,《华盛顿邮报》认为,战争最后会导致英国和俄国的干预,从而使战争停止或只局限于局部地区。评论中说道:"英国和俄国'在压制任何决定性冲突方面都有各自明显的利益'。前者在任何方面都依赖于中国的友谊,因为中国的领土作为英国殖民地(English possessions)的一个缓冲区,一方面对抗俄罗斯,另一方面对抗法国。因此,英国不会让中国在一场严峻的战争中被公然打败。出于相反的原因,俄国不会让中国在这场战争中成为决定性的征服者。中国是俄国在东方最强大的对手。她已经在北方阻止了俄国,而且,如果她征服了朝鲜或者赶走了日本人,俄国在朝鲜海岸寻求一个开放港口的希望将永远破灭。英国和俄国都向日本和中国提出了调停的建议,以

---

① "China and Japan", *New York Times* (New York), July 31, 1894, p.4.
② "China and Japan", *New York Times* (New York), August 23, 1894, p.4.
③ "China and Japan", *New York Times* (New York), August 23, 1894, p.4.

解决争端。双方的提议都尚未被接受。但是，如此强大的政府不会仅仅停留在提出友好建议上面。他们谁也不愿意看到一场双方都可能卷入的战争。现在看来，很可能战争会停止或者只限于局部地区。"①

在大规模的平壤战役和大东沟海战发生之前，许多英美报刊已经看到了清政府和清军存在的问题，因此在分析战争可能的走向时，尽管都提到清朝的人口、领土面积和资源优势，但从中日两国人民对战争的态度、军队士气及组织纪律性等方面进行对比分析，大多数报刊认为日本也有一定的优势，因此战争的胜负一时难以判断，或者说可能对日本有利。但是，无论战争结果会如何，一些报刊从日本"代表西方文明"这一前提出发，还是希望日本能够取得胜利。

不过，也有极少数报刊在评论这场战争时坚持正义，批评日本的侵略行径，采取支持清朝的立场，最具代表性的是伦敦《标准报》。《标准报》于1894年8月1日和2日发表的关于中日战争的社论，都对日本的有关言行进行了质疑和批评。在8月1日的社论中，该报首先指出，战争是由日本方面挑起并强加给清朝的。社论中说道："我们必须面对这一事实：双方都没有正式宣战，但确定的战争正在远东两个国家之间发生。在任何秉持公正的人看来，对于这种可悲的状况，责任真正在谁是没有疑问的。即使我们同意接受来自日本方面的声明，承认日本方面提出的论点，也不可能否定以下结论：东京政府已决心把战争强加给清政府，除非清政府完全放弃其在朝鲜行使了数代人的权利。"② 接着，该社论进一步指出，日军击沉"高升号"运输船，"证明了侵略者有着恶毒的心灵"。因为当时两国"尚未宣战，中国既作为宗主国，也按照与日本之间直接而明确的条约，派遣军队去朝鲜只是在行使一种无可争辩的权利"。但是，"日本借此大胆地违反国际法和忽视人道法则，而这些甚至在战争状态下都应该遵守"。③ 因此，清朝向朝鲜增兵是合法的，而日本从中作梗并击沉"高升号"运输船违反了国际法。随后，该社论对日本的战争野心和借口进行了揭露和批判。"毫无疑问，东京政府已经决定强行把中国拖进战争中。他们夸耀说，他们目前的财力使他们能够轻松面对战争，他们的装备优于对手，因此不用担心后果。无论来自哪里的调停建议都被拒绝了，欧洲各国政府（包括我们英国政府）仍然在不懈努力来避免危险的灾难，但似乎他们在保持和平方面没有取得任何进展。

---

① "Korea, China, and Japan", *The Washington Post* (Washington, D.C.), August 19, 1894, p.16.
② *The Standard* (London, England), Wednesday, August 01, 1894, p.4.
③ *The Standard* (London, England), Wednesday, August 01, 1894, p.4.

战争的借口同以往任何借口一样站不住脚。虽然,清政府几年前同意允许日本在一定条件下有权派兵到朝鲜,这是不可否认的,但是,这绝不表示清政府放弃同样的权利。目前没有人会相信,日本的态度的唯一或最有效的原因,是对朝鲜拥有好政府的一种诚实而专心的关怀。这种借口是一种最陈腐和最明显的侵略性国家政策的策略。"[1] 最后,该社论认为,最后的胜利不一定属于日本,因为,"日本人不应忘记,即使他们在与中国战争的早期阶段运气好而获得了荣誉,但从长远来看,后者是一个有耐心、资源丰富且具有持久耐力的国家,估计能够使一个甚至比日本更强大的敌人陷入困境和精疲力竭。俄国会告诉他们这个人口众多的国家有点坚不可摧的顽强,试图通过间歇性的攻击而战胜它是多么的徒劳。……而且,日本还必须考虑(尽管目前日本人似乎还没有意识到)各种看法、利益和欧洲国家有可能的干涉"[2]。

在《标准报》8月2日的社论中,同样对日本挑起这场战争进行了谴责,认为日本的挑衅最后会被挫败,并且不值得文明国家同情。社论中说道:"贯穿最近朝鲜问题的整个阶段,日本都被认为是冒犯者,现在它以明白无误的措辞宣称,它意欲成为朝鲜半岛的女主人(mistress)。由于北京政府对其无理要求不作让步,并且拒绝默认日本人占领朝鲜都城的既成事实(fait accompli),日本就诉诸侵略行为,以致命的战斗公然挑衅中国。""当前,日本人一如既往地是侵略者,虽然他们可以回顾一两次成功的战役,但他们以前所有试图在大陆永远地确立统治的尝试都遭到了彻底的挫败。如果日本人目前的行动具有相似的结局,这只能怪他们自己;如果他们的希望落空,他们不能指望来自文明国家的任何同情。"[3] 与日本的挑衅相比,清朝则力图维持和平,但在日本的挑衅下也会坚决反击。社论说:"中国政府在整个危机期间表现出了非凡的克制。其语言直到最后一刻都是和平的,面对肆意挑衅而没有采取行动来恶化这一必须克服的困局(difficulties)。但是,中国既然受到公然挑衅,其态度毫无疑问是坚定的,并且决心投入战斗。"[4]

《标准报》的社论在当时可以说看到了问题的本质,清醒地认识到了日本为了侵略朝鲜和中国而发动战争,朝鲜"独立"问题只是幌子而已。同时,该报对"高升号"事件也看得很清楚,明确谴责日军攻击"高升号"船是公然违反

---

[1] *The Standard* (London, England), Wednesday, August 01, 1894, p. 5.
[2] *The Standard* (London, England), Wednesday, August 01, 1894, p. 5.
[3] *The Standard* (London, England), Thursday, August 02, 1894, p. 4.
[4] *The Standard* (London, England), Thursday, August 02, 1894, p. 4.

国际法的。然而，这种站在清朝立场上的评论在英美报刊中只是凤毛麟角，大部分评论都是站在日本一边。

第二节 对主要战役的报道和评论

一、关于平壤战役的报道和评论

1894年9月12日至15日，由野津道贯任最高指挥官的日军共计16000多人围攻清军驻守的平壤。当时平壤的清军约13000人，人数比日军稍少，但不至于力量悬殊。在保卫平壤的过程中，一部分清军作战勇敢，在船桥里、普通江、玄武门等地的战斗中痛击日军。然而，由于清军最高统帅叶志超畏战撤退，并在仓皇逃跑中造成大量清兵伤亡，日军仅用几天时间便攻入平壤城内。这场战役是甲午战争中中日两国陆军的第一次大规模较量，以清军溃败收场，不仅对陆上战场产生了重大影响，也使外界看到了清军的纪律涣散和无能，证实了早先英美报刊关于清军战斗力的推测。

英美报刊一直关注着中日两国在朝鲜的战况。一些主要报刊如英国《泰晤士报》和《标准报》、美国《纽约时报》等，在日军向平壤进军的过程中就一直在追踪报道相关战事，因此对日军开始围攻平壤城的情况也有所报道。例如9月14日的《标准报》报道说："传闻中日军队在开城（Kai Cheng）附近于本月2日发生了战斗，当地10日的报纸说战斗持续了2天，但仍然未决胜负。根据两天后的报纸所说，叶将军报告说清军取得了胜利。然而，这里的人则认为清军遭遇了失败。一封来自平壤的电报证实了发生战斗的消息，但却说没有决定性的结果。"[1] 这一报道反映了叶志超从牙山向平壤撤退的过程中，一直在谎报战功，将失败说成是获胜。9月17日的《泰晤士报》对日军总攻平壤前夕的战况进行了评论。"朝鲜的形势有点明朗了。不断传来的中国获胜的消息似乎需要核实，预期中的进攻日军驻地，变成了对平壤清军的进攻。据说三支日军队伍正在向敌人汇集。据报道，6日和7日发生了一场剧烈的但对结果没有决定性影响的战斗。毫无疑问，日本人最终进攻了。上述情况似乎与一切已知的可能性相一致。几个星期以来，日本从海路向朝鲜派遣了大批部队，其力量可轻易地

---

[1] "The War in the East", *The Standard* (London), Friday, September 14, 1894, p.5.

达到或超过70000人。清军则陷入遥远而令人绝望的糟糕的交通，受到倾盆大雨的阻碍，完全缺乏组织性而行动迟缓，这样其数量肯定会被超过。在这种情况下，结束陆路运输和海路运输之间的竞赛只有一条途径，显然，日本人一旦完成布置，清军必须打一场防御战。""本月9日来自汉城的传闻说，日本人正在同时从元山（Gensan）、汉城（Söul）和黄州（Hwang-ju）向平壤推进，这一传闻可能被证明是正确的；而且来自元山的日军已经与敌人发生了冲突，这就证实了这一传闻。"① 从《泰晤士报》这一评论来看，评论者在撰写稿件时尚未收到日军攻占平壤的消息，因此只是对进攻平壤前的情况作了评述。评论与《标准报》一样对清军在朝鲜打胜仗的消息提出了质疑，并根据当时的消息预计到了日军围攻平壤的战役即将打响。其中，对于中日两国向朝鲜增兵情况的描述，也在很大程度上反映了事实。

《纽约时报》在9月17日也报道了平壤战役前夕中日在朝鲜的战况。报道说："日本人在9月6日发生的一次战斗中大胜清军。战斗非常激烈。日军打散了清军的骑兵队，一支日军小分队随后攻占了距平壤35英里的黄州城堡。双方损失惨重，但战斗详情尚无法获知。在平壤的清军有15000人。日本人迅速地向平壤开进，大战即将发生。如果日本人获胜，他们会向盛京（Shing-King）省的奉天（Moukden）进军。这个位置将威胁北京。"②

日军攻占平壤的消息于9月17日通过电报传播到西方世界，英美许多报刊便在18日和19日对此进行了报道。

在英国，伦敦的《泰晤士报》、《标准报》、《每日新闻报》、《电讯报》（The Telegraph）、《佩尔美尔街日报》，格洛斯特（Gloucester）的《市民报》（The Citizen）等，都对平壤战役作了及时的报道。例如，《泰晤士报》和《标准报》在9月18日分别对来自中央新闻社和路透社的消息作了报道。《标准报》的报道《在朝鲜的战争》中还采用了两个子标题"在平壤的大战"和"清军失败"来突出主要内容。中央新闻社的消息是16日从汉城发出的，内容如下：

> 大战已经发生并取得了胜利。清军已彻底溃败。从凤山（Pong San）来的日军支队在星期四进行了军事侦察，画了清军驻守各要塞的火力位置图，精确地查明了清军的布防。完成这些之后，日军有序地撤退，损失甚微。

---

① "The War in the East", *The Times* (London, England), Monday, September 17, 1894, p.4.
② "Another Victory for Japan", *New York Times* (New York), September 17, 1894, p.5.

到星期五晚上，全部日军为联合攻击而就位，元山支队威胁清军左翼，凤山支队正对清军的中间，黄州支队攻击清军右翼。黄州支队在前一天得到了增援，他们是来自大同江口日本舰队的海军陆战队和水兵。清军利用平壤的旧防御工事，迅速建造了新工事，阵地异常坚固。

战斗在星期六黎明的时候打响，日军直接炮轰清军的阵地。战斗一直持续不停地打到下午，清军也开炮还击，表现很好。在下午2点钟，一队步兵冲上来，用步枪向清军开火，一直打到黄昏。白天的战斗都是由凤山支队进行的。

清军的防御遭到了日军火力的极大打击，但很难说双方损失巨大，因为双方都利用了掩体。对清军阵地的侧翼攻击在白天并没有进行。日军虽占领了一些有利位置，但他们主要占领了与攻击开始时相同的地方。战斗断断续续进行了一个晚上。与此同时，侧翼两个支队围着清军划了一道警戒线。

在凌晨3点的时候，日军同时发起了极其精准的进攻。清军的防线，在前方非常强大，在背后却相对薄弱。毫无防备的清军完全措手不及，陷入惊恐之中，数百人被杀。他们被包围了，在每一个试图突围的地方都遇到了敌人。

一些李鸿章请欧洲人训练的军队战斗到了最后，直到最后一人倒下。凤山支队蜂拥至前线被摧毁的防御工事，彻底挫败了清军。夜袭开始半小时后，平壤这个大好阵地被日军占领。

人们认为有20000清军守卫这个阵地。只有相当少的人成功地逃跑了。日本的胜利辉煌而彻底。他们在战场上缴获了大量物资、食物、武器和弹药。战利品中还有数百面旗帜。

清军有16000多人伤亡和被俘。主要的清军军官中被俘虏了几个，其他人则在背后受敌后就直接逃跑了。在被俘的军官中有奉军总兵 Tso Fonkwai 将军[①]，他拼死战斗到最后，只是在受伤后才屈服。

日本人的损失总计是30人死亡、270人受伤，包括11个军官。这主要是由于第一天的战斗造成的，在晚上的进攻中极少有人死亡。日本人积极追拿逃亡者，这些人大多数没有武器，愿意投降。也可能会继续一种游

[①] 根据姓名发音及报道中所描述，此处很可能指左宝贵，但实际上左宝贵在战斗中牺牲了。原文为："Among the officers taken prisoners was the General Tso Fonkwai, Commander in Chief of the Manchurian Army, who fought desperately to the last, and only yielded when wounded."

击战，但等清政府成功地把其他部队从大陆派遣到朝鲜半岛，这里实际上已经落入日本人手中了。①

这一报道描述了平壤战役的大致经过和结果，18日和19日英美许多报刊都采用了中央新闻社这一消息来源，因此对平壤战役过程的描述都差不多。不过，有些报刊在报道这一消息时，也加了一些评论。例如格洛斯特《市民报》的报道，除了上述电文，还增加了对战争结果的评论。该报引用一位英国官员的观点认为，日军之所以能够俘虏大批清军，是由于清军士兵在战争中有一种不良习惯，"当清兵意识到他们将面临一场战斗时，他们就会很快逃到隐蔽处。在平壤，很可能数千人都有这样的行为，在实际战斗结束之后，他们被拖出隐蔽处。显然，清军的战略战术也完全过时了，而且，如果不是因为黑夜，会有更多人在找到隐蔽处之前就被击毙了"②。同时，《市民报》还评述了英国人对平壤战役结果的态度："（对于）商人和其他在东方有商业利益的人，清军被打败正是他们极为期待的，他们对此感到非常满意，因为他们希望恢复和平。人们不相信日本人会试图进军北京，无论如何，认为他们在今年不会这样做。……伦敦城里一位有名的权威人士在星期一下午说：'清政府得到了一个非常需要的教训。他们嘲笑日本的进步，他们不相信日本日益增长的力量；现在，他们不会忽视它了，他们那屈辱和失败的痛苦意识，可能使他们认识到现在接受合理的和平条件的必要性，以免以后的条件会变得更加苛刻。'"③因此，英国人为了维护其在远东的利益，希望战争尽快结束，恢复和平，但在他们看来，清朝迅速战败或许是实现和平的重要途径。

在英国报刊的评论中，影响最大的当然是《泰晤士报》的社论。9月18日的《泰晤士报》专门对平壤战役发表了社论。在社论中，《泰晤士报》站在日本一边的立场表露无遗。社论中说道：

> 清军和日军之间在朝鲜的第一次重大战役以日军的彻底胜利而告终，正如有能力的判断者所一直预见的那样。平壤地理位置重要，正好位于大同江北边，处于从汉城到奉天和北京的路上，在星期天早上用了短短数小时就

---

① "The War in the East", *The Times* (London, England), September 18, 1894, p. 3; "The War in Corea", *The Standard* (London, England), Tuesday, September 18, 1894, p. 5.
② "War in the East", *The Citizen* (Gloucester, England), Tuesday, September 18, 1894, p. 3.
③ "War in the East", *The Citizen* (Gloucester, England), Tuesday, September 18, 1894, p. 3.

被攻下。据说，驻守在此的清军有20000人，结果溃败，估计整个军队有五分之四的人伤亡和被俘。据说余下的残部四处逃散，胜利者已经派出一支游击部队（flying column）去夺占朝鲜和中国之间通往北方的关口。毫无疑问，如果日军能在冬季来临之前设法接近敌人，将会成功地给敌人以重挫。根据军事专家们所说，长期以来，日本步兵和炮兵总是处于高效状态。士兵坚强、活跃、勇敢和机智。他们的训练和纪律都是精心改编自欧洲最好的典范。他们的武器是按照科学设计中最新和最具毁灭性的模式制造的，装备中的每个细节都经过了精心配置。不用说，那些有能力和精力建立这样一支部队的军官，是配得上领导这支部队的。他们全部做过本职的科学研究，其中一些人还在杰出的战略家的指导下，致力于调查研究更有名的欧洲军事体制。然而，这样的军队，这样的领导，虽然很容易击败和驱散任何一支清政府可能在朝鲜短时间内集结起来的军队，但是在朝鲜的严冬使重大军事行动难以实施之前，日本人绝没有把握发动一次战役。日本指挥官表现出了对现代战争重要秘诀的掌握。他知道怎样迅速而准确地调动军队，并且借此成功地以最小的代价重创清军。①

对于那些有机会看到日军训练和评估其作战能力的人，日军毫无疑问地证明了他们对日军看法的正确性。日本民族的努力获得了成功的回报，其雄心抱负成为一种新的强大动力。从今以后，日本肯定被认为是东亚的一支有生力量（living force），至少英国人不会带着嫉妒或担忧来看待一个岛屿民族的崛起，日本人的利益主要是其自身的利益，不久英国人就会与他们密切接触。遥远未来的历史学家可能会追溯东方新海上强国与西方旧海上强国之间的高度相似之处。因为正是其海军，日本才有了惊人的军事成功。控制海洋使其平时获益，使一个小国在关键时候在数量上超过并打败其难以对付的对手。……星期天的战斗是一个重大事件，涉及东方的力量平衡的改变，这意味着新的发展和新的出发，其影响将远远超出中国或日本的领土。②

从英国报刊对平壤战役的报道和评论来看，如果说在"高升号"事件中，

---

① *The Times* (London, England), September 18, 1894, p. 7.
② "The War in the East", *The Times* (London, England), September 18, 1894, p. 3.

一些英国报刊由于日本攻击了为清朝运兵的英国运输船而谴责日本，那么，到平壤战役清军失败，英国报刊对日本的态度发生了较大变化，《泰晤士报》的社论就代表了这种现象。不过，《泰晤士报》在社论中也看到了平壤战役是标志着中日两国力量平衡发生变化的一个重要事件，对东亚及世界格局都会产生巨大影响。

在美国，较早报道日军攻占平壤这一消息的是纽约《世界报》，由于时区差及晚间出版的缘故，该报的晚报版于17日晚就报道了平壤战役的情况。到18日，《纽约时报》《纽约论坛报》《华盛顿邮报》、费城《北美人》（The North American）、《波士顿每日广告报》（Boston Daily Advertiser）、旧金山《晨钟报》（The Morning Call）、《班戈每日信使报》（Bangor Daily Whig & Courier）、《恩波里亚日报》（The Emporia Daily Gazette）、新奥尔良《每日一铜币报》（The Daily Picayune）等一些报纸对平壤战役作了详细报道。这些报道大部分以"清军溃败"为标题来描写清军在这次战役中的惨败。例如，《纽约时报》以"清军在平壤溃败"为标题，其下子标题为"一支2万人的军队溃逃"，然后加了主旨句："星期天早上在朝鲜北部的大战役——16000名清兵伤亡和被俘——现在平壤由日军占领——清政府在朝鲜已没有一支有效的军队。"①《纽约论坛报》的标题为"清军彻底溃败"，子标题是"平壤大战""16000名清兵伤亡和被俘""日本人损失微不足道"，主旨句为："清军遭到夜袭而陷入惊恐之中——数百人被杀——城镇在半小时被攻下——缴获大批物资——初步行动——东京欢庆。"②《波士顿每日广告报》的标题是"清军溃败"，子标题为"平壤发生了一场大战""造成14500名清兵阵亡"，主旨句为："阵亡、受伤和被俘——日本人突然进攻——日军只有30人阵亡和270人受伤——东京欢庆胜利——战斗细节。"③旧金山《晨钟报》的标题为"彻底溃败"④，并在报道中配了一幅插图（见图1），但这幅图画出自日本人之手，转引自《纽约先驱报》，以艺术夸张的形式描绘了日军在战场上的优势。这幅插图表明了日本在宣传方面对美国报刊的渗透，尤其是美国报刊上经常出现日本人的文章，这一点笔者将在第五章予以讨论。

---

① "Chinese Routed at Ping-Yang", *New York Times* (New York), September 18, 1894, p.5.
② "Chinese Utterly Routed", *New-York Tribune* (New York), September 18, 1894, p.1.
③ "Chinese Routed", *Boston Daily Advertiser* (Boston, Massachusetts), Tuesday, September 18, 1894.
④ "In Utter Rout", *The Morning Call* (San Francisco, California), September 18, 1894, p.1.

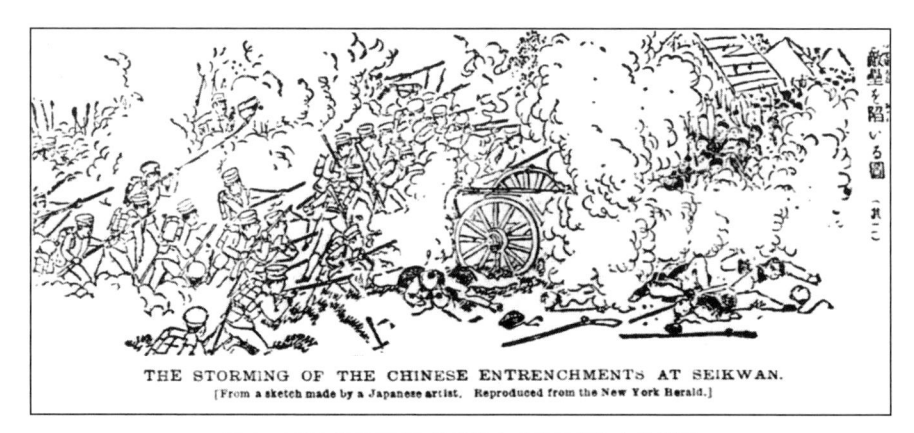

第一章 英美报刊对战争动态的报道和评论　　61

图 1　1894 年 9 月 18 日旧金山《晨钟报》上的插图

　　18 日的《班戈每日信使报》上同时有两篇报道，标题分别为"大溃败"和"日本人大捷"。①新奥尔良《每日一铜币报》的标题是"日本人获胜"。②另外，纽约《世界报》、纽约《太阳报》、费城《北美人》和《恩波里亚日报》在报道平壤战役时，虽然使用了较为中性的标题，如"日本佬赢得了一次大战斗""朝鲜的大规模战斗"等，但子标题和报道内容与上述报纸差不多，都是以耸人听闻的字眼来吸引读者的注意。③

　　美国各大报刊对平壤战役的报道，也主要采用中央新闻社和路透社的新闻，因此报道内容与英国报刊大致差不多。与此同时，在 18 日和 19 日的美国报刊中，一些报刊除了摘要转载《泰晤士报》的社论观点，还普遍刊登了一篇摘要介绍英国主要报刊观点的文章，包括伦敦的《每日画报》(*The Daily Graphic*)、《每日新闻报》、《标准报》、《每日纪事报》(*The Daily Chronicle*)和《每日电讯报》对平壤战役的评论。④但是，针对平壤战役发表社论的美国报刊很少，其中

---

① "Crushing Defeat", "Great Victory for Japanese", *Bangor Daily Whig & Courier* (Bangor, Maine), Tuesday, September 18, 1894.
② "Victory for the Japanese", *The Daily Picayune* (New Orleans, Louisiana), Tuesday, September 18, 1894, p. 8.
③ "Japs Win A Big Fight", *The World* (New York), Evening Edition, Monday, September 17, 1894, p. 1; "Big Fight in Corea", *The Sun* (New York), September 18, 1894, p. 1; "Big Battle in Korea", *The North American* (Philadelphia, Pennsylvania), Tuesday, September 18, 1894; "Slaughtered the Chinese", *The Emporia Daily Gazette* (Emporia, Kansas), Tuesday, September 18, 1894.
④ *New-York Tribune* (New York), Tuesday, September 18, 1894, p. 3; *The Sun* (New York), Tuesday, September 18, 1894, p. 1; *The Galveston Daily News* (Houston, Texas), Wednesday, September 19, 1894; *Bangor Daily Whig & Courier* (Bangor, Maine), Wednesday, September 19, 1894; *The Daily Picayune* (New Orleans, Louisiana), Wednesday, September 19, 1894.

《纽约论坛报》属于这很少之列。《纽约论坛报》在9月18日评论平壤战役的社论中说道：

> 今天，清军将领的黄马褂、红纽扣和花翎应该会像一场五颜六色的阵雨纷纷落下。尽管皇帝的命令警告放纵松懈，他的士兵迄今未能"把害虫从巢穴中根除"。相反，被憎恨和鄙视的倭人（Wo-jen）以可怕的屠杀击溃了他的军队。今天的电文中报道说，在朝鲜古老的都城平壤发生的大战，对日本来说似乎是一次压倒性的胜利，以至于这一消息如果不是通过中国和日本的渠道得到证实，几乎难以令人相信。日军通过与清军交战并几乎消灭了它，在朝鲜北部结束了一场短暂而凌厉的战斗。清军的四分之三伤亡或被俘，而日军的损失几乎不值一提。
>
> ……正如我们已经说过，这一胜利本身是压倒性的，因为它将整个朝鲜从清政府手中解放出来。但这不是日本人要实现的全部目标。两个星期以前，一支20000人到50000人的日军在鸭绿江口登陆，这条江构成了朝鲜与中国的分界线。这里正是从中国进入朝鲜唯一可行的道路。因此，通过控制这一要道，他们就能够阻止清军从朝鲜撤退或者从中国进一步增兵。这支部队现在可以自由地入侵中国的盛京省或辽东，并且很可能这样做。重要的奉天城并不远，几乎唾手可得。奉天是中国一条铁路的北方终点，由此通往北京的港口城市天津。考虑到这些事实，以及日军所展示出来的策略和勇气，自负的中国皇帝被这些十足的"倭人"（他曾徒劳地下令歼灭他们）逐出其都城，似乎也不是不可能。[①]

由此可见，《纽约论坛报》也是以赞赏日本和奚落清朝的口吻来评论平壤战役的，不仅如此，它还把日本视为"解放"者，可以说是完全站在日本的立场上颠倒黑白。

二、关于大东沟海战的报道和评论

1894年9月16日凌晨，海军提督丁汝昌率领北洋舰队12艘主要军舰、2艘炮舰、4艘鱼雷艇共大小船只18艘，护送5艘运兵船前往大东沟。此时正

---

① "Japan's Victory", *New-York Tribune* (New York), Tuesday, September 18, 1894, p.6.

是平壤清军溃逃之时,但因李鸿章及北洋舰队尚不知平壤战况,应此前叶志超的请求,由北洋舰队护航增兵朝鲜。17日上午,当北洋舰队在大东沟完成护航任务正准备返航之时,日本海军联合舰队司令长官伊东佑亨率领的12艘日军舰艇来袭,于是爆发了近代海军史上影响巨大的大东沟海战。当时,北洋舰队共10艘舰艇投入战斗,与12艘日军舰艇对抗,力量稍处下风。经过近5个小时的激烈战斗,日本舰队撤退,海战结束。经过此次战斗,北洋舰队损失"致远""经远""超勇""扬威"4艘军舰,大部分战舰受到不同程度的损坏,阵亡600多人,伤200多人。而日军在战斗中只有3艘舰艇受到重创,大部分军舰只受了轻伤,阵亡121人,伤177人。因此,在大东沟海战之后,日本海军迅速恢复元气,北洋舰队则处于更加不利的地位。

大东沟海战的消息,分别在9月18日早上和上午传回中国和日本,因此最早将这一消息告知英美媒体的电报也是在18日发出。到19日,大东沟海战的消息开始见诸英美报端,到20日,这一消息被广泛报道。

英国的主要报刊《泰晤士报》《标准报》《每日新闻报》《佩尔美尔街日报》等都对大东沟海战的消息作了报道,并有相关评论。在此,笔者以《泰晤士报》为中心,对英国报刊进行报道和评论的情况作一阐述。

9月20日,《泰晤士报》在标题"东方战事"及子标题"大海战"下,主要对来自天津和上海有关大东沟海战的消息作了报道。来自《泰晤士报》驻天津特派记者的电文简要概述了大东沟海战的情况,其中说道:"两支敌对的舰队星期天在鸭绿江口相遇,中国舰队正在那里掩护部队登陆时,日本舰队在中午向他们展开了进攻。战斗持续到下午5点。中国损失4艘军舰:'镇远号'(Chen-Yuen)沉没,'经远号'(King-Yuen)着火,'超勇号'(Chao Yung)和'扬威号'(Yang Wei)搁浅和部分烧毁。'致远号'(Chih Yuen)(即7月27日参加战斗的同一艘军舰)逃离,据推测是安全的。日军据说损失3艘船。"[①] 这一消息,与李鸿章接到丁汝昌电报的内容基本一致。丁汝昌在电报中说:"昨已在大东沟外十二点与日船开仗,五点半停战,我军致远沉,经远火或超勇或扬威一火一驶山边,烟雾中望不分明。刻督定远、镇远、靖远、来远、平远、广甲、广丙、镇中、镇南并两雷艇回旅,尚有两艇未回。济远亦回旅。当时我军先十船,因平丙中南四船在港护运未赶上,后该船均到助战,日军十一船,各员均见击沉

---

① "The War in the East", *The Times* (London, England), Thursday, September 20, 1894, p.3.

彼三船。"① 该电报内容为丁汝昌于18日早上回到旅顺后，向李鸿章汇报的电报，也许外界从清政府获知关于大东沟海战的消息便源于此。但是，在《泰晤士报》的报道中，把"致远"说成了"镇远"，把"济远"说成了"致远"。②

由于有关大东沟海战的消息主要来自清政府，因此《泰晤士报》评论说："中日之间在鸭绿江口发生了大规模海战，中国声称取得了胜利。由于本国收到的关于战斗的报告，既非来自日本，也非来自独立来源，谨慎的人收到中国对事件的描述将会持极大的保留态度。……他们很可能尽量缩小灾难，但即使在官方声明中，他们也承认损失了数千人。这样相对真实的展示，易于使他们关于海战的报告不那么令人难以置信。"③ 因此《泰晤士报》对来自清朝的消息持一定的保留态度，希望还有其他消息来源。不过，评论接着对清政府声称的"胜利"作了解释："清政府承认，战斗持续时间长并且异常激烈，他们在人员和船只方面都损失惨重。有4艘军舰沉没或毁坏，显然他们并不否认其阵亡人数要远远超过日本的阵亡人数。然而，他们声称取得胜利的理由是：首先，他们完成了运兵的目标；其次，日本舰队在3艘（根据另一描述是4艘）军舰被击沉之后从战场撤退了。"④

《泰晤士报》在20日还对大东沟海战发表了社论。社论提出，在关于平壤战役的重要消息之后，紧接着是大海战的消息。但到目前为止，所有的消息都来自清政府，因此急切地等待着进一步的详情，以便获得更多消息对事件有一个更详细的了解和分析。但从现有可获得的消息来看，北洋舰队集中力量护

---

① 李鸿章：《寄译署》（光绪二十年八月十九日申刻），《李鸿章全集》电稿·卷十七，时代文艺出版社，1998年，第6085页。
② 在中日甲午战争期间的英美报刊中，关于北洋舰队军舰名的使用比较混乱，因为这些军舰名的发音太相近，很容易混淆，而当时的威妥玛拼音法也不是很规范，拼写时比较随意，因此时常造成舰名混淆。笔者在阅读时确立的一个基本原则是：确定一个基本一致的译名标准，注意分辨同一汉字的不同拼法，对不同舰名之间的混用则视为史实错误。例如在此引文中，根据历史事实，文中的Chen-Yuen舰本应是"致远"舰，Chih Yuen舰本应是"济远"舰，而按照基本一致的翻译原则，它们分别应译为"镇远"和"致远"。因此这里不是拼写方法不同的问题，而是视为弄错了舰名。笔者的基本一致翻译标准如下：北洋舰队：镇远（Chen-Yuen）、定远（Ting-Yuen）、经远（King-Yuen）、来远（Lai-Yuen）、平远（Ping-Yuen）、济远（Tsi-Yuen）、致远（Chih-Yuen）、靖远（Ching-Yuen）、广甲（Kwang-Kai 或 Kwang-Chia）、广乙（Kwang-Ti 或 Kuwan-Ti）、广丙（Kwang-Ting 或 Kwang-Ping）、超勇（Chao-Yung）、扬威（Yang-Wei）、威远（Weiyuen）、康济（Kwangchi）、操江（Tsao Kian）。日本舰队：松岛（Matsushima）、严岛（Itsukushima）、桥立（Hashidate）、吉野（Yoshino）、扶桑（Fusoo）、高千穗（Takachiho）、浪速（Naniwa）、秋津洲（Akitsusu）、千代田（Chiyoda）、比睿（Hiyei）、赤城（Akagi）、西京丸（Saikio）。
③ The Times (London, England), Thursday, September 20, 1894, p. 7.
④ The Times (London, England), Thursday, September 20, 1894, p. 7.

航运送军队到鸭绿江口，受到了日本舰队的攻击，于是发生了激烈的海战。最后，社论中说道："随着有关事实和数据逐渐为人所知，将会有可供讨论的大量材料。这次重要的海战，双方都装备着良好的现代武器，都表现出了巨大的勇气，肯定会为许多难题提供新的解释，并且有助于将当前还模糊不清的解决问题的许多想法具体化。当我们全面掌握了事件的情况，就有可能发现，海战的情况没有实质性的改变，军备并不能支配海洋，在过去导致胜利的素质和训练，今天仍然是最有效的因素。"[1]结合《泰晤士报》对平壤战役的评论，我们可以看出，这一观点是在变相地称赞日本海军的素质和训练。因此，这一社论在介绍北洋舰队时，指出了清朝海军在体制上的缺陷："正如乔治·寇松（George Curzon）先生所解释：'正确地说，中国海军不是帝国的或国家的军队。四支舰队是行省的舰队，附属于沿海行省并由这些行省的总督或巡抚（governors）筹集、装备和维系。'没有比这更不适合海战目的的安排了，这很可能是导致中国舰队不作为的部分原因，而在数量上处于劣势的对手则随意航行于海上。"[2]

9月21日，《泰晤士报》根据最新消息继续对大东沟海战进行了报道，列出了北洋舰队参战军舰的名称，描述了海战的经过，并指出北洋舰队有3艘沉没，1艘烧毁，而日本军舰无一沉没，只是有几艘损毁严重。[3]22日的《泰晤士报》除了对大东沟海战的经过作进一步补充细节报道，还发表了一篇由《泰晤士报》驻巴黎记者撰写的专稿。这一长篇通讯稿介绍了在巴黎见到的法国民众对中日战争的兴趣和态度，评价了大东沟海战的结果对日本的影响，以及日本何以取胜的原因，并着重强调了日本人向欧洲人学习后的社会变化。该通讯稿中评论道："成功是最好的朋友征召者，日本人看到了一个对他们的崛起来说崭新的、明显讨人喜欢的时代。可以说，如果他们对清军取得了一场辉煌的胜利，他们也就对欧洲赢得了一场更辉煌的胜利。从当前这一时刻起，他们可以为所欲为，他们可以最大自由地行动，他们可以入侵领土，沉溺于所谓的侵略，一句话，就像任何其他拥有这种武力的人那样行动，任何欧洲大国的元首都不会要求他们对其行为，甚至对其幻想作出解释。"[4]这一评论，典型地反映了欧洲列强的逻辑，即欧洲国家只会欣赏强者而不会同情弱者，胜利的强者可以为所欲为。因此，日本对清朝的胜利在欧洲赢得了更多"朋友"，而这些"朋友"会放

---

[1] "The War in the East", *The Times* (London, England), Thursday, September 20, 1894, p.7.
[2] "The War in the East", *The Times* (London, England), Thursday, September 20, 1894, p.7.
[3] "The War in the East", *The Times* (London, England), Friday, September 21, 1894, p.3.
[4] "The War in the East", *The Times* (London, England), Saturday, September 22, 1894, p.5.

任日本的侵略扩张。该通讯稿在分析日本取得胜利的原因之时，同样也强调这是日本向欧洲学习的结果："引人注目的事情是，这一胜利是以最科学的策略取得的，它暴露了日本人那罕见的吸收文明世界所思考和发明的最好技术的才能，而且，同样罕见的是，就这样学到了把想法付诸实践的能力。我们注意到，他们正在避免在战争的艺术中犯错——那种甚至他们的老师也时常犯的错误，因为据说日本军部以非常优秀的方式组织起来，因此不难相信，他们有14000多名战俘并且全部提供饮食并照看。所以，在这里，无疑也在整个欧洲，感觉都是一样的，不想对给予日本人的赞扬争论不休。很可能，这只是因为感觉到，日本虽然在数量上处于劣势，但正是由于其欧洲式训练，使其首先达到了一种能够与中国进行这样一场战争的地位，然后能够如此科学而迅速地引导它走向刚刚赢得的胜利。"① 在谈到清朝时，通讯稿中认为，这次海战失败对于清朝来说"是一次严厉的教训"。因此通讯稿中提出，希望清政府吸取教训，向日本学习："这一给予中国的残酷教训肯定有助于将其从昏睡中唤醒，有助于使其仿效日本那种长期而有耐心的努力。必须经过数代人，这些努力才能结出果实。但与此同时，如果中国真正沿着进步的道路前行，欧洲有理由为一个帝国的复兴而自鸣得意，这个帝国迄今为止仅仅因为人口众多而一度强大，但是，由于因循常规和混乱，由于对现代进步和欧洲文明的傲慢蔑视，即使在其力量中的这个单一因素上，似乎也已经瘫痪了。"②

22日的《泰晤士报》还刊登了一篇对曾任日本海军顾问的约翰·英格尔斯（John Ingles）上校的采访稿。英格尔斯是英国格林尼治海军学院的教官，日本海军大臣西乡从道在1887年访英时，聘请他到日本海军大学任教，他在日本一直任职到1893年，对日本海军非常清楚，也了解北洋舰队。他在接受路透社记者采访时，从战术上分析了大东沟海战的情况以及清军失败的原因。他认为，北洋舰队在这次海战中的战术是有问题的，"在这场特拉法加（Trafalgar）海战以来的第二大海战中，有一点对于海军学生来说很有启发性。那就是，无论军舰以何种方式投入战斗，似乎毫无疑问的是，北洋舰队任由自己被逼向海岸，而不是向前推进到远海与敌人交战。紧紧拥抱海滨的致命观点是造成北洋舰队损失重大的主要原因"③。同样，他也认为日本民族通过这场海战的胜利，已

---

① "The War in the East", *The Times* (London, England), Saturday, September 22, 1894, p. 5.
② "The War in the East", *The Times* (London, England), Saturday, September 22, 1894, p. 5.
③ "The War in the East", *The Times* (London, England), Saturday, September 22, 1894, p. 5.

经不能与以往同日而语了，并认为这也是得益于他们学习欧洲。他说："无论如何，现在是时候再也不能把日本人当作只是一个微不足道和寻欢作乐的民族了。……现在他们已经表明，在采用了欧洲的宽幅细毛织品及其机枪之后，他们决心对得起他们伟大的军事祖先。"[1]

9月25日的《泰晤士报》刊登了一篇采访美国著名海军专家阿尔弗雷德·赛耶·马汉（Alfred Thayer Mahan）的报道。马汉是美国海军学院院长，提出了著名的海权理论，被称为"现代海权理论之父"。马汉在接受采访中主要谈了大东沟海战中北洋舰队采取的战术，分析了其失败的原因及其教训。他认为，负责运输的舰队需要观察的重要事情，是防止任何突然袭击。一艘军舰除非不得已，决不应该停泊在一个困窘（embarrassment）的位置，而且，在为运输船护航的时候要记住，护航舰队应该要比敌人的舰队有明显的优势。但是，北洋舰队显然由于运输船的在场而使自己陷入了困窘的境地。北洋舰队在靠近海岸的地方接受战斗，是因为如果舰队离开去外海御敌，就不能守住河口而失去对运输船的保护。这样，北洋舰队不得不在靠近海岸的地方作战，导致了处于不能灵活机动的窘境。因此他说道："与日本舰队在如此靠近海岸的地方作战，不可否认是处理不善的，但中国的海军提督是不得已这样做，因为他知道，如果他向外驶向远海，他会敞开通往运输船的通道。"[2]

从以上《泰晤士报》对大东沟海战的分析和评论可以看出，英国媒体既从欧洲文明的视角出发称赞日本而贬低清朝，也从战术角度分析了北洋舰队失利的原因。但总的来说，由于日本被视为学习欧洲文明的模范生，因此日本的胜利也意味着欧洲文明的胜利，这在很大程度上决定了英国报刊评价甲午战争的基本立场，并希望通过这场战争促使清朝进一步对西方列强开放。

美国报刊对大东沟海战的报道也是从7月19日开始，这一天的报纸中，《纽约时报》《华盛顿邮报》《密尔沃基哨兵报》（*The Milwaukee Sentinel*）、《落基山新闻报》（*Rocky Mountain News*）等对大东沟海战的消息作了简要报道[3]，报道的内容都是来自伦敦中央新闻社的一封简短的电文。7月20日—21

---

[1] "The War in the East", *The Times* (London, England), Saturday, September 22, 1894, p.5.
[2] "The War in the East", *The Times* (London, England), Tuesday, September 25, 1894, p.3.
[3] "China's Waterloo in Corea", *New York Times* (New York), September 19, 1894, p.5; "Severe Naval Battle", *The Washington Post* (Washington, D.C.), September 19, 1894, p.1; "Chinese Warship Sunk", *The Milwaukee Sentinel* (Milwaukee, Wisconsin), Wednesday, September 19, 1894, p.4; "Naval Engagement", *Rocky Mountain News* (Denver, Colorado), Wednesday, September 19, 1894.

日，美国大多数报刊报道了大东沟海战的消息，一些报刊还作了简要评论。在此以《纽约时报》为例作一简要考察。

9月20日的《纽约时报》以"日本海军的巨大胜利"为题，援引来自伦敦中央新闻社的消息，对大东沟海战的经过作了较为详细的描述。在报道了海战的经过后，引用了英国《威斯敏斯公报》(*The Westminster Gazette*)和《泰晤士报》对这次海战的相关评论。①23日，《纽约时报》以"海军的教训"为题对大东沟海战发表了社论。社论认为，中日之间的海战是具有现代装备的两支舰队之间的大规模战斗，是对军舰及其装备的一次实际检验，暴露出军舰及其装备还有哪些值得改进或改变的地方。美国自内战以来没有进行过真正的海战，建造新型军舰都是从理论上改进，而不是从实际海战中得到教训的结果。因此，清朝和日本之间大规模海战的教训是值得借鉴的。例如，对美国海军来说建造什么样的军舰最好这个问题，此时有人认为，花钱建造战舰（battleships）是一个错误，美国需要的是商业驱逐舰（commerce destroyers）和海岸护卫舰（coast defenders）。在中日海战之后，可以重新审视这个问题。由此，社论引用了英国海军上将贝思福（Charles Beresford）勋爵对大东沟海战的评论。贝思福认为，这场海战"证实了现代舰队的进攻力量要远远优于其防御力量的观点"。日本在这次海战中的参战军舰均为巡洋舰，其中最大的松岛号也只有大约4000吨，甲板只有2英寸厚，而清军的2艘铁甲舰都超过7000吨，其他5艘战舰也非常坚固，但缺乏速度和灵活。在海战中，北洋海军损失惨重，说明事实上再坚固的船也容易被击沉或烧毁。一艘军舰的优点是能够经受得住尽可能大的损害，坚固虽然可以避免损害，但是，"显然，做到这一点的最好办法是靠速度和灵活，而不是徒劳地靠全副武装和厚重的装甲来防弹"。因此美国应该建造巡洋舰，因为中日海战证明了"两艘一流的巡洋舰不仅可以逃脱，而且可以摧毁海上任何战舰"②。因此，这一社论从美国海军建设的角度，讨论了大东沟海战作为对现代军舰的一次检验所具有的意义。

美国报刊关于大东沟海战的报道中，刊登这场战争的亲历者菲罗·诺顿·马吉芬（1860—1897年）的经历、评论、相关采访报道和书信，是一个重要特点。马吉芬毕业于美国安纳波利斯海军学院，1885年到中国参加北洋舰队，成为天津水师学堂中的一名洋教习。1894年中日甲午战争爆发时，34岁的马

---

① "Japan's Great Naval Victory", *New York Times* (New York), September 20, 1894, p.5.

② "Naval Lessons", *New York Times* (New York), September 23, 1894, p.4.

吉芬为北洋舰队"镇远"舰的帮带,在大东沟海战中身负重伤,1895年5月回到美国,1897年2月在美国自杀身亡。马吉芬的事迹在大东沟海战后为美国人知晓,被美国人称为"天朝舰队中唯一的美国人","中国军舰'镇远号'的指挥官"。

1894年9月27日的《密尔沃基哨兵报》选登了几封马吉芬写给家人的信,认为这些信"清楚地阐明了在东方的海战情况"。10月4日的《印第安纳波利斯日报》也以"在中国旗舰上"为题报道了大致相同的内容。其中一封写于大东沟海战爆发前夕的信中这样说道:"我被任命为'镇远'铁甲舰的指挥官。日本佬(Japs)自信能够打败我们。当然,他们最终不能,但首先,我还是不说算了。但我要说,对于准备投入一场胜算很小的战斗的人来说,中国水兵充满了勇气。我的军舰将对日本军舰造成重大损伤。"在给他的兄弟马吉芬教授的一封信中,马吉芬说道:"不要相信你可能听到的对中国水兵的嘲笑。他们勇敢,训练良好,充满热情。他们在对日本佬(他们的死敌)作战中比任何人都打得好。我们所有的宝剑和短剑都磨得锋利。日本佬的军舰数量超过我们,而且他们的船更好。我们将通过更快更好地开火和更好地操作我们的军舰来弥补这一点。我们打算运送18000或20000名军人去一个地方,我不妨称之为比格韦尔斯(Big Wills),以防这封信在日本被人看到。"[1] 这封信应该是在护航前往大东沟之前写的,信中对北洋舰队士兵给予了高度评价。另外还有一封马吉芬于8月2日写给他母亲的信,信中对"高升号"被日军击沉及日军射杀落水清兵的情况作了描述。

美国一些报刊还对马吉芬的经历及其参与大东沟海战的情况作了报道,例如,1894年12月8日的《开普吉拉多民主党人报》(*The Cape Girardeau Democrat*)以"一个为中国战斗的美国人"为题,介绍了马吉芬在"镇远"舰上的战斗故事,其中特别提到军舰上清兵的英勇作战,并且评论说:"马吉芬上校的故事说明,在他被炸倒之后,正是中国水兵而不是军官的沉着勇敢,使得龙旗继续飘扬。"[2] 1895年1月4日的《大瀑布城论坛周刊》(*Great Falls Weekly Tribune*)以"中国海军中的一个美国人"为题,主要对马吉芬的经历及其作为"镇远"舰的

---

[1] "American in Command", *The Milwaukee Sentinel* (Milwaukee, Wisconsin), Thursday, September 27, 1894, p.7; "On China's Flagship", *The Indianapolis Journal* (Indianapolis, Indiana), October 04, 1894, p.4.

[2] "An American Fighting for China", *The Cape Girardeau Democrat* (Cape Girardeau, Missouri), December 08, 1894, p.1.

"指挥官"作了介绍。①1895年2月9日的威明顿《晚报》(*Evening Journal*)也以"'镇远'舰的指挥官：一个美国人"为题，介绍了马吉芬的经历。②

马吉芬回到美国后，一些报刊对他进行了采访。1895年9月29日在接受《纽约论坛报》的采访中，马吉芬表示，他仍然是北洋舰队中的一员，现在只是因病告假，希望有一天能够返回中国。③1895年10月31日的《旧金山呼声报》(*The San Francisco Call*)也刊登了一篇对马吉芬的采访稿，马吉芬在采访中评论日本政府道："日本政府患了一种通常称为'骄傲自大'（swelled head）的疾病，只有被其他国家狠狠教训一顿才能减轻和治愈。我觉得，这种教训就要来了，很可能由俄国来执行。"④马吉芬这一评论，反映了日本政府在甲午战争取得胜利后的自负和狂妄，但遗憾的是他的预言恰恰相反，俄国在日俄战争中失败。

美国报刊对马吉芬观点的介绍，影响最大的应该是马吉芬评论大东沟海战的文章《鸭绿江外的海战》。这篇文章刊于1895年8月的《世纪杂志》(*The Century Illustrated Monthly Magazine*)，详细叙述了大东沟海战的经过，并且配了20张图片，有些照片具有史料价值（见图2、图3）。我们可以从四个方面来理解马吉芬的文章。第一，他回顾了海战的详细经过，将海战的真实情况告知美国读者。他在文章的开头就说明了不用专业报告中那样的叙述，以便让外行的读者也能看懂。⑤因此这篇文章既为海军领域中的专业人士而写，同时也为普通大众而写，让更多的人了解大东沟海战。第二，这篇文章也是"为被瞧不起的中国水兵说句话"。他说："我常常听到有人问，日本为什么取得胜利？我回答说，由于日本有更好的军舰，军舰数量也较多，弹药供应充足且质量更好，拥有更出色的指挥官及同样优秀的士兵。至于说训练，双方都比较糟糕，但正如日本人自己承认的，清军要胜过日军。……在由衷承认日本水兵的勇气及其指挥官的胆识时，我也必须为被瞧不起的中国水兵说句话。日本水兵在整个过程中坚守炮位，但他们的甲板上没有遭到连续不断的密集弹雨的袭击——像中国舰队所遭受的那样。如果他们也遭到同样强度的攻击，我敢肯定，情况也会和中国舰队没有任何差别。由于我们的军舰和大炮都少，特别是缺少速射炮，

---

① "An American in China's Navy", *Great Falls Weekly Tribune* (Great Falls, Montana), January 04, 1895, p. 8.
② "Chen-Yuen's Commander an American", *Evening Journal* (Wilmington, Delaware), February 09, 1895, p. 3.
③ "Another War in the East", *New-York Tribune* (New York), September 29, 1895, p. 13.
④ "In Need of a Thrashing", *The San Francisco Call* (San Francisco, California), October 31, 1895, p. 3.
⑤ Philo N. McGiffin, "The Battle of the Yalu: Personal Recollections by the Commander of the Chinese Ironclad 'Chen Yuen'", *The Century Illustrated Monthly Magazine*, Vol. 50, New York: The Century Co., 1895, p. 585.

图2 日本海军"赤城号"上层甲板上的水兵

图3 北洋舰队"致远号"上的官兵

他们就没有遭受到这样的攻击。至少，当密集的弹雨连续不断扫过两艘铁甲舰上面的建筑，将士仍然尽力奋战，正如以下几个事件表明的那样。"[1] 接着，马吉芬举了几个清军英勇奋战不怕牺牲的例子。第三，马吉芬在文章中对日本人关于海战中的一些说法提出了质疑，并对日本舰队的撤退提出了疑问。他认为，日本声称自己损失很小，但实际上日本的损失应该远比他们声称的要大得多。因为他们在维修军舰时，尽可能以最快的速度来修理，用涂色的帆布挡住被打的弹孔，并且阻止外国人采访，以此来掩盖日军受损的情况。对于海战中日本主动撤退，他说："日本人声称取得了鸭绿江战斗的胜利，并且是公正（justice）地取胜。但是，那天随着日落，他们的锐气似乎消失了，在下午早些时候他们还企图以这种锐气破坏我们的阵形。"[2] 他不理解日军为何撤退，并对后来日本解释的理由提出了疑问。第四，马吉芬认为，对这次海战的研究可以为造船工程师和海军人员提供经验教训。因此他在文章中从海战的角度进行了反思，总结了海战中战术改进和军舰建造方面的问题。例如，消防管道的重要性、装甲厚度和指挥塔的设计等。在文章最后，马吉芬评论说："北洋舰队现在已成往事，许多勇敢的人随它消逝。他们徒劳地试图挽救其国家的荣誉，可他们时运不济，他们的努力被海岸上那些腐败、背叛和无能断送。在这些为国捐躯的人当中首推提督丁汝昌，一位勇敢的战士和真正的绅士。他被自己的同胞背叛，危难下奋战，最后不得不签字以保护他那些将士的生命。他没有想过要保全自己的生命，知道他那冷漠的祖国不会比他的敌人更仁慈。"[3]

在刊登马吉芬文章的同一期《世纪杂志》上，也登载了美国海军专家马汉的评论文章《鸭绿江之战的教训》，从海战的角度对大东沟海战进行了四点总结。一是关于北洋舰队的迎敌战术和指挥问题，他认为陆上长官的命令干扰了丁汝昌，使其指挥受到掣肘，造成北洋舰队在战斗中比较被动。二是关于炮盾的问题，他认为这次海战表明，炮盾的使用虽有其好处，但也存在严重缺陷，达不到防御的目的。三是速射炮的弹药放置问题，即在战斗中如何既安全又方便地使速射炮发挥最大的效率。在这次海战中，日军的速射炮发挥了威力。四

---

[1] Philo N. McGiffin, "The Battle of the Yalu: Personal Recollections by the Commander of the Chinese Ironclad 'Chen Yuen'", *The Century Illustrated Monthly Magazine*, Vol.50, 1895, p.601.

[2] Philo N. McGiffin, "The Battle of the Yalu: Personal Recollections by the Commander of the Chinese Ironclad 'Chen Yuen'", *The Century Illustrated Monthly Magazine*, Vol.50, 1895, p.603.

[3] Philo N. McGiffin, "The Battle of the Yalu: Personal Recollections by the Commander of the Chinese Ironclad 'Chen Yuen'", *The Century Illustrated Monthly Magazine*, Vol.50, 1895, p.604.

是战斗方法的问题，即双方在战术上的兵力配置。通过对中日海军及其在海战中情况的对比，马汉最后认为："日本人在鸭绿江之战中的胜利，就其本身而言，如果仅仅把它看作一场海战，在我看来是非决定性的（inconclusive）。日本未能立即利用所获得的优势，可能是多种原因造成的，……他们英勇而熟练的舰队司令觉得撤退是一种权宜之计。清军随后的士气低落让他们的敌人控制了海洋，这是战争的决定性因素，但仅凭鸭绿江之战这一次战役是不能实现的。"①由此可见，马汉认为，大东沟海战对于中日双方的制海权没有决定性的影响，使北洋舰队丧失制海权的决定因素，是此次海战之后清军的士气低落。

从美国报刊登载的马吉芬的书信、访谈和文章来看，马吉芬表现出了对中国的热爱，似乎在利用一切机会为北洋舰队说话，他的言论也是当时美国报刊中难得的对中国的正面评价。但是，在1895年7月英国《斯特兰德杂志：插图月刊》刊载的对马吉芬的采访文章《马吉芬少校——鸭绿江战役中"镇远"舰的指挥官》中，马吉芬似乎对清朝的官吏阶层尤其是北洋舰队中一部分的将领颇有微词，这与他对水兵们的称赞形成了鲜明对比。他在接受采访时，一方面对北洋舰队中的广大水兵及管带邓世昌等人的表现给予了高度评价，另一方面对一些贪生怕死的将领进行了讥讽。例如，他这样描述了镇远舰的林泰曾："我不断听到一个奇怪的声音从我下方的指挥塔里传出来，我觉得对那种声音最恰当的比喻就是狂吠，我很奇怪这到底是怎么发出的，但我当时没空去询问这个。不久后我为了指挥战舰进入到指挥塔中，我惊讶地发现这竟是我那尊敬的舰长发出的！他正跪倒在地，以极快的语速用中文喃喃自语——祈祷着，或者说一边祈祷一边诅咒着——每一发炮弹击中军舰时他就像狗一样嚎叫起来。只要我活着，我永远忘不了那幕景象和那种声音。我真想踹他一脚，可是我没那么做。可是在整场战斗中，我能从他每一次嚎叫中知道有炮弹击中了我们，除此之外，我倒是因为忙于其他事务而不可能注意到军舰的每一次中弹。"② 这一描述也许有所夸张，因为在激烈的炮战中，马吉芬很难听到某个人因每一发炮弹爆炸后发出的惊惧声，更难听到祈祷声了。因此，也许他目睹了这一场景，然后在接

---

① A. T. Mahan, "Lessons from the Yalu Fight: Comments on Commander McGiffin's Article by the Author of 'Influence of Sea Power upon History'", *The Century Illustrated Monthly Magazine*, Vol. 50, New York: The Century Co., 1895, p. 632.

② 李·马吉芬：《他选择了中国：大东沟海战亲历者、北洋海军洋员马吉芬传》，张黎源译，山东画报出版社，2013年，第164页。Alfred T. Story, "Captain McGffin—Commander of the 'Chen Yuen' at the Battle of Yalu River", *The Strand Magazine: An Illustrated Monthly*, Vol. 10, Strand, 1895, p. 619.

受采访时绘声绘色地作了描述。而且，从整个采访内容来看，自我表现比较多，这不排除以贬低同舰将领来突出他对舰上水兵的战斗指挥。这篇采访文章也配了一些插图，包括一些具有史料价值的珍贵照片（见图4、图5、图6、图7）。

图4　马吉芬和他的助手

图5　大东沟海战后的马吉芬

图6　"镇远号"上层建筑的右舷图

图7　大东沟海战后的"镇远号"

综上所述，英美报刊对大东沟海战的报道，主要侧重在两个方面，一是描述大东沟海战的经过及结果，二是从海战角度总结经验教训。而大东沟海战作为对中日两国海军的力量平衡具有决定性影响的战役，其后果是大大推动了日本成为一个海军强国，而清朝海军力量从此一蹶不振，对此英美报刊却很少评价，马汉甚至认为日本制海权的取得也不是由这次战役决定的。相反，《泰晤士报》等报刊给予了平壤战役以更大的战略影响。

三、关于威海卫战役的报道和评论

威海卫位于山东半岛东北顶端，地理位置优越，东朝大海，北、西、南三面依山，是一个天然的优良港口，1398年明朝政府为防御倭寇，在此设卫，因此称威海卫。19世纪70年代，日本借口渔民被杀而侵占琉球，并滋扰台湾，清政府便根据郑观应等人的提议，开始筹划在威海卫建造防御工事，作为海军基地。1881年，北洋舰队开始停泊威海卫，到1890年，经过近十年的建设，威海卫港湾南北两岸包括刘公岛在内，共修筑了13座炮台。中日甲午战争爆发后，清政府又在港口的南北两岸增设了多座临时炮台，使炮台增加到25座。同时，北洋舰队还在港口布设水雷。这样，威海卫具有了极强的防卫能力。如果日军海上正面进攻威海卫，其难度可想而知。然而，在日军进攻威海卫前夕，在那里防守的清军只有7000多人，有火炮100多门。因此，威海卫虽然设施坚固，兵力却明显不足。其结果是，日军并未从正面海上进攻，而是派陆军从荣成湾登陆，绕到背后从陆路攻击威海卫。而威海卫后路防御正是最薄弱的环节，许多设施发挥不了应有的作用，日军从而攻下威海卫，并全歼北洋舰队。

威海卫保卫战如果从日军于1895年1月19日从荣成湾开始登陆算起，到2月12日北洋舰队投降，也只有20余天。英美报刊对威海卫战役的报道，也随着日军在荣成湾的登陆而开始，尤其是跟随日军的战地记者，对日军进攻的战争进程进行了跟踪报道。笔者以英国《泰晤士报》和美国《纽约时报》为例，对两国报刊报道及评论这一战役的情况作一简要考察。

随着战事的推进，《泰晤士报》对日军进攻威海卫的情况作了一系列报道。1895年1月24日，《泰晤士报》发表了一篇"向威海卫进军"的社论，主要分析了大东沟海战以后日本取得制海权并攻占旅顺后，从荣成湾登陆准备向威海卫进军的情况，并对荣成湾的地理位置和威海卫的防御情况作了介绍。[①] 接着，25日的《泰晤士报》进一步报道了日军在荣城湾登陆的情况，并报道了另一支

---

① "The Advance on Wei-Hai-Wei", *The Times* (London, England), Thursday, January 24, 1895, p.12.

日军在宁海（Ning-Hai）登陆，形成对威海卫的包围。①26日，该报报道了登陆后的日军在前进的过程中遇到了清军的阻击，"清军炮手操作得相当好，但他们还是不能与日本的大炮相抗衡。日本炮手受到较好的保护，几乎没有受到伤害。清军肯定损失惨重，因为炮弹碎片在他们当中爆炸。2个小时后，清军开始撤退"②。2月1日，该报报道了南帮炮台的失守。③2月2日，《泰晤士报》介绍了威海卫的地理位置、地形以及清军设防的情况，并配以地图来说明。为了让读者对威海卫战役有一个更宏观的理解，编辑还并排放置了一幅战场形势图。④与此同时，这一天的报纸还报道了日军攻占威海卫炮台的情况，日军在占领炮台后，炮轰刘公岛（Leu-kung-tau），而刘公岛上的守军进行了顽强的还击。⑤2月4日的《泰晤士报》刊载了来自神户、广岛、芝罘、威海卫、天津、横滨、海城、上海等地发来的关于威海卫战况的报道，其中一条对日军攻占威海卫炮台作了较为详细的描述，还有一条是英国海军军官的叙述，较为详细地讲述了日本的海军和陆军配合进攻刘公岛的情况。⑥《泰晤士报》在这一天还专门发了一条社论。社论首先称赞日军进攻威海卫的节节推进，进展迅速："日军很快使自己成为威海卫陆上防御工事的主人，这种速度超出了预期。……上个月20日，日本远征军到达荣成湾，到30日，威海卫的整个陆上防御工事就被占领了。……在任何情况下，日本人最近的成功显然是一项了不起的成就。"⑦然后，该社论认为，"日本人在威海卫取得了辉煌的胜利，再次深刻地领会了海军力量的教训，证明了防御工事的相对无用。如果清军取得了鸭绿江口海战的胜利，日本人的整个计划就会受挫，他们在朝鲜的军队也会损失。如果清军在平壤、九连城、旅顺口或威海卫布置了一支有效的陆军，事情也许就完结了。但是，他们那昂贵的防御工事没有发挥任何作用，他们那优良的欧洲武器现在将从容地让给日本"⑧。最后，社论评论了日军攻占威海卫对于日本的影响："从战略上来讲，占领威海卫的价值不大。自鸭绿江口战役之后，日本人就完全取得了无可置疑的制海权，在港口中日益退化的北洋舰队构不成真正的威胁。……但是，这最近

---

① "The War in the East", *The Times* (London, England), Friday, January 25, 1895, p. 5.
② "The War in the East", *The Times* (London, England), Saturday, January 26, 1895, p. 5.
③ "Capture of Wei-Hai-Wei", *The Times* (London, England), Friday, February 1, 1895, p. 5.
④ "The Harbour and Forts of Wei-Hai-Wei", *The Times* (London, England), Saturday, February 2, 1895, p. 8.
⑤ "The Capture of Wei-Hai-Wei", *The Times* (London, England), Saturday, February 2, 1895, p. 5.
⑥ "The War in the East", *The Times* (London, England), Monday, February 4, 1895, p. 5.
⑦ "The War in the East", *The Times* (London, England), Monday, February 4, 1895, p. 8.
⑧ "The War in the East", *The Times* (London, England), Monday, February 4, 1895, p. 8.

的军事功绩在道德上和物质上的好处还是巨大的。如果北洋舰队转到日军旗下，这一事实一定会给北京方面留下一些不好的印象；然而，在威海卫缴获的除军舰之外的全部武器和物资，肯定是有价值的收获。而且，在占领旅顺之后随即获得的这个海军新礼物，将深刻地影响日本未来的政策和志向。"①

2月8日，《泰晤士报》又发表了一篇评论文章，主要评论了困于刘公岛的北洋舰队官兵的顽强抵抗及其最终命运。不过，评论称赞了这些官兵坚持战斗到最后的顽强精神，尤其是对丁汝昌作了较为公允的评价。其中说道："似乎清军提督是一个具有非凡勇气和决心的人，他决定战斗到最后，或许是要最后毁掉他的军舰而不是让其落入敌人的手中。他竭力（with great vigour）维持着一场不平衡和令人沮丧的战斗。一边是被日军俘获的大炮调转炮口轰打他们，另一边是具有极大优势的日本舰队不断攻击。"但是，评论中也指出了丁汝昌在指挥海战中的不足，尤其是在策略上一直比较被动，因此评论道："虽然我们必须钦佩这位海军上将在一场无望的战斗中所表现出的顽强勇气，但我们不能对他的策略给予同样的赞扬。"不过，"在所有这种困难的情况下，这样认为或许是公平的：这位海军提督已经尽了最大努力，而且无论如何，他代表清军在战争中的表现比以前战争中的表现更值得称赞"。②2月13日的《泰晤士报》，主要采用来自神户、横滨和上海的电文，对刘公岛最后两天的战斗情况作了简要报道。③

《泰晤士报》对威海卫战役经过的报道，最为详细的还是其战地特派记者的通讯稿。由于长篇通讯稿不能用电报即时发回英国，因此这些通讯稿的登载都比战争的进程要相对滞后，基本上是在战役结束之后才发表出来。在这些通讯稿中，3月12日、4月4日和9日发表的3篇通讯，基本上反映了威海卫战役的全过程。这些稿件按照当时的习惯，在发表时都不署名，但《泰晤士报》派往战场跟随日军进行现场报道的记者是托马斯·科文，因此这些通讯稿应该出自科文之手。

1895年3月12日，《泰晤士报》发表《威海卫附近登陆》一文，该文由科文于1月24日在荣成湾写成，主要描述了日军在荣成湾登陆的经过。其中在谈到日军登陆的战斗时，这样写道：

---

① "The War in the East", *The Times* (London, England), Monday, February 4, 1895, p.8.
② *The Times* (London, England), Friday, February 8, 1895, p.9.
③ "The War in the East", *The Times* (London, England), Wednesday, February 13, 1895, p.5.

清军首先占据了尖嘴上的一个位置,并用野战炮向日船开火,但没有效果。同时,大约200名日本陆战队员在西边峭壁下的海岸登陆。当船靠近海岸的时候,从岸上打来几枪,但清军的枪法太差,根本打不中目标。到早上7点,这些日本人在没有任何损失的情况下陆续登上海岸,此时天色仍然昏暗,地面积雪覆盖达几英寸厚。"八重山号"(Yayeyama)军舰向一座有清兵的小屋开炮,迫使清兵退到山后的小村庄。英雄们把大炮(4门克虏伯野战炮)架在高地上,步兵则在村庄周边的新垦耕地上进行全力抵抗,但军舰的炮击使他们难以守住阵地,最后日本陆战队员的拼刺刀冲锋结束了他们那虚弱的抵抗。他们遗弃武器而逃往荣成。日军报告说,双方都没有伤亡,可能死尸(如果有的话)都被拖走了。到8点钟,运输船到达,部队开始登陆,并在黄昏前全部完成。登陆工作正如我们在23日看到的后卫部队登陆的情况那样,行动非常迅速。①

这一描述反映了日军在荣成湾的登陆几乎没有遇到什么像样的抵抗。在日军登陆后,清军抵抗微弱,而当地百姓对此更是漠不关心。文章中有这样一段描述:"居民仍像往常一样忙着他们的事务,只是对入侵者表现出一点羞怯的好奇。乡民们最初愿意接受作为礼物的香烟,而现在则常常充满信心地索要香烟。只有一个人憎恨入侵者,因为他的小棚屋被'八重山号'的炮火毁掉了。他痛骂日本人,他的小棚屋被毁是战争的必然结果——因为日军必须把清兵从他的小棚屋赶走——这一事实也不能使他平息。"②从这篇通讯稿中,我们可以看到当时清朝统治下的军民在这场战争中的表现,这就不难理解日军在山东半岛的军事进展何以如此神速。

托马斯·科文于1月30日在威海卫附近的崮山后撰写了《威海卫之战》一文,刊于4月4日的《泰晤士报》。这篇通讯稿详细描述了1月30日这天日军进攻南帮炮台的情况。从报道来看,清军进行了英勇顽强的抵抗。有一个炮台中弹爆炸,里面的清军全部阵亡。科文这样写道:"那个炮台的清军很可能在爆炸中全部阵亡了,其他炮台也未能支撑很久。后来我去看了这个灾难现场,到处躺着清军的尸体,有的残缺不全,有的血肉模糊,有的被烧焦,许多的尸体肢体分离并被炸得飞到50或60码之外。大炮被毁了,木质物全部烧掉了,建

---

① "The Landing Near Wei-Hai-Wei", *The Times* (London, England), Tuesday, March 12, 1895, p.3.
② "The Landing Near Wei-Hai-Wei", *The Times* (London, England), Tuesday, March 12, 1895, p.3.

筑物只剩下一堆冒着烟的残垣断壁，石头垒壁被熏成了黑色并且到处散落。有100多个清兵英勇地战斗到了最后，最终死于这一爆炸。"① 在这次战斗中，北洋舰队的军舰虽然被困于港口，但灵活机动地找机会打击日军，科文在这篇通讯中也有所描述：

  在朝向大海的中心炮台，曾经勇敢地带领熊本旅团取得胜利的大寺（Odera）将军，正在视察工事和察看南面军队的进展，这时从清军旗舰"定远号"上发出的一颗炮弹正中炮台，一块鸡蛋大小的碎片击中了将军的身体。他倒在地上，但又站起来走过弹坑，到几码远的一个下属军官前说："我终于被击中了。"然后他又倒在地上，由于双肺被打穿了，他不到一个小时就死了。这发炮弹还炸死一个日本新闻记者和一个照相师。

  清军水师提督看到了这一情况，并觉得对己有利，他立即命令一艘吃水浅的炮艇开到浅海湾。当追击溃逃者的日军洋洋得意地沿着深凹的路从山麓丘陵后面冲出来，突然出现在对港口一览无余的开阔平地，并且密集地一群一群出来的时候，炮艇上的机枪一阵残忍地扫射，予以致命的打击达几分钟。当没有防备的日军士兵意识到危险并寻找掩体的时候，已有80人栽倒了。②

在这篇通讯稿中，还有一个值得注意的地方是科文对日本战地红十字会的描述。在中日甲午战争中，日本红十字会在战场中救护伤员方面起了重要作用，得到西方记者的称赞，科文也以赞许的口吻对此作了描写："这时，出现了勇敢地忠于职守的动人一幕。当子弹暴风雨般密集地飞行于空中，一直坚持在前线的一群红十字会成员出现在战场，他们冒着炮艇猛烈的射击，从容不迫地双双抬着担架、带着急救器械从山谷里走出来。除了身边的小匕首，他们没有武器，在这种攻击面前显得很无力。尽管敌人没有注意到或者不知道红十字会标记的神圣意义，他们毫不畏惧地履行着救人的使命。等到射击停下来也许容易做到，但他们勇敢地继续工作，就像在他们国内的阅兵场一样。死者和伤者一个一个地被从广阔的血腥战场上找出并抬走，不到20分钟这里的每一个人（无论是活的还是死的）都全部清理完毕。美国陆军医务人员泰勒（Taylor）上校声称，这是他所见

---

① "The Battle of Wei-Hai-Wei", *The Times* (London, England), Thursday, April 04, 1895, p.10.
② "The Battle of Wei-Hai-Wei", *The Times* (London, England), Thursday, April 04, 1895, p.10.

过的最杰出的事迹,目睹此事的另一外国武官同样也对此大加称赞。"①

1895年4月9日,《泰晤士报》发表了科文的另一长篇通讯《北洋舰队的覆灭》,该文于2月12日写于威海卫,描述了日军进攻刘公岛最后几天的战斗和丁汝昌的自杀。在这篇通讯稿中,科文提出了一个对北洋舰队鱼雷艇逃跑事件的不同解释。2月7日,北洋舰队左一鱼雷艇管带王平、"福龙号"管带蔡廷干等人率鱼雷艇队出港口,没有进攻日军但向烟台方向驶去,国内学者一般认为是他们早已密谋好的逃跑。但科文的通讯稿则这样描述道:

> 天一亮,日本舰队就对岛屿北面开火,试图(如果可能的话)掩护一场登陆。此时,丁汝昌发动了仅有的一场反攻击。他看到,如果日军坚持力图登陆的话,保持防御状态可能意味着很快被毁灭。因此他从西口派出全部鱼雷艇,希望突袭敌人。然而,当它们一出来,就发现有4艘速度最快的巡洋舰在监视着它们,并且立即用机枪正对着它们开火。面对这种情况,清军马上放弃了他们的攻击,掉头回港口。但是,在匆忙和混乱之中,清军放置在海峡中的障碍物成了他们的厄运,因为他们不能及时识别通道。惊慌之下,鱼雷艇向西逃去,大军舰紧追不舍,速度远远快于这些老旧的清军船只。我们看到它们绕过海岬驶往芝罘方向而"变小"了,紧随其后的是日舰浪速号(Naniwa)、吉野号(Yoshino)和其他2艘军舰,就像一群灰狗接踵紧追一群受到极度惊吓的耗子。
>
> 后来,我们听说7艘命运不佳的清军鱼雷艇,由于陈旧、速度慢且处于损坏状态,被一个一个地赶上,在海上或被俘获,或被击沉;剩下的6艘被赶着逃到由此往西10至20英里的一些小水湾,有些搁浅了,船员越过厚冰逃到海岸上,也只能落入各地的日军手里。一群日本工兵俘获了一艘船,把船员赶进山里并俘虏了其中一些人;另外2艘船同样被一支炮兵小队逮住;而在另一个地方,步兵俘获了3艘船。许多清兵逃进了山里,现在正在被穷追猛打。每天都要抓获一批新俘虏。
>
> 其中有一个叫蔡廷干(Sai Ten Kan)的俘虏是最大鱼雷艇"福龙号"(Fukuliao)的管带,他能说一口流利的英语,而且只要他的守卫允许,他就乐意跟我谈话。他生于广东,现在将近40岁。1873年,他13岁的时候去美国留学,在不同的大学上过学,先在波士顿,然后在耶鲁学习法

---

① "The Battle of Wei-Hai-Wei", *The Times* (London, England), Thursday, April 04, 1895, p.10.

律，最后在纽波特鱼雷学校（Newport Torpedo School）学习。在精神和行为举止方面，他看上去与其说是中国人，倒不如说更像美国人。可以肯定，如果中国有更多像他这样的人，日本在他们面前不会如此轻易取得胜利。他甚至现在还说，假如放他回去，他会立即回到清军舰队并且战斗到最后。1881年，他回到中国，从此成为一艘鱼雷艇的管带。他对这次战斗的描述，大致证实了我在前面所说的：丁汝昌命令鱼雷艇从后面偷袭日本军舰，但行动完全失败了。他痛苦地补充说，一艘鱼雷艇应该要比一艘军舰的速度快得多，但清军的鱼雷艇只能航行18节，而敌人的巡洋舰却超过20节。在发现攻击无望之后，他向西逃跑了，后面是急切的追逐和机枪的火力，到Jen-sho-to[①]村附近时，他开进了一个小水湾，认为军舰跟不进去。但是，军舰开炮了，打得很准，炸死一些船员，引擎也坏了。船不断下沉，唯一的出路就是跨过半英里的厚冰，打上岸去。他被工兵部队现场俘虏了，追随他的部下也在不久后被抓了。6艘逃到岸边的鱼雷艇都遭受了同样的命运。截止到我写作的日子，大约抓了50个俘虏，除了那些开小差逃跑的外，每艘船上的船员应该是30人。[②]

在这篇通讯稿中，鱼雷艇队出去是试图攻击日舰，但由于情况有变，而回港内又受阻，于是选择向西逃走，因此否认了密谋逃跑之说。而且，在该文中，对蔡廷干也有较高评价，表示"假如放他回去，他会立即回到清军舰队并且战斗到最后"，所以科文说，"可以肯定，如果中国有更多像他这样的人，日本在他们面前不会如此轻易取得胜利"。

美国《纽约时报》对威海卫战役也予以了高度关注，对战争进程进行了跟踪报道，一系列报道的标题和时间分别是："东方的战争与和平"（1月22日）、"在山东海角"（子标题"日军迈向威海卫"，1月22日）、"中国都城的惊慌"（子标题"日军向威海卫推进"，1月23日）、"日军攻占荣成"（1月25日）、"威海卫现在被封锁"（1月29日）、"日军的进展"（1月30日）、"日军攻占威海卫"（2月1日）、"刘公岛上的清军"（2月2日）、"在日本的中国使节"（2月3日）、"攻占最后的要塞"（2月4日）、"日军在中国"（2月5日）、"在威海

---

① 笔者查了大量中文资料均未见关于蔡廷干被俘地点的记载，因此无法考证此地名为何处，而如此重要之地名不能随意音译，因此在文中保留了英文原名。
② "The End of the Chinese Fleet", *The Times* (London, England), Tuesday, April 09, 1895, p.13.

卫的战斗"（2月5日）、"威海卫的战斗仍在进行"（2月6日）、"清军铁甲舰沉没"（2月8日）、"战争的结束"（2月9日）、"北洋舰队被摧毁"（2月9日）、"威海卫战役"（2月11日）、"清军的顽强战斗"（2月13日）、"北洋舰队投降"（2月14日）。①

这里值得注意的是2月9日《纽约时报》的社论《战争的结束》。在《纽约时报》看来，以"镇远号"和"定远号"两艘铁甲舰为代表的北洋舰队的覆灭，就意味着战争结束了，清朝接下来要做的事情，就是认真地进行和平谈判。因此社论中说："从威海卫传来的最新消息只能意味着战争已经结束，实际上是通过消除清军有组织的抵抗而结束的。摧毁'镇远号'和'定远号'两艘战舰，这本身就是一种非常有魄力和勇敢的战功。……在战争期间，没有取得比这更有魄力和更'欧洲的'成就了。""现在，等待或鼓动外国干预已经没有什么用了，因为除了天气以外，什么也阻挡不了向北京进军的步伐。日本人在外交上表现得比其敌人优秀，就像在战场上那样。""考虑到日本人的记录是一种不断成功，而清政府的无序和无助正在增加，对于他们来说，最好的办法显然就是在日本人有机会在北京宣布其和平条件之前，在横滨以他们能够争取的最好条件媾和。"② 这一评论，再次表现出了英美报刊对事件评述的成王败寇逻辑，对日本充满了溢美之词。当然，这种态度的出发点，还在于英美媒体将日本的成功看作"欧洲的"成就，亦即将日本的胜利看作西方文明的胜利。

---

① "War and Peace in the East", *New York Times* (New York), January 22, 1895, p.4; "At Shantung Promontory", *New York Times* (New York), January 22, 1895, p.5; "Panic in China's Capital", *New York Times* (New York), January 23, 1895, p.5; "Japan Takes Yung-Chen", *New York Times* (New York), January 25, 1895, p.5; "Wei-Hai-Wei Now Invested", *New York Times* (New York), January 29, 1895, p.5; "The Japanese Advance", *New York Times* (New York), January 30, 1895, p.4; "Japanese Capture Wei-Hai-Wei", *New York Times* (New York), February 1, 1895, p.1; "Chinese in Ling-Kung-Tau", *New York Times* (New York), February 2, 1895, p.5; "China's Envoys in Japan", *New York Times* (New York), February 3, 1895, p.5; "Last Stronghold Taken", *New York Times* (New York), February 4, 1895, p.5; "The Japanese in China", *New York Times* (New York), February 5, 1895, p.4; "Fighting at Wei-Hai-Wei", *New York Times* (New York), February 5, 1895, p.5; "Fighting Still at Wei-Hai-Wei", *New York Times* (New York), February 6, 1895, p.5; "Chinese Ironclads Sunk", *New York Times* (New York), February 8, 1895, p.5; "The End of the War", *New York Times* (New York), February 9, 1895, p.4; "China's Fleet Destroyed", *New York Times* (New York), February 9, 1895, p.5; "The Wei-Hai-Wei Fight", *New York Times* (New York), February 11, 1895, p.5; "China's Stubborn Fight", *New York Times* (New York), February 13, 1895, p.5; "China's Ships Surrender", *New York Times* (New York), February 14, 1895, p.5.

② "The End of the War", *New York Times* (New York), February 9, 1895, p.4.

第二章　关于"高升号"事件的英美报刊舆论

1894年7月，在朝鲜形势趋紧而急需向牙山增兵的情况下，李鸿章从怡和洋行租赁了"高升号""爱仁号"和"飞鲸号"三艘商船用于运送军队。7月23日，"高升号"轮船满载1100多名清军从大沽出发开往牙山。25日，船行至丰岛附近时与日本军舰"浪速号"相遇。"浪速号"舰长东乡平八郎试图将"高升号"及船上清军作为俘虏带回日本，遭到船上清军拒绝，"浪速号"竟然炮轰"高升号"，并发射鱼雷将其击沉，船上清军除了245人幸存，其余871人全部殉难。这就是当时震惊世界的"高升号"事件。"高升号"商船所属的怡和洋行，即"贾丁—马西森公司"（Jardine, Matheson & Company），属于英国的"印度支那轮船航海公司"（The Indo-China Steam Navigation Company），船上有79名船员，其中包括船长在内有英国人7名。在这次事件中，这79名船员当中有17人获救，其余62人全部遇难。[①] 另外，当时德国人汉纳根（Hanneken）以乘客身份在"高升号"轮船上，也侥幸活了下来。他与另外两名英国人——船长高惠悌（Galsworthy）和大副田泼林（Tamplin）在后来对事件的调查中成为重要的证人，他们的证词不仅对"高升号"事件的处理具有重要影响，而且也是历史学者了解这一事件真相的重要史料。

"高升号"事件震惊了世界，引起了西方国家尤其是英美媒体的广泛关注，各大小报刊在不同程度上都对这一事件作了报道。在英国，由于与这一事件有直接利益关系，还引起了舆论界的广泛讨论。本章便以当时英国和美国影响较大的几种报刊为中心，对英美报刊关于"高升号"事件的报道及相关评论作一考察。

---

① *British Documents on Foreign Affairs: Reports and Papers from the Foreign Office Confidential Print, Part I: Series E: Asia, 1860-1914, Volume 5, Sino-Japanese War and Triple Intervention, 1894-1895*, University Publications of America, 1989, pp.324-326.

第一节　英国报刊对"高升号"事件的报道

一、英国报刊关于"高升号"事件的最初报道

英国报刊最早提到"高升号"事件的可能是1894年7月26日的《泰晤士报》。在这天的评论中，该报对朝鲜形势和中日对立局势进行了分析，其中一句提到："无论海军部还是中国或日本的公使馆，都没有收到所谓的（the alleged）炮轰朝鲜城镇或日本军舰击沉一艘中国运输船的可靠情报。"[①] 这说明在"高升号"运输船被击沉的次日，英国人已听到相关传言，有人声称一艘清军运输船被日军击沉，但官方尚未收到正式消息，因此该编辑在评论中用了"the alleged"来表明当时有人声称如此。从这篇评论文章的语境来看，这句话理应指"高升号"事件。因为在这句话的前面，该文对清军增兵朝鲜的事情进行了这样的评论："今天早上收到的较为重要的唯一消息是来自上海的传闻，大意是清政府从海上派往朝鲜的12000人的部队上周五已经登陆，没有受到日本人的干扰。似乎有道理的观点认为，运载如此多人的运输船和护航的军舰肯定会被日本人察觉，如果日本人决心对中国开战，他们要么会攻击海上的中国船只，要么会设法阻止船上的军队登陆。"[②]

7月28日，《泰晤士报》上刊载了来自天津和上海的两封电文，开始对"高升号"事件作较为具体的报道。7月27日发自天津的电文出自路透社（Reuter），其中说道："日本方面的第一次公开行动是日本军舰向开往朝鲜的'高升号'运输船开火并将其击沉，该船属于伦敦的马西森公司由清政府租赁用于运送军队去朝鲜。据这里的报告说，'高升号'及船上全部人员都沉没了。许多中国公司的商船，由于在沿海贸易中与马西森公司的商船关系密切，被马西森公司接管了，从此以后也悬挂英国旗帜。"[③] 在此，《泰晤士报》不仅明确了这艘船是"高升号"，而且还指出了这艘商船的国籍，属于英国伦敦的马西森公司，并通过回顾其历史渊源来说明为何悬挂英国旗帜。另一封电文是7月27日发自上海，消息来源是中央新闻社。电文中说："三天前发生了一场海战，在这场战斗中，据报告说，日本人炮轰了朝鲜海岸，清军损失巨大。上个星期六和星期天从大沽

[①] "The Situation in Korea Develops Very Slowly", *The Times* (London), July 26, 1894, p.9.
[②] "The Situation in Korea Develops Very Slowly", *The Times* (London), July 26, 1894, p.9.
[③] "China and Japan", *The Times* (London, England), Saturday, July 28, 1894, p.5.

开往朝鲜的中国运输船，据报告说遭到了日本舰队的攻击。运输船包括 11 艘中国的和外国租赁的轮船。船上有 1000 人的部队，一部分是来自北方的驻军，但大部分是配备过时武器的苦力。一封来自长崎的电报声称，当清军准备登陆时，运输船受到了日本巡洋舰的攻击。并且还说，这些运输船不能进行有效的抵抗，许多轮船都沉没了。这一消息尚未得到清政府的确认。"[1] 这封电文的内容，一方面是对 26 日《泰晤士报》评论内容的延续报道，另一方面也反映了当时的消息尚不明朗，与"高升号"事件的事实相距甚远。

从 1894 年 7 月 30 日起，英国报刊开始广泛报道"高升号"事件。这一天的新闻中，提及"高升号"事件的主要报纸有：伦敦的《每日新闻报》和《标准报》，利兹（Leeds）的《约克郡晚邮报》(The Yorkshire Evening Post)，朴次茅斯（Portsmouth）的《新闻晚报》(The Evening News)，谢菲尔德（Sheffield）的《谢菲尔德电讯晚报和每日时报》(Evening Telegraph and Star and Sheffield Daily Times)，赫尔（Hull）的《赫尔每日邮报》(Hull Daily Mail)，格洛斯特的《市民报》，诺丁汉（Nottingham）的《诺丁汉晚邮报》(The Nottingham Evening Post)，敦提的《电讯晚报》，德比（Derby）的《德比每日电讯报》(Derby Daily Telegraph)，爱丁堡（Edinburgh）的《爱丁堡新闻晚报》(Edinburgh Evening News)，南希尔兹（South Shields）的《希尔兹每日公报》(The Shields Daily Gazette and Shipping Telegraph)，哈特尔普（Hartlepool）的《北方每日邮报》(The Northern Daily Mail and South Durham Herald)。从这些报纸对此事的报道来看，其消息来源主要是路透社、中央新闻社、劳合社（Lloyd's）和日本驻英国公使馆提供的电文，因此大多数报纸报道的内容相似。这些电文主要包括以下几条：

路透社电文（7 月 28 日来自上海）："日本人攻击了中国舰队，击沉一艘运输船，俘获一艘军舰，此事现已由中国官方承认。被俘的军舰操江号（Tsao Kian）是一艘老旧的船，中国海军早就认为它不能发挥作用了。最近，它只用来运输军队和物资。它装备极差，毫无战斗力。战斗激烈而短暂，在这艘船投降之前，船上大部分人被杀了，它也完全坏了。沉没的运输船是高升号（Kow Shing）。它租自一家英国公司（She had been chartered from an English company）。它边打边跑，但没能逃脱。船上的杀戮惨不忍睹。幸存者声称，船上的军官都被杀了。它很快就沉没了。据悉这艘船装载了 1700 人，只有 40 人获救。日本

---

[1] "China and Japan", *The Times* (London, England), Saturday, July 28, 1894, p.5.

军舰退出战斗而未受损失。战斗发生在丰岛附近。"①

日本驻英国公使馆收到的电文（7月29日来自东京）："由于受到严重的挑衅，日本3艘军舰在丰岛附近被迫与中国军舰交战。他们俘获了中国军舰操江号，击沉了一艘载有士兵的中国运输船（a Chinese transport with soldiers）。遗憾的是，北洋舰队中最大的铁甲舰之一镇远号（Chen-Yuen）逃回国，中国的鱼雷巡洋舰广乙号（Kuwan-Ti）逃往朝鲜牙山。参加战斗的3艘日本军舰秋津洲号（Akitsusu）、高千穗号（Takachiho）和比睿号（Hiye）安然无恙。"②

路透社电文二则（7月30日来自上海）：（一）"中国运输船高升号受日舰鱼雷攻击而在丰岛附近沉没。船上有1500名军人，除了由法国军舰利安门号（Lion）救起的40个清兵，其他人全部死亡。据说运输船上的全部外国人或者被射杀，或者溺亡。"③（二）"根据后来以书信形式收到的关于牙山附近海战的报告，日本人登上高升号运输船，下令开往日本。这艘船的指挥官高惠悌船长拒绝了。然后，来到船上的日本军官离开了，他们一回到自己的军舰上，就用其顶端的机枪开火，对着高升号的甲板扫射，然后发射了2枚起作用的鱼雷。总督的前副官汉纳根上校（Captain Von Hanneken）和高升号上其他外国人都被杀了。"④

中央新闻社电文（7月30日来自上海）："日本人声称，高升号运输船在试

---

① "China, Japan, and Corea", *The Standard* (London, England), Monday, July 30, 1894, p.5; "China and Japan", *The Evening News* (Portsmouth, England), Monday, July 30, 1894, p.2; "The War in the East", *Derby Daily Telegraph* (Derby, England), Monday, July 30, 1894, p.4; "China and Japan", *Hull Daily Mail* (Hull, England), Monday, July 30, 1894, p.4; "China and Japan", *Citizen* (Gloucester, England), Monday, July 30, 1894, p.3; "The War in the East", *The Shields Daily Gazette and Shipping Telegraph* (South Shields, England), Monday, July 30, 1894, p.3; "London, Monday, July 30", *Daily News* (London, England), Monday, July 30, 1894, p.4.

② "China, Japan, and Corea", *The Standard* (London, England), Monday, July 30, 1894, p.5; "China and Japan", *The Evening News* (Portsmouth, England), Monday, July 30, 1894, p.2; "The War in the East", *Derby Daily Telegraph* (Derby, England), Monday, July 30, 1894, p.4; "The War in the East", *The Shields Daily Gazette and Shipping Telegraph* (South Shields, England), Monday, July 30,1894, p.3; "China and Japan", *The Northern Daily Mail and South Durham Herald* (Hartlepool, England), Monday, July 30, 1894, p.3.

③ "China and Japan", *The Yorkshire Evening Post* (Leeds, England), Monday, July 30, 1894, p.3; "Fighting in the East", *Evening Telegraph and Star and Sheffield Daily Times* (Sheffield, England), Monday, July 30, 1894, p.4; "China and Japan", *The Nottingham Evening Post* (Nottingham, England), Monday, July 30, 1894, p.3.

④ "China and Japan", *The Yorkshire Evening Post* (Leeds, England), Monday, July 30, 1894, p.3; "Fighting in the East", *Evening Telegraph and Star and Sheffield Daily Times* (Sheffield, England), Monday, July 30, 1894, p.4; "China and Japan", *The Nottingham Evening Post* (Nottingham, England), Monday, July 30, 1894, p.3; "The War in the East", *Edinburgh Evening News* (Edinburgh, Scotland), Monday, July 30, 1894, p.3; "Later Details of Disaster", *The Evening Telegraph* (Dundee, Scotland), Monday, July 30, 1894, p.2.

图逃跑的时候沉没了。今天中国官方的说法是，高升号没有抵抗，但被日本军舰发射的鱼雷故意炸毁了。中国军舰操江号被俘一事得到证实，但铁甲舰镇远号逃脱一事被断然否认。"①

劳合社电文（7月30日来自上海）："载有中国军队的高升号被鱼雷击中并沉没。40人获救。据报告（一般是可信的），在大沽有几艘中国轮船被封锁者毁坏。鱼雷已被施放在长江口的佘山（Shaweishan）航道。"②

以上电文构成了1894年7月30日英国报刊关于"高升号"事件报道的主要内容和叙事基调。从中我们可以看出，英国媒体通过这些电文的刊载，表现出了对高升号船上人员尤其是外国人命运的关注。高升号作为一艘运输船被击沉，船上虽都是军人，但遭到日本军舰的攻击，大部分人死亡，尤其是船上的"外国人都被杀了"，这在一定程度上引起了英国媒体的同情和对日军的谴责。一些报刊所用的子标题就反映了这一点。例如，《约克郡晚邮报》中的子标题包括"日本人的野蛮屠杀"和"1500名军人被屠杀"。朴次茅斯《新闻晚报》中的子标题包括"可怕的大屠杀"及"失去将近1700人"。

不过，由于消息来源不同，尤其是来自日本和清朝官方的说法，对"高升号"事件的描述明显存在差异，因此一些报刊也在采用这些电文时，明确指出关于事件的描述有"两个版本"（two versions）。③日本政府的版本明显带有为日军辩护的味道，强调"高升号"是一艘清朝运输船并且"挑衅"日军，把"高升号"的沉没放在中日之间海战的背景下，这实际上是要误导英国舆论将"高升号"定性为一艘参加战斗的交战船。而中央新闻社则引用清朝官方的说法，

---

① "The Capture of a Warship", *The Evening Telegraph* (Dundee, Scotland), Monday, July 30, 1894, p.2; "China and Japan", *The Yorkshire Evening Post* (Leeds, England), Monday, July 30, 1894, p.3; "China and Japan", *The Nottingham Evening Post* (Nottingham, England), Monday, July 30, 1894, p.3; "The War in the East", *The Shields Daily Gazette and Shipping Telegraph* (South Shields, England), Monday, July 30, 1894, p.3.

② "Fighting in the East", *Evening Telegraph and Star and Sheffield Daily Times* (Sheffield, England), Monday, July 30, 1894, p.4; "China and Japan", *The Yorkshire Evening Post* (Leeds, England), Monday, July 30, 1894, p.3; "China and Japan", *The Nottingham Evening Post* (Nottingham, England), Monday, July 30, 1894, p.3; "The War in the East", *The Shields Daily Gazette and Shipping Telegraph* (South Shields, England), Monday, July 30, 1894, p.3; "China and Japan", *The Northern Daily Mail and South Durham Herald* (Hartlepool, England), Monday, July 30, 1894, p.3; "The War in the East", *Edinburgh Evening News* (Edinburgh, Scotland), Monday, July 30, 1894, p.3.

③ "China and Japan", *The Yorkshire Evening Post* (Leeds, England), Monday, July 30, 1894, p.3; "China and Japan", *The Nottingham Evening Post* (Nottingham, England), Monday, July 30, 1894, p.3; "The Capture of a Warship", *The Evening Telegraph* (Dundee, Scotland), Monday, July 30, 1894, p.2; "China and Japan", *The Northern Daily Mail and South Durham Herald* (Hartlepool, England), Monday, July 30, 1894, p.3.

即"高升号"没有进行抵抗但被日军故意击沉。

7月28日路透社的电文中仍明确提到了"高升号"是一艘租自英国公司的运输船,这使得"高升号"事件一传播到英国,英国媒体和民众就知道了这艘运输船的身份,它属于英国公司。在30号路透社稍晚的电报中,开始明确指出"高升号"受到攻击时船上"悬挂着英国旗帜"。《诺丁汉晚邮报》即时刊登了这一电文,其中说道:"根据电报所说,日本人首先开火,中国舰队一直遵守的命令是,除非先受到攻击或者部队登陆遭到阻击,否则不能开火。双方投入战斗的军舰数量不详,但战斗结果是一艘日舰被济远号打坏,而中国租赁的运输船'高升号'——当时它悬挂着英国旗帜——受到日本人的攻击而沉没,船上所有人也随之沉没了。"[①] 不过,由于事件刚发生时信息有限,英国媒体对事件还不太了解,大多数报纸在报道这一事件时,都以引用通讯社的电文和叙事为主,很少评论和分析。当然,最初的电文也存在错误信息,例如将丰岛海战中北洋舰队的济远号说成是镇远号,将日本舰队的吉野号和浪速号说成是高千穗号和比睿号。这种错误随着事件的进展而逐渐得到修正。

在7月30日英国报刊对"高升号"事件的报道中,《约克郡晚邮报》的报道引人注目。该报在以各通讯社电文进行了报道后,另加了一篇评论短文《日本与英国》,其下以"英国旗帜受到攻击"为子标题,文中说道:"从这一(路透社)消息来源我们得知,高升号受到日本人攻击时,船上正飘扬着英国旗帜,船上所有人也随之沉没了。因此,这一争端对英国来说具有了更为严重的一面。应该指出的是,如果上述消息是可信的,日本人没有理由对英国旗帜开火。尚未宣战,由英国轮船运送军队绝对没有违反中立。"[②] 这可能是英国报刊中最早从英日关系及国际法角度将"高升号"事件与英国利益联系起来评论的报道。

1894年7月31日,英国报刊对"高升号"事件的报道进一步漫延开来。除了30日开始关注此事的报纸继续有相关报道,又有一些报纸加入了报道的阵营:伦敦的《早邮报》(The Morning Post)、《曼彻斯特卫报》、《曼彻斯特信使和兰开夏综合广告报》(Manchester Courier and Lancashire General Advertiser)、《格拉斯哥先驱报》(Glasgow Herald)、《伯明翰每日邮报》(Birmingham Daily Post)、《阿伯丁周刊》、《布里斯托尔通讯和每日邮报》(The Bristol Mercury and Daily Post)、《敦提信使和阿格斯报》(The Dundee Courier & Argus)、《约克郡先

[①] "China and Japan", *The Nottingham Evening Post* (Nottingham, England), Monday, July 30, 1894, p.3.

[②] "Japan and England", *The Yorkshire Evening Post* (Leeds, England), Monday, July 30, 1894, p.4.

驱报》(The Yorkshire Herald, and The York Herald)、《哈德斯菲尔德每日纪事报》(The Huddersfield Daily Chronicle)、卡迪夫（Cardiff）的《西邮报》(Western Mail)、米德尔斯堡（Middlesbrough）的《东北每日公报》(The North-Eastern Daily Gazette)、埃克塞特（Exeter）的《西部时报》(The Western Times)、《桑德兰每日回声和航运公报》(Sunderland Daily Echo and Shipping Gazette)、道格拉斯（Douglas）的《马恩岛时报和综合广告报》(The Isle of Man Times and General Advertiser)。

上述报刊在7月31日对"高升号"事件的报道，主体部分仍是30日来自路透社和中央新闻社的电报，包括《诺丁汉晚邮报》最先采用的那则关于"高升号"悬挂英国旗帜的电文。当然，相比于30日英国报刊关于"高升号"事件的报道，31日的报道还出现了以下几点新变化。

首先，有了关于"高升号"事件的进一步消息，其中有两条新闻被广泛刊登，引人注目。一条是关于"高升号"上幸存者的讲述，这是一封来自中央新闻社的电文："沉没的运输船高升号上的全部幸存者41人。他们由法国军舰'利安门号'救起，已经在芝罘登陆。他们说，当日本人攻击中国舰队的时候，高升号为了安全而改变航线。然而，它被追赶上了，开进了一个浅水湾。它停在那里，来自一艘铁甲舰的一个日本军官登上船。他声称，他的命令就是击沉这艘船，但可以让船长和船员离开。这艘运输船的船长拒绝接受，即使日本军官提了两次，他坚持拒绝了。这个日本军官回到军舰上，对这艘在劫难逃的运输船开火，对它发射了鱼雷。不一会儿它就沉没了。船上的军官一个也没有获救，幸存者几乎全是苦力。"[①]另一条被广泛刊登的消息也是来自中央新闻社："中央新闻社进一步声称，昨晚在伦敦收到的电报称，高升号运输船的拥有者已经正式通过英国外交部向日本政府索赔，因为日本攻击一艘悬挂着英国旗帜航行的船只。他们要求赔偿因日本指挥官在宣战前下令开火导致船只沉没而造成的损失。"[②]

[①] "China and Japan", *The Morning Post* (London, England), Tuesday, July 31, 1894, p.5; "China, Japan, and Corea", *The Standard* (London, England), Tuesday, July 31, 1894, p.5; "China and Japan", *The Evening News* (Portsmouth, England), Tuesday, July 31, 1894, p.3; "The War between China and Japan", *The Manchester Guardian* (Manchester, England), July 31, 1894, p.8.

[②] "China, Japan, and Corea", *The Standard* (London, England), Tuesday, July 31, 1894, p.5; "The War between China and Japan", *The Manchester Guardian* (Manchester, England), July 31, 1894, p.8; "China and Japan", *The Evening News* (Portsmouth, England), Tuesday, July 31, 1894, p.3; "The War in Corea", *Western Mail* (Cardiff, Wales), Tuesday, July 31, 1894; "The Eastern War", *The Dundee Courier & Argus* (Dundee, Scotland), Tuesday, July 31, 1894, p.3; "China and Japan", *The Morning Post* (London, England), Tuesday, July 31, 1894, p.5.

其次，在报道"高升号"事件时，开始对船上的外国人予以特别关注。一方面，往往在新闻的正文前加上一个引人注目的子标题，例如"欧洲军官被杀"①"欧洲人被杀"②等。另一方面，进一步挖掘"高升号"上相关英国人的消息，例如关于"高升号"大副田泼林的消息，《谢菲尔德电讯晚报和每日时报》和《桑德兰每日回声和航运公报》都以"高升号船上的一个英国人"为标题，刊登了一则来自联合通讯社驻比夏史托福（Bishops Stortford）记者的电文："被日本人击沉的中国运输船高升号上的一个长官（officer），是比夏史托福的 G. F. 田泼林（Rev. G. F. Tamplin）——纽波特（Newport）的牧师——的一个儿子。家里没有他的消息，恐怕他已经死了。这位先生的另一个儿子已在埃克塞特（Exeter）剧院火灾中死亡了。"③

再次，一部分英国报纸开始不再是简单地引用和报道通讯社的电文，而是开始对相关消息进行综合报道并进行评论。例如，《东北每日公报》综合 30 日和 31 日的消息，以一篇连贯的文章对"高升号"事件作了较为详细的描述，并在正文前以小标题突出重点："进一步的战斗""一艘运输船沉没""日本人冷酷无情的行为（callous conduct）""用机枪扫射甲板""大量使用鱼雷"。在正文中，排版也进行了特别处理，将重要句子单独用粗体排一行突显出来，这些句子包括"他们的命令就是击沉这艘船""悬挂着英国旗帜"等。④《谢菲尔德电讯晚报和每日时报》以"一个难以置信的故事"为题，对"高升号"事件作了描述和评论：

> 在有关东方的"海军交战"的报道中，一艘中国运输船沉没了，1700 人丧命，一个难以置信的故事通过报刊公之于众。这场"交战"被报道为一个纯粹的屠杀事件，其中没有一点公平战争的因素。实际上高升号运输船是一艘毫无防备的船，在中国军舰的保护下航行。军舰受到了攻击，高升号为了安全而改变航线。日本舰队立即停止战斗，开始追赶这艘运输船。很容易就被追上了，一个日本军官登上船，对船长（据说是一个英国人）提

---

① "The War between China and Japan", *Birmingham Daily Post* (Birmingham, England), Tuesday, July 31, 1894.
② "Situation in Corea", *Manchester Courier and Lancashire General Advertiser* (Manchester, England), Tuesday, July 31, 1894, p.5.
③ "An Englishman on Board the Kow Shing", *Evening Telegraph and Star and Sheffield Daily Times* (Sheffield, England), Tuesday, July 31, 1894, p.4; "An Englishman in the Kow-Shing", *Sunderland Daily Echo and Shipping Gazette* (Sunderland, England), Tuesday, July 31, 1894, p.3.
④ "The War in Corea", *The North-Eastern Daily Gazette* (Middlesbrough, England), Tuesday, July 31, 1894.

出了极为特别的条件。这个军官说,他的命令是击沉这艘船,但他宽宏大量地允许船长和船员离开。船长非常正确地拒绝了这种只顾自己安全而让乘客听天由命的条件,并且表示要坚守岗位。当日本军官又一次提出这一条件时,船长再次坚决地拒绝了,日本军官就离开了。然后,这艘铁甲舰对运输船开了火,扫射挤满了人的甲板,施放的两颗鱼雷很快结束了这一战斗。运输船在受到攻击后一会儿就沉没了,船上数百生灵只有少数获救。这就是目前关于这一故事的说法,但为了日本的荣誉,希望即将会有另外一种关于此事的不同说法。摧毁运输船,漠视那些支配战争的最基本的荣誉法则,毫无人性地对待无辜生命,这些事实可以说成是一种纯粹的野蛮(barbarism),更是名副其实的原始蒙昧人(savages),而不是一个以某些理由自诩为近段时间以来在文明方面取得了巨大进步的国家。急切等待日本人关于这一事件的说法。①

这篇文章不仅简要描述了"高升号"事件的经过,而且从战争法和道德高度对事件及日本人的行为进行了评价。由于当时的日本自诩为通过"文明开化"而实现了文明,但"高升号"事件中又表现出了"难以置信"的冷酷无情和野蛮,因此这一事件是"一个难以置信的故事",该报希望日本人能够予以说明,也可以说是在向日本人讨说法。

综上所述,从7月31日英国报刊对"高升号"事件的相关报道来看,大多数对日本人的行为持一种谴责态度,同情遇难的清兵。同时,对于"高升号"运输船属于英国公司、船上的英国船员以及该船悬挂英国旗帜一事,更是予以了特别关注,一些报刊还以"英国旗帜遭受攻击"②为题报道此事。

1894年8月1日,越来越多的英国报刊参与到对中日军事冲突的报道中来,报道所涉及的范围也进一步扩大。但由于"高升号"船与英国有关,一些报刊对此保持了持续关注。因此到8月1日,除了已经对"高升号"事件作了报道的报纸,又有一些报刊加入报道的阵营:包括伦敦的《佩尔美尔街日报》、达灵顿(Darlington)的《北方回声报》(*Northern Echo*)、《利兹通讯》(*The Leeds Mercury*)、《德比通讯》(*The Derby Mercury*)、《利物浦通讯》(*The Liverpool*

---

① "An Incredible Story", *Evening Telegraph and Star and Sheffield Daily Times* (Sheffield, England), Tuesday, July 31, 1894, p.2.

② "Firing on the British Flag", *Sunderland Daily Echo and Shipping Gazette* (Sunderland, England), Tuesday, July 31, 1894, p.3.

Mercury）等。

8月1日的相关报道中，最引人注目的是《标准报》上的一篇评论文章，这篇评论有理有据地谴责了日本人的行为，其中的观点后来经常被赞同者或反对者引用，《标准报》也因此被视为英国报刊中在"高升号"事件上强硬对待日本的代表。在这篇文章中，评论者提出："东京政府已决心把战争强加给中国，除非清政府完全放弃其在朝鲜行使了数代人的权利。中国运输船'高升号'沉没的事件，不仅使这种推断毫无疑问，而且（除非随后的解释完全改变了这一事件的局面）也证明了侵略者有着恶毒的心灵（ferocious spirit）。在目前对这一事件的判断中，我们必须牢记的是，尚未宣战，中国既作为宗主国，也遵照了与日本之间直接而明确的条约，派遣军队去朝鲜只是在行使一种无可争辩的权利。"[1] 这一段评论不仅认为当时清政府向朝鲜增兵完全是合理合法的，而且一针见血地指出了"高升号"事件的本质，即日本要把战争强加于中国。关于日军对悬挂英国旗帜的"高升号"的攻击，评论者指出："似乎'高升号'在受到攻击和沉没时悬挂着英国旗帜。如果这个侮辱我们国民的事件得到证实，他们必须考虑到我们的政府，就目前了解到的事件相关情况而言，我们也没有任何理由不以最坚决的方式来表明我们的立场。"[2]

然而，8月1日英国报刊对"高升号"事件的报道，与7月31日的报道相比，许多报刊开始采用来自日本的消息，因此英国报刊舆论中，似乎在更多地表达日本的声音。

首先，许多报刊共同采用的报道，是一篇路透社发自日本横滨（Yokohama）的长文，这一电文在很大程度上是一篇日本政府的辩解词：

> 在通过友好列强的调停于北京举行的谈判正要取得满意结果的关键时候，中国突然通过调停的列强告知日本政府，日本必须立即从中国港口撤走其舰船，如果日本到7月20日还没有正式表示同意中国的要求，中国海军和军队将会前进（advance）。这被认为是最佳方式的最后通牒。虽然，日本政府按照列强调停的建议行事，原则上接受了中国的建议，但是作了一些修改。日本提交的修改宣称，中国海军和军队的任何前进都被认为是一种威胁。鉴于这一事实，显然日本海军和军队指挥官已经接到了命令，

---

[1] *The Standard* (London, England), Wednesday, August 01, 1894, p. 4.
[2] *The Standard* (London, England), Wednesday, August 01, 1894, p. 5.

在 7 月 20 日之后对中国的攻击保持警惕，但是我们有理由相信，与中国舰队发生冲突的小规模日本舰队只是在侦察，指挥官以为中国舰队正如其宣称的那样要在 20 日之后开始敌对行动。在这种情况下，日本巡洋舰的指挥官如果采取这种按照海军策略是正当的防范措施，他几乎不应该受到指责。

很可能，关于运输船沉没的真相将会被发现是完全不同于中国的解释。即使运输船上正悬挂着英国旗帜（这种说法在此是不可信的），这很有可能是，日本指挥官将其当作清军的一种战争诈术（ruse de guerre），因为他一下子想不到在清政府已宣布其要开始采取反对日本的强制措施的时候，一艘英国商船会运输敌人的军队。关于日本人用机枪扫射运输船上清兵的报道引起了极大的愤慨，但是，正如报道中所说的那样，如果向高升号派出小船这种行为是发生在开火之后，其目的是为了救生，这无疑是令人宽慰的（entertained）。无论如何，来自一种公正消息来源的详尽细节，要等到对这一案件作出裁判之后。①

这一报道完全是从日本角度对事件的解释，为日本击沉"高升号"的行为开脱。在这一报道中，不仅否定了前两天报刊所报道的关于"高升号"事件的说法，而且还通过解释事件的前因而把责任推给了清军。《泰晤士报》刊载的这篇新闻，无疑对英国乃至世界的舆论界都产生了负面影响。

其次，8 月 1 日英国报刊也开始报道日本政府对事件的表态和日本人对相关报道的反应。例如，伦敦《佩尔美尔街日报》以"日本人表示遗憾"为题，援引来自东京的消息说："关于运输船高升号的沉没，日本政府指示其驻伦敦日本公使向英国外交部表达他们的遗憾，日本指挥官在战事发生之后才弄清楚高升号是一艘英国船。现在已经知道，运输船的船长在获救者当中，他和其他许多人是由日本巡洋舰上派出的小艇救上来的。"②敦提《电讯晚报》也以"向英国道歉"为题报道了同样的内容，并明确指出救人的是日本"浪速号"巡洋舰。③这一消息在许多报刊上是 8 月 2 日才进行报道的，《泰晤士报》也是如此。④伦

---

① "China and Japan", *The Times* (London, England), Wednesday, Aug 01, 1894, p.5; "China, Japan, and Corea", *The Standard* (London, England), Wednesday, August 01, 1894, p.5; The Chino-Japanese War", *The Pall Mall Gazette* (London, England), Wednesday, August 1, 1894.
② "Japanese Expression of Regret", *The Pall Mall Gazette* (London, England), Wednesday, August 1, 1894.
③ "Apology to Britain", *The Evening Telegraph* (Dundee, Scotland), Wednesday, August 01, 1894, p.3.
④ "China and Japan", *The Times* (London, England), Thursday, Aug 02, 1894, p.5.

敦《标准报》则援引来自中央新闻社的电文,报道了日本人对"高升号"事件的国际舆论的反应。报道说:"在高升号运输船沉没这一事件中,日本舰队的军官被指控为残忍,日本人对此充满了愤怒。他们强调说,如果这艘船不抵抗的话,就不会向它开火。日本是东方国家中第一个从人道出发加入《日内瓦公约》的国家,对其所指控的这种野蛮行为,与其天生的教养和纪律完全不符。希望来自日本海军当局的解释(为此已经发出电报),将会完全改变这一事件的局面。"①这些报道,虽是介绍日本观点,但无形中把日本塑造成了一个在这一事件中被冤枉的形象,似乎在事件发生后对日本的指责都是不公平的。相反,在这一事件中,日本人似乎还表现出了"人道",许多报纸都开始强调,包括英国人在内的外国人落水后,是日本人将他们救了上来。

因此,8月1日英国报刊关于"高升号"事件报道的另一个关注点,就是关于高升号船上的一些外国人仍然活着的消息。例如伦敦《佩尔美尔街日报》和敦提《电讯晚报》都报道说:"根据最新消息,汉纳根上校在高升号沉没后获救了,另一个外国人(但他的名字没有提及)据说也获救了。"②

关于"高升号"的索赔问题,8月1日的英国报刊也进行了讨论。例如《标准报》报道说:"中央新闻社得知,船主当中一个在伦敦城颇有影响的人,正在就此事急切地要求女王陛下政府立即采取行动。应该指出,高升号是一艘英国船,由于尚未宣战,船主完全有权将其出租给中国用于运送军队。中国无疑将对船的损失进行赔偿,但托运人坚持认为,他们应该指望女王陛下政府对侮辱英国旗帜的行为要求赔偿,而且对在运输船上死亡的英国人的家人给予足够的赔偿金。这种看法不仅给金伯利(Kimberley)勋爵,而且也给罗斯伯里(Rosebery)勋爵本人施加了压力。中央新闻社得知,女王陛下政府昨天电告英国驻天津的代表,要求对高升号船沉没的情况作出详细说明,并希望尽早作出答复。"③在此,《标准报》基本上还是站在中国的立场上来引用中央新闻社的电文,认为英国也应该要求赔偿,虽然这里所说的要求日本赔偿,是由"托运人"即清政府提出来的,并认为船主要求英国政府出面向日本索赔,是给外交大臣金伯利和首相罗斯伯里"施加了压力"。不过,为了向日本索赔,英国政府要求着手调查"高升号"事件。伦敦《佩尔美尔街日报》、敦提《电讯晚报》也报

---

① "China, Japan, and Corea", *The Standard* (London, England), Wednesday, August 01, 1894, p.5.
② "The Chino-Japanese War", *The Pall Mall Gazette* (London, England), Wednesday, August 1, 1894; "The Chino-Jap War", *The Evening Telegraph* (Dundee, Scotland), Wednesday, August 01, 1894, p.3.
③ "China, Japan, and Corea", *The Standard* (London, England), Wednesday, August 01, 1894, p.5.

第二章　关于"高升号"事件的英美报刊舆论　　95

道一份来自天津的电报说:"冯·汉纳根上校已获救。一个关于高升号损失的调查法庭在此开庭。"①此后数月,关于由谁赔偿的问题,成为英国报刊讨论"高升号"事件中一个重要的话题。

中日两国在8月1日正式宣战,因此8月2日的英国报刊大多对此作了报道。但这天的报纸除了报道宣战这一热点,仍然对"高升号"事件表现出极大关心,其关注点主要集中在三个问题上:事件的经过、"高升号"上欧洲人的命运、日本和英国政府对事件的态度。

关于英国报刊对"高升号"事件经过的报道,由于消息来源不同而存在差异,这在8月2日《泰晤士报》上的报道中典型地体现出来,对于这种差异及相关讨论,笔者将在下文作专门探讨。

到8月2日,英国媒体已经清楚"高升号"是一艘英国轮船,由清政府租赁,用于将清军运送至牙山,在丰岛附近被日本"浪速号"巡洋舰击沉,船上大部分清军丧命。至于船上的欧洲人命运如何,8月1日之前的消息大多认为他们也已经死亡。但是,由于汉纳根的获救及发声,证实了他们中的一些人仍然活着,于是这一问题继续成为英国报刊报道的一个热点。8月2日英国报刊普遍报道的一条消息,是一份"高升号"船上欧洲人的名单以及船长高惠悌和大副田泼林获救的消息。敦提《电讯晚报》以"高升号上船员(officers)安全"为题报道说:"高升号上的船员是高惠悌、田泼林、韦尔奇(Welch)、韦克(Wake);机械师戈登(Gordon)、哈利(Halley)、普里姆罗斯(Primrose);乘客汉纳根和两个不知名的德国人。汉纳根获救。高惠悌和田泼林据说也获救了。来自汉纳根的可信的详细报告,有望在8月4日送达。"②《谢菲尔德电讯晚报和每日时报》也以"获救欧洲人的消息"为题作了相同内容的报道。③

关于日本政府对"高升号"事件的态度,8月2日的英国报纸继续报道了日本政府对英国的道歉。《约克郡晚邮报》以"日本的道歉"为题作了报道:"正如昨天所说,日本政府在得知'高升号'是英国船之后,立即对英国外交部表达了遗憾,并且通过外交大臣宣称,如果在全面调查之后发现是日本人的过错,

---

① "The Chino-Japanese War", *The Pall Mall Gazette* (London, England), Wednesday, August 1, 1894; "The Chino-Jap War", *The Evening Telegraph* (Dundee, Scotland), Wednesday, August 01, 1894, p.3.
② "Safety of Kowshing Officers", *The Evening Telegraph* (Dundee, Scotland), Thursday, August 02, 1894, p.3.
③ "News of the Rescued Europeans", *Evening Telegraph and Star and Sheffield Daily Times* (Sheffield, England), Thursday, August 02, 1894, p.4.

日本政府准备全部赔偿。希望女王陛下政府能够尽最大可能地索赔。"①《谢菲尔德电讯晚报和每日时报》则以"日本的道歉被拒"为题报道日本政府向英国外交部的道歉，并且进一步说道："金伯利勋爵没有接受日本的道歉。金伯利勋爵所做的事情，是把整个事件交给英国驻北京和东京的代表，在他们回复之前暂时接受日本所说的理由，使他可以指控日本在公海公然侵犯英国旗帜。由于高升号船长已经获救，情况有点明朗了。他将是所发生事件的一个可靠的证人。"②

从8月2日英国媒体的报道可以看出，大多数报刊都要求英国政府向日本索赔，但英国政府的态度是要等到有调查结果之后再作出决定。这种态度在8月3日的报道中明显表现出来，例如，《曼彻斯特卫报》报道说："格雷（E. Gery）爵士昨晚在下议院回答问题时说，关于两国军队遭遇导致高升号沉没的报告相互矛盾，在事实不再存在争议之后，他才会提出赔偿。"③

总的来说，1894年7月30日到8月2日是英国报刊对"高升号"事件进行事实报道阶段，即基本上以报道事件发生的情况为主，评论和讨论不多。但是，许多报刊在报道这一事件时，基本上对日本持谴责态度，例如《约克郡晚邮报》称"高升号"事件中"日本人的残暴令人震惊"④，并以"高升号暴行"为题进行报道。⑤然而，关于高升号事件发生的详细经过，由于消息来源不同而有不同说法，而且英国政府对事件的调查也有一个过程，因此在8月2日之后，英国报刊对这一事件的报道和讨论仍然持续，但开始进入一个以评论和讨论为主的阶段。

二、关于"高升号"事件的争论：以《泰晤士报》为中心

由于"高升号"事件牵涉到英国利益，英国报刊不仅对此事极为关注，而且还通过评论来表达自己的观点，形成了对这一事件的热烈讨论。然而，英国报刊对"高升号"事件经过的报道，显然受到了日本提供的消息的干扰，与事实存在偏差。在对"高升号"事件进行报道的过程中，《泰晤士报》的报道在英

---

① "Japan's Apology", *The Yorkshire Evening Post* (Leeds, England), Thursday, August 02, 1894, p.3.
② "Japan's Apology Refused", *Evening Telegraph and Star and Sheffield Daily Times* (Sheffield, England), Thursday, August 02, 1894, p.4.
③ "Summary of News", *The Manchester Guardian* (Manchester, England) Aug 03, 1894, p.5.
④ "The Sinking of the Kowshing", *The Yorkshire Evening Post* (Leeds, England), Thursday, August 02, 1894, p.3.
⑤ "The Kowshing Atrocity", *The Yorkshire Evening Post* (Leeds, England), Thursday, August 02, 1894, p.4.

国甚至国际上都产生了巨大影响。8月2日,《泰晤士报》刊登了两篇描述"高升号"事件经过的电文,一篇来自中国芝罘,一篇来自日本横滨,而这两篇电文的说法存在较大差异。显然,该报编辑是故意将同一故事的两个版本编排在一起,以示"客观"的报道。由于《泰晤士报》的巨大影响,许多报刊转引其新闻,这两种关于"高升号"事件的描述便在英国流行开来,与此同时,这些描述也成为后来英国舆论中讨论"高升号"事件的基础。鉴于这两篇电文在当时英国舆论界的影响,兹译录于下:

8月1日,芝罘。

7月25日,日本舰队司令在"松岛号"(Matsusima)军舰(与其相伴的还有另外两艘军舰)上发现了英国轮船"高升号",它正搭载1600名清兵驶往朝鲜,处在离济物浦(Chemulpo)40英里的朝鲜海域,于是对其发出信号:"停船,否则后果自负。"悬挂着英国旗帜的"高升号"立即抛锚,然后这艘军舰开走了。"高升号"船长信赖英国旗帜,拒绝起锚逃跑。然后,日本巡洋舰"浪速号"开了上来,派了一小队人登上"高升号"。指挥官严格检查了船上的文件,他对在这种情况下该采取什么行动犹豫了一会儿,然后蛮横地命令"高升号"跟"浪速号"走。

这在清军中引起了躁动,他们对船上的英国船长说:"我们拒绝当俘虏,宁愿死在这里。如果你开船,我们就杀死你,除非开回中国。"他们安排了一个人守住船锚。于是"高升号"发信号给"浪速号",让其另派一只小艇过来,冯·汉纳根上校对登船的日本军官解释这一情况,指出他们在和平时离开中国,还没有宣战,"高升号"是一艘悬挂着英国旗帜的英国船,执行"浪速号"的命令是不可能的。他声称,英国旗帜应该得到尊重,这艘船应该被护送回中国海岸。

登船的日本人返回了"浪速号",随即发出信号:"尽快离开船。""高升号"回答说,不可能离开船。"浪速号"挥动了一下信号旗作为回答,然后快速开上来,在距离大约200米远的地方就位,舷炮做好了准备。它立即对"高升号"发射了一颗鱼雷,舷炮齐发(2门25吨和4门10吨的武器)。鱼雷击中了煤库,"高升号"的锅炉发生了可怕的爆炸。异常愤怒的清军以其来复枪和一些小山炮还击。

"浪速号"不断以其10吨位的炮开火,总共发射了15发炮弹,机枪像雨水般拼命地对清兵扫射,即使他们中的一些人已经落入水中。"高升号"

渐渐以 8 英寻的速度下沉，清军战斗到了最后。悬挂着英国商船旗的船尾首先沉下去。清军对他们自己一些正在泗水离开的人开火，说所有的人都应该一起死。日本人放下了一艘全副武装的小艇，向在水中挣扎的清军开火，根本不想救人。显然，格杀勿论，全部都要被屠杀。

"浪速号"离开后，向一个英国领事或一个海军军官报告说，有 7 个英国人被杀。150 个士兵游到了一块大岩石上。冯·汉纳根上校奇迹般地逃脱了，于 7 月 28 日在济物浦上了一只朝鲜渔船。他在英国领事面前发誓提供了以上关于这一事件的证言，并且见证了清军的杰出表现，他们光荣地死去，战斗到最后一刻。

7 月 31 日，横滨。

以下是由日本帝国海军当局正式提供的关于 7 月 25 日早上与清国舰队交战的主要事实的报告：

发现两艘清国巡洋舰"济远号"和"广乙号"驶离牙山，一艘装载清兵的运输船在"操江号"护送下正从大沽驶往牙山。日本巡洋舰"秋津洲号"（Akitsusu）、"吉野号"（Yoshino）和"浪速号"在丰岛附近与后面这两艘清兵船相遇。清兵船没有向司令官致礼，反而作交战准备和表现出敌对姿态。

为了避开狭窄的地方，日本巡洋舰开往外海，"济远号"于是尾随"浪速号"。鉴于此，后者迎向"济远号"，但"济远号"撤退了，在清国海军旗上面升起了白旗。"浪速号"暂时没有开火。此时，"高升号"运输船从"浪速号"船头驶过，于是后者发了一响空炮以引起注意，并发信号要求它停下来。这时，"济远号"已经接近"浪速号"的船尾，在距离"浪速号" 300 米内发射了一颗鱼雷，但没有击中"浪速号"。于是"浪速号"对"济远号"开火，日本巡洋舰"吉野号"也加入了战斗。最后，"济远号"逃往威海卫。去追赶它，但没追上。此时"广乙号"正与"秋津洲号"作战，但最后也逃跑了，躲避到海岸与浅滩之间。

"高升号"运输船装载了 6 门野战炮和 1100 名士兵。船长投降了，但船上的士兵拒绝投降、拒做俘虏。"浪速号"最终不得不对其开火。它沉没了。船长和其他人被"浪速号"派出的小艇救起。

后来才确定，这艘运输船是一艘属于印度支那轮船航海公司的英国轮船，由清国政府租赁用于运送士兵和军火。船上有 4 个营长和 15 个连长。

第二章　关于"高升号"事件的英美报刊舆论　　99

日本政府一知道沉没的运输船是一艘英国船，就立即主动向英国外交部表达其遗憾，并且通过外交大臣宣称，如果通过调查发现是日本人错了，日本政府愿意全部赔偿。①

第一篇电文是以"高升号"上德国人汉纳根的证词为基础写成的，内容与汉纳根在天津接受调查时的证词相一致②，应该是一种比较客观的描述。第二篇电文来自日本海军当局，是"八重山号"舰长平山藤次郎给日本海军大臣西乡从道的报告，但报告之后经过日本海军省主事山本权兵卫的修改，《泰晤士报》上这篇电文正是出自山本权兵卫修改后日本政府用于对外交涉的关于"高升号"事件的报告文本。戚其章先生指出，山本权兵卫修改平山藤次郎的报告时，确定了以下三条修改原则：一是诬称是清朝军舰首先发起攻击；二是谎称之后才知道击沉的运输船是英国商船"高升号"；三是把丰岛之战与击沉"高升号"事件乱拉到一起，以达到混淆视听的目的。③将修改后的平山藤次郎报告与"浪速号"舰长东乡平八郎的报告进行对比，可以发现平山藤次郎报告中以下几处为杜撰出来的：一是说"高升号"运输船由军舰"操江号"护送；二是说清兵船没有向日本司令官致礼，反而作交战准备并表现出敌对姿态；三是声称"济远号"先向"浪速号"发射了一颗鱼雷；四是谎称后来才知道"高升号"是英国轮船。④这就把单独航行执行运输任务的"高升号"置于了清日海军交战的情境之中，并将开战责任推给清军，而且说日本事先并不知道"高升号"为英国船。日本政府正是以这一修改过的报告作为与英国政府交涉的依据。

《泰晤士报》在刊登上述关于"高升号"事件经过的两封电文的同时，对这两种说法进行了分析评论。评论文章明确提出，这两篇电文中肯定有一篇是在撒谎。"今天早上我们发表了两种描述（two accounts），它们是我国至今所获得的关于上周日本人攻击中国军舰和运输船事件的最详细的描述。其中一篇是日本海军当局发布的官方报告的复印。另一篇是来自芝罘的英国消息（British source）。这两篇电文中有一篇肯定是完全在骗人（wholly deceptive）。在获得可

---

① "China and Japan", *The Times* (London, England), Thursday, August 02, 1894, p. 5.
② 汉纳根的证词见《汉纳根大尉关于高升商轮被日军舰击沉之证言》（中国史学会主编：《中国近代史资料丛刊·第五种·中日战争》，新知识出版社 1956 年版，第 19—22 页），通过比较可以发现，这一证词与《泰晤士报》这篇电文内容高度相似。
③ 戚其章：《国际法视角下的甲午战争》，人民出版社，2001 年，第 297 页。
④ 东乡平八郎报告和平山藤次郎报告参见戚其章主编：《中国近代史资料丛刊续编·中日战争》第 9 册，中华书局，1994 年，第 344—347 页。

信的目击证据和由有能力的调查者作出详细调查之前，对于哪篇是真的哪篇是假的，应该避免发表明确的看法。可喜的是，这种证据可能很快就会有了。沉没的英国商船'高升号'的船主，收到了来自天津的电报说，与清军同在船上的冯·汉纳根上校已获救，而且我们与芝罘的联系证实了这一消息。芝罘的电报还说，冯·汉纳根上校在上星期六通过一艘朝鲜渔船到达济物浦，然后在英国领事面前发誓证明所发生的事情。"① 接着文章对这两篇电文进行了分析。对于日本官方电文中的说法，文章提出了一些疑问，比如，对清军舰"济远号"先对"浪速号"开火、日军在击沉之前不知道它是一艘英国船等说法，以及报告中没有提及日军如何击沉"高升号"。然后，文章分析了来自芝罘的电文，最后评论道："如果［来自芝罘的说法］被证明其主要点是正确的，不仅英国旗帜被严重侮辱，而且是由一个颇感自豪的亚洲国家犯下的一场可怕的大屠杀，称得上是亚洲最野蛮（barbarous）的时代和最蒙昧（savage）的民族，而这个亚洲国家至今为止一直以其站在亚洲进步的前列而感到自豪。"②

由上可见，8月2日的《泰晤士报》对"高升号"事件的报道，第一次在英国披露了这一事件经过的细节，但是由于来自中国和日本的说法不同，形成了对这一事件的两种描述。与此同时，《泰晤士报》对此进行了分析评论。在评论中，报社尚未明确表明态度，而是表示要等待进一步的证据和对这一事件的调查结果。不过，在对两篇电文的分析中，评论者更多地对日本的说法提出了质疑，倾向于相信来自芝罘的电文。但是，如果将《泰晤士报》对"高升号"事件的报道及分析评论，与英国其他一些报刊直接指责日本的暴行相比，它似乎表现得更为"理性"，在得到调查证据之前不愿意批评日本，即使说到"屠杀"也将其置于"如果"这一前提之下，这实际上为其后态度的变化埋下了伏笔。可以说，《泰晤士报》对"高升号"事件两种描述的报道和评论，开启了英国舆论界对这一事件的讨论。

8月2日，剑桥大学法学教授韦斯特莱克（John Westlake）给《泰晤士报》写了一封对"高升号"事件看法的信，《泰晤士报》于8月3日以"'高升号'的沉没"为题即时刊登了这封来信。在信中，韦斯特莱克明确提出，当前还无法对日本巡洋舰"浪速号"击沉悬挂英国旗帜的清朝运输船"高升号"的事件作出明确的评价，但由于英国舆论对这一事件反响强烈，他有必要提出一些意

---

① *The Times* (London, England), Thursday, Aug 02, 1894, p.9.
② *The Times* (London, England), Thursday, Aug 02, 1894, p.9.

见加以引导。因此,韦斯特莱克在信中提出了五点意见。第一,"高升号"虽为英国公司的船只并悬挂着英国旗帜,但它当时作为一艘为清军服务的运输船,为交战国服务,因此它没有权利获得英国旗帜和英国船主的保护。第二,不能仅凭尚未宣战这一事实就否认这次租赁是为交战服务。未经宣战而开始战争虽然是一种坏习惯,但这种习惯已成惯例。因此"高升号"当时不是中立船,而是服务于清军的运输船,是一艘交战船。第三,日本人不能通过攻击"高升号"而使其成为一艘交战船,但日本必须证明其行为的合法性。在以下两种情况下日本人的攻击是合法的:中日之间实际上已经发生战争行为,或者是"高升号"参与其中的清军舰队向朝鲜增兵以驱逐日军。由于日本声称其军队有权驻扎在朝鲜半岛,因此不允许清军增兵朝鲜,对包括"高升号"在内的清军舰队发动攻击是合法的。第四,英国对于"高升号"事件,不能单方面认定这是日本的错,要先弄清事实,况且日本有权将"高升号"作为一艘交战船来对待。而且,在这种情况中,一个中立国政府代表其臣民提出索赔缺乏先例。第五,由于"高升号"上搭载的清军反对英国船长向日舰投降,因此日本人有权也有必要摧毁它,船上的欧洲人也必须与清军承担同样的后果。[①] 从以上五点意见可以看出,韦斯特莱克的基本态度就是认为日本有权击沉"高升号",其行为并不违反国际法;"高升号"虽是英国商船,但它为清军服务而成为一艘"交战船",因此这只是中日之间的事情,英国作为中立国不能去干预,甚至索赔也没有先例。

就在韦斯特莱克给《泰晤士报》写信的同一天,英国内殿法律学院(Inner Temple)的一名学生写信给《佩尔美尔街日报》,也从国际法角度表达了对"高升号"事件的看法。该报于8月6日刊登了这封来信。在信中,这名学生的观点与韦斯特莱克迥然相反,认为日军击沉"高升号"的行为粗野地违反了国际法。他的观点概括起来主要有以下几层意思:首先,"高升号"是一艘中立船,其中立责任应该从知道战争爆发后开始,但"高升号"在航行之时并不存在战争,反而是日本攻击"高升号"创造了中日两国之间的交战状态。因此"高升号"的运输行为是合法的,非法的是日本人。其次,日本军官上"高升号"船检查过文件,当时肯定知道该船为英国商船,因此对英国旗帜的侮辱是极其恶劣的行为,英国政府应重视这一问题。再次,日本违反国际法,应该受到制裁。英国在这个案件中要让日本因其违反国际法而受到惩罚,不能让它从其违法中

[①] J. Westlake, "The Sinking of the Kowshing", *The Times* (London, England), Friday, August 03, 1894, p.10.

得到好处。①

　　在《佩尔美尔街日报》刊登内殿法律学院学生信件的第二天，8月7日的《泰晤士报》又刊载了另一位著名法学家的来信，他就是牛津大学的法学教授霍兰德（T. E. Holland）。他在信中认为，韦斯特莱克写给《泰晤士报》的信是"清醒的真话"，而社会舆论中那些指责日本为"海盗行为""不宣而战""侮辱英国旗帜"，要求"给日本指挥官应得的惩罚"，都是"愚昧"的言辞。因此他写信表达自己的看法。他的主要观点是：首先，"高升号"事件发生时，战争状态已经存在。日本指挥官为了使"高升号"服从其命令而登上该船并以暴力威胁它，这已是战争行为，在宣战前的这种敌对行动在法律上可以算作战争的开始。其次，当"高升号"收到日本指挥官的命令时起它就知道了战争的存在，在这种情况下，它作为一艘中立船有双重的责任：一是它应该停船和接受检查，并接受日本捕获法庭（Japanese Prize Court）的裁定。如果"高升号"拒绝日本押解船员（prize crew）登船，日本指挥官有权使用任何必要的武力来迫使该船服从其命令。二是"高升号"作为清军舰队中的一艘运输船，有责任为清政府运送军队，但这是一种敌对行为，日本人有权使用一切必要的武力来阻止它。再次，日本使用武力来阻止"高升号"是合法的，没有侵犯中立者的权利，日本政府不用向英国政府道歉，"高升号"船主或欧洲船员的亲属也不能向日本索赔。②从霍兰德的信中可以看出，他不仅赞同韦斯特莱克的看法，而且比他更进了一步，认为中日之间的战争可以从日军以武力命令"高升号"停船算起，即从国际法上承认日本通过命令"高升号"停船而开始了战争，由此使"高升号"成为一艘参与战争的交战船。既然战争状态已经存在，日军将"高升号"击沉是合法的。既然日本没有错，因此不用向英国道歉，"高升号"也不能向日本索赔。从霍兰德的信中可以看出，其观点中充满了打着国际法旗号的帝国主义强盗逻辑。由于他在国际法学界的影响，其观点对当时英国舆论甚至世界舆论产生了极大的负面影响。在甲午战争结束之后，他还从国际法角度对整个战争进行了评述，同时在美国几家杂志发表《中日战争中的国际法》一文，对清朝的战争行为作了诸多负面评价，对此笔者将在后文关于美国舆论部分予以叙述。

　　8月9日《泰晤士报》又发表了一封读者来信，是由英国内殿法律学院写

---

① "The 'Kow Shing' and International Law," *The Pall Mall Gazette* (London, England), Monday, August 6, 1894, p. 5.

② T. E. Holland, "The Sinking of the Kowshing," *The Times* (London, England), Tuesday, August 07, 1894, p. 3.

来的,在"'高升号'案件"这一标题下,来信委婉地表达了对霍兰德观点的质疑。作者认为,把日军"检查""高升号"的行为当作最初的战争行为,由此开始了中日之间的战争,这是"目前为日本人所能做的最好的辩护",因此用"粗野的暴行"来描述当时日军的行为"是一个非常好的措辞"。[①]

8月20日,英国格林威治皇家海军学院法学教授劳伦斯(T. J. Lawrence)也致信《泰晤士报》,对"高升号"事件提出了不同于韦斯特莱克和霍兰德的看法。该信于8月24日以"'高升号'案件"为题刊登在《泰晤士报》上。劳伦斯的观点可以概括为以下三个方面:首先,他对"高升号"受到攻击时中日两国已存在战争状态的说法提出了质疑。他认为,事前双方没有敌对军事行动,也没有宣战和发布任何声明,不能通过攻击"高升号"而迫使它成为交战方,由此创造一种预设的交战状态。因此,把"高升号"为清朝运送军队看作是一种敌对行动并有权攻击它,由此进入战争状态,这种观点是站不住脚的。其次,日本在事件中犯了技术性的违法(technical offence),英国有权要求日本给一个正式的道歉。再次,英国有权要求清朝和日本赔偿。由于清军军官不允许高惠悌船长按照日本指挥官的命令开船,造成了"高升号"受攻击和沉没。因此灾难是清军和日军共同造成的,英国受害者应该要求两个国家都赔偿。[②] 由此可见,在"高升号"事件发生时是否存在战争状态和日本行为是否违反国际法方面,劳伦斯反驳了韦斯特莱克和霍兰德的观点,认为日本是违法的,不能承认日本通过攻击"高升号"而制造了战争状态,并由此赋予其合法性。不过,他认为"高升号"船上的清军也应对事件负责,因此主张清朝和日本共同向英国船主及遇难者家属赔偿。

国际法学家们的争论并未就此结束,韦斯特莱克又投书《泰晤士报》回应劳伦斯的观点。因此《泰晤士报》在8月29日又刊登了韦斯特莱克的第二次来信。韦斯特莱克反驳劳伦斯说:"我完全同意劳伦斯博士所说的'除非和直到战争实际上已经开始,无意卷入战争的国家的臣民,在和平时候有自由做他们合法从事的任何事情'。但是,与此一道,必须给予警告的是,如果战争随后爆发,上述臣民必须承担他们所做事情的后果。"[③] 因此,即使"高升号"为清军服务是合法的,但在战争爆发后没有退出,而是继续从事与日本敌对的服务,这

---

① Inner Temple, "the Case of the Kowshing", *The Times* (London, England), Thursday, Aug 09, 1894, p.7.
② T. J. Lawrence, "the Case of the Kowshing", *The Times* (London, England), Friday, Aug 24, 1894, p.4.
③ J. Westlake, "the Case of the Kowshing", *The Times* (London, England), Wednesday, Aug 29, 1894, p.9.

样它被捕获，要承担后果。在此，韦斯特莱克始终坚持认为"高升号"为清朝运送军队，构成了清军舰队的一部分，使其成为一艘交战船，应该承担相应的后果。至于战争究竟从什么时候开始，他认为清政府派遣增援部队前往朝鲜，以驱逐日军为目的，这件事本身就是一种敌对行动，意味着战争的开始，日军有权对其进行阻止和攻击。

劳伦斯对韦斯特莱克的回应并不满意，因此又给《泰晤士报》写了一封信，刊登于9月7日的《泰晤士报》。劳伦斯在信中提出，清军赴朝远征队的派遣本身不是一种敌对行动，不能以此证明日本人攻击一艘英国船（它构成远征队中的一部分）是正当的。在战争开始之前，中日双方在朝鲜都已有军队，增派军队只是一种准备和预防行为，并不必然是一种战争行为。因为直到最后一刻，外交手段都在起作用，仍然有和平解决问题的机会。因此日军对"高升号"的攻击行为是违法的，应该受到谴责。[1]

对于劳伦斯的观点，接下来《泰晤士报》刊登了两封反驳的来信。一封是9月11日发表的署名为"W. F. B."的来信，认为当"高升号"船上的清军士兵违抗船长的权力并威胁他不准开船时，日本军官有权对"高升号"进行干涉。"如果一艘中立船上的乘客控制了该船并准备以战斗来解决问题，那么除了击沉这艘船，没有其他选择。中立船的拥有者没有抱怨的理由，因为他们的船长已经失去了对该船的控制，正如它被海盗夺取了一样。"[2] 另一封是9月13日发表的韦斯特莱克的第三次来信。在这封信中，韦斯特莱克进一步从国际法的视角进行了辩论，主要讨论了日本是否有权把"高升号"作为敌人对待的问题。他认为，这个问题取决于以下两个因素之一："高升号"从事的服务是否是一种敌对服务，或者事先是否已经宣战。因此他强调，"高升号"所从事的服务是对日本的敌对行为，这种行为使其丧失了中立特性，这样，是否宣战已经不重要，重要的是"高升号"做了它作为一艘中立船不该做的事情，使它成了一艘敌船，日本有权将它看作敌人。[3]

对于W. F. B.和韦斯特莱克的反驳，劳伦斯于9月20日在《泰晤士报》发表了第三封回信。他在信中说道："韦斯特莱克教授声称而我否认的是，'高升号'因为介入了为清政府服务，其目的在于运送军队到朝鲜可能的战场，它使

---

[1] T. J. Lawrence, "The Case of the Kowshing", *The Times* (London, England), Friday, September 07, 1894, p. 10.

[2] W. F. B., "The Case of the Kowshing", *The Times* (London, England), Tuesday, September 11, 1894, p. 8.

[3] J. Westlake, "The Case of the Kowshing", *The Times* (London, England), Thursday, September 13, 1894, p. 8.

自己成了一个参战者。现在，如果运输船参加服务的行为完全毁掉了它的国家属性，把它转变成了清军海军装备中的一部分，那么，毫无疑问日本人就可以像攻击任何一艘清军舰队中的其他船只那样，通过攻击它而随意地开始战争。但是，我坚持认为，如果它仍然具备英国属性，其法律地位是按照签订的合同出租、绝对合法地履行服务的一艘英国船，那么就不能将其当作清军中的必要组成部分，以至于认为与中国不宣而战的第一枪可以打在它身上。"①由此他接着重申了他的几点主张：（1）"高升号"所从事的服务不是一种敌对服务（hostile service）；（2）日本通过宣战或攻击清军，有可能使其服务成为一种非中立服务；（3）在没有这种宣战或攻击的情况下，对"高升号"的未遂扣押和实际摧毁是一种非法暴力行为，英国为此应该要求日本政府负责。战争可以通过战争行为开始，但不能通过针对中立者的战争行为开始。

由上可见，从1894年8月2日到9月底，英国法学界以《泰晤士报》为平台，从国际法角度对"高升号"事件展开了争论，以韦斯特莱克和霍兰德为代表的学者强调日本攻击"高升号"是合法的，无须道歉和赔偿；而以劳伦斯和内殿法律学院师生为代表的学者，则认为日本的行为违反了国际法，应该受到惩罚，进行道歉和赔偿。这一争论，通过《泰晤士报》的报道，毫无疑问会在公众中产生巨大影响，从而影响英国的舆论。不过，英国政府对"高升号"事件的处理结果表明，韦斯特莱克和霍兰德的观点最终为英国政府所采纳，英国没有追究日本的责任。当然，我们也可以说，韦斯特莱克和霍兰德的主张更符合英国的利益，也是英国政府愿意听到的声音，这一点从英国政府关于"高升号"事件的多次表态中也可以看出来。例如在8月2日和11日的议会下院质询中，英国议会外交事务副国务大臣（Parliamentary Under-Secretary of State for Foreign Affairs）爱德华·格雷爵士（Sir Edward Grey）在回答有关提问时表示，由于关于"高升号"事件的说法相互矛盾，在调查事实出来之前，英国政府不向日本提出索赔；由于日本政府主动提出，如果责任在日本则愿意赔偿，英国政府会视调查结果而要求日本政府负责。②

---

① T. J. Lawrence, "The Case of the Kowshing", *The Times* (London, England), Thursday, September 20, 1894, p. 8.
② "China and Japan", *The Times* (London, England), Friday, Aug 03, 1894, p. 4; "The Kowshing", *The Times* (London, England), Saturday, August 11, 1894, p. 6.

三、英国报刊舆论的变化及其影响因素

"高升号"事件直接涉及中、日、英三方，因此成为一件轰动一时的国际性事件。由于英国公司和英国人牵涉其中，英国报刊给予了高度关注。同时，围绕着"高升号"事件，中日两国都试图拉拢英国，使对事件的处理朝着有利于自己的方向发展。但是，在这场舆论争夺战中，清政府完全输给了日本。在此，笔者以当时《曼彻斯特卫报》对此事的报道为中心，分析英国舆论对"高升号"事件态度的变化及其影响因素。

（一）关于"高升号"事件报道的变化

如前所述，在"高升号"事件发生之后，除了《泰晤士报》等少数报刊表态比较谨慎，大多数英国媒体都对日本的行为予以谴责，称日本人击沉"高升号"是野蛮的屠杀行为，违反了国际法。由此才有了牛津大学霍兰德教授对当时英国舆论中各种说法的批评，称指责日本为"海盗行为""不宣而战""侮辱英国旗帜"，要求"给日本指挥官应得的惩罚"，都是"愚昧"的言辞。因此他和韦斯特莱克都以引导舆论为己任，投书《泰晤士报》表达自己对"高升号"事件的看法。的确，从"高升号"事件的发生，到最终日本逃脱法律的制裁和清政府作出赔偿，英国报刊舆论发生了霍兰德所期望的那种变化。

1894年7月31日，《曼彻斯特卫报》首次报道了"高升号"事件，分别采用中央新闻社和路透社的电文报道了中日双方的说法。按照日本的说法，"高升号"是试图逃跑才被日军击沉的；而清朝官方的说法是，"高升号"未进行抵抗而被日本击沉了。虽然该报在评论中提到，"'高升号'运输船的船主通过英国外交部正式向日本政府提出了赔偿要求，因为那艘运输船在受到攻击时悬挂着英国旗帜。他们对日本军官在宣战之前击沉该船的行为造成的损失提出赔偿"[①]。但在整个报道中这一点并不突出。相反，报道的子标题使用了"中国运输船受鱼雷袭击而沉没"，其中突出的是"中国运输船"。因此从总体上来看，报道以陈述事实为主，基本上还是中立的。

但是，《曼彻斯特卫报》这种中立的态度在8月2日发生了变化。这天该报对"高升号"事件进行了比较详尽的报道，采用的电文与《泰晤士报》8月2日所用来自芝罘的电文相同。由于该电文以"高升号"上德国人汉纳根的证词为

---

① "The War between China and Japan", *The Manchester Guardian* (Manchester, England), July 31, 1894, p.8.

基础写成，因此这篇报道认为，"高升号"在接到"浪速号"的警告后停船接受了日军的检查，并没有"试图逃跑"。"高升号"在拒绝"浪速号"要求投降并跟随其去日本的要求后，遭到日军击沉。这是在中日两国尚未宣战的情况下发生的，而且受袭击的"高升号"是一艘悬挂着英国旗帜的英国商船。事件发生后，日本军舰也没有打捞落水的清军士兵和欧洲船员。因此该报道将这一事件称为一场"大屠杀"（massacre）。① 值得注意的是，这篇报道的子标题是"一艘英国船（a British Ship）遇袭"，正文中也采用了"英国轮船"（The British steamer）的说法，这样就突出了英国船只在此次事件中的角色。

8月3日，《曼彻斯特卫报》批评日本的态度发生了变化，这一变化应该与其报道的消息来源有关。这天关于"高升号"事件的两篇主要报道，消息都是来自日本，都是日本政府声称来自对"高升号"船长及大副证词的概括，这实际上是日本政府在为自己辩解。其中一篇报道主要突出了以下两点：第一，"浪速号"在发动攻击之前，曾多次要求欧洲人离开"高升号"，但遭到了清军的拒绝和阻拦。第二，在击沉"高升号"的过程中，英国船长和一些船员掉落水中，清军士兵对他们开火，相反，一艘日本船只将他们捞起。这就将造成欧洲船员死亡的责任推给了清军，并突出了日军在事件中积极救人的形象。而就"高升号"属于英国一事，日本政府表示，如果发现是日本军官的错误，他们将会全部赔偿。②

这种报道，模糊了"高升号"事件的焦点，使英国舆论逐渐不再强调"高升号"属于英国这一事实，反而开始讨论落水的欧洲船员遭到了谁的射击。8月6日的报道仍然提到了清兵向欧洲船员射击的说法，说船长高惠悌和一部分船员跳海逃走，清兵向他们开火。被"浪速号"捞起的"高升号"大副田泼林则声称，欧洲船员无法离开"高升号"要"完全归因于清兵"。③

不过，在8月7日的《曼彻斯特卫报》中，报道了同样是事件亲历者的德国人汉纳根的描述："清兵用他们的步枪向日本军舰开火，也向在海中游走的人开火，其中包括他们自己的同胞。"④ "我们［欧洲人］跳入海中，日本人放下一艘武装船，这条船向高升号上的人射击，高升号和浪速号都在向落入海中的人射击。"⑤ 这一描述至少说明，中日双方军队都有向落水者射击的行为，而且遭受

---

① "The Attack on a British Ship", *The Manchester Guardian* (Manchester, England), August 02, 1894, p.8.
② "Foreign", *The Manchester Guardian* (Manchester, England), August 03, 1894, p.5.
③ "The Sinking of the Kow Shing", *The Manchester Guardian* (Manchester, England), August 06, 1894, p.8.
④ "China and Japan", *The Manchester Guardian* (Manchester, England), August 07, 1894, p.5.
⑤ "Hanneken's Affidavit", *The Manchester Guardian* (Manchester, England), August 08, 1894, p.8.

射击者也包括落水的清军，仅由"清兵射杀落水欧洲人"的说法并不成立。

但是，几天后，《曼彻斯特卫报》再次刊登了田泼林偏袒日本的证言："田泼林进一步对'高升号'的沉没提出了质疑，他的说法并没有支持日本人杀害落海清兵的说法……田泼林说：'在被日本人从海中救起来之前，我在海水中泡了一段时间。他们对我非常友善，给我各种各样的照顾。当我跳入水中后，'高升号'甲板上的清兵向我开枪射击。就我看到的情况而言，日本人是在向仍然留在高升号上并继续抵抗的清兵射击。'"① 这一报道似乎为了说明：清军射击了落水的欧洲人，而日本人救了落水的欧洲人，日军射击的只是"继续抵抗的清兵"。这样，这件并不难查清的事却成为舆论变化的转折点。在后来英国报刊的报道中，日本的一面之词逐渐被接受。

英国报刊关于"高升号"事件态度的变化，从8月7日《布里斯托尔通讯》（*The Bristol Mercury*）一篇评论中典型地反映出来。评论文章说道："在谈到'高升号'这一事件时带有大量情绪，一千人被屠杀总是一件令人震惊的事情。然而，必须冷静地看待这件事，以《标准报》为首的一部分英国报刊急于辱骂日本。很可能，根本动机是敌视政府。'高升号'在被击沉时悬挂着英国旗帜，自然地，可以乘机对内阁大臣们叫嚷，说他们忽视了对一种侮辱和伤害的慰藉的需要。关于这一灾难的最新消息，也是最可信的消息，并不支持由《标准报》所选择的姿态。的确，尚未宣战，但同样真实的是，日本通知清政府说，派遣更多军队到朝鲜就会被视为敌对行动。清政府知道她正在冒风险，否则她的运输船就不会由军舰护航了。她派遣这艘租赁来的英国船，在遇到日本舰队之前一切顺利。'高升号'满载前往朝鲜的清军增援部队，日本指挥官考虑到在朝鲜可能发生的战斗和他本国政府的利益，阻止'高升号'前进显然是他的职责。他做了他所能做的事情，但他所做之事受到清兵愚蠢行为的阻挠。他曾努力诱导'高升号'船上的人投降，包括所有船员在内的欧洲人准备这样做。但是，清兵既不回国也不投降，如果船长试图这样做，他们以死亡威胁他。对于受你控制、既不逃跑也不屈服的敌人，你能做什么呢？采取这种态度的人必须承担后果，清兵就是如此。船上的英国人和其他欧洲人跳入海中，遭到'高升号'船上的清兵用枪猛射，然后被日本人救起。实际上，清兵的行为愚蠢而残酷。宁死不做日本人的囚犯可能是英勇之举，但并不明智，正如我们所说，对

---

① "The War in the East: Both Armies Reinforced", *The Manchester Guardian* (Manchester, England), August 10, 1894, p. 8.

为求生而泅水离开的欧洲船员开枪是残忍的。在这个不幸的事件中,那些试图寻找英国与日本之间争吵理由的好事者,对国际法只有一点点了解。我们还必须判定在这种情况下'高升号'是否应该被视为一艘英国船;无论如何,日本政府对其可能犯下的错表示愿意全部赔偿。重要的问题是,由交战国租用的船只是否能够要求免除来自战争的一般风险。答案自然是否定的。"[1]这篇评论一方面批评了部分英国报刊对日本的谴责态度;另一方面完全以欧洲船员为中心,将事件责任完全归咎于船上的清军,为日军的行为辩护。

此后,英国报刊中指责"高升号"船上清军的言论越来越多。8月20日,《曼彻斯特卫报》刊登了日本政府的观点,认为"甲板上清军的海盗式行为是导致这一事件的根源……英国就'高升号'的沉没向清政府索赔是极其合理的"[2]。23日,《曼彻斯特卫报》又引用英国远东舰队副司令弗里曼特尔的观点,认为英国政府不应就"高升号"的沉没向日本索赔。[3] 24日,该报又报道说,上海英国领事馆的海事法庭对"高升号"事件作出裁定,认为日本军舰的行为合法。[4] 这样,英国关于"高升号"事件的舆论,最终发展到完全有利于日本。

(二)报道变化的影响因素

从1894年的7月底到9月初,英国报刊在"高升号"事件的舆论倾向上发生了明显的变化。影响这种变化的因素是多方面的,包括日本政府对外公关和影响舆论、英国政府的外交立场、英国和日本对事件的调查及"高升号"船长的证言、国际法学界实证法学的盛行等。

首先,日本通过政府出面进行外交公关,一方面利用日军事件亲历者编造假"报告"提供给英国媒体;另一方面收买和利用英国媒体,从而影响英国舆论。

在"高升号"事件爆发之后,以《曼彻斯特卫报》《约克郡晚邮报》《标准报》等为代表的英国报刊对清朝持同情态度,谴责日本违反国际法和实行"屠杀"。面对这种形势,日本驻英公使青木周藏颇感忧虑,他于8月1日傍晚给外交大臣陆奥宗光发电报:"一位可信之友人劝告本使,如欧洲大国急于干涉,为达到我之目的,应早做断然处置。自运输船救出之欧洲人姓名及其是否负伤,

---

[1] "The Kow Shing", *The Bristol Mercury* (Bristol, England), Tuesday, August 7, 1894, p.5.
[2] "China and Japan", *The Manchester Guardian* (Manchester, England), August 20, 1894, p.8.
[3] "The War in the East", *The Manchester Guardian* (Manchester, England), August 23, 1894, p.8.
[4] "The Kow Shing", *The Manchester Guardian* (Manchester, England), August 24, 1894, p.7.

速电答。我试从船长及汉纳根处获取理由充分之事实陈述书。再者,运输船是否悬挂英国旗?船中之清兵是否向我军发炮?等待回答。因所有报纸皆载有此事,并唱反对我国之说。"①这封电报正是青木周藏面对英国舆论压力的一种反应,希望了解事件真相以应对英国人的质疑。于是,日本为扭转当时国际舆论对其不利局面,采取了以下三个方面的措施。

第一,快速回应外界的质疑,并且转移公众的关注点。7月31日,日本政府就"高升号"事件发表了一份声明,这份声明以日本海军当局呈送的报告的面目出现,具有很大的欺骗性。在回应质疑之时,日本政府故意转移事件的焦点。日本利用英国媒体对"高升号"事件中英国人命运的关注,将焦点从整体事件转移到一个局部事件上,即"射杀落水欧洲人"这件事上,并通过让所谓的"当事人"作出有利于自己的证言,将责任推给清军。例如在某种意义上来说,"高升号"船长高惠悌及大副田泼林在事件发生后的一段时间由日本"控制",或者是出于"救命之恩",作出了有利于日本的证词。

第二,主动向英国政府表态,求得英国政府的谅解。在7月31日,日本驻英国公使青木周藏就发电报给外交大臣陆奥宗光:"关于轮船一事,向英国政府赔礼道歉。如船上有德国军官被杀,也向德国政府赔礼道歉。"②青木周藏主张日本政府尽早表态,因此在英国政府进行调查并等待调查结果期间,日本政府就主动向英国政府道歉。8月2日,英国外交事务副国务大臣格雷在接受下议院质询时回答说,日本政府已经主动表示,如果"高升号"事件是日本的过错,日本愿意全部赔偿。对此,8月3日英国各大报刊普遍作了报道。对于日本政府向英国政府的正式表态,青木周藏于8月8日在回复英国外交大臣金伯利时,又作了重申:"关于高升号不幸事件,我毫不犹豫地正式重申,日本政府已指示我以她的名义对这一事件的发生,表示非常遗憾。我能给予英国政府关于我国政府之忠实希望之保证:一旦证明日本海军军官之行动是违约的,日本政府将尽力给予一切赔偿。同时我满意地注意到,伯爵期望在此问题上,保留[等待]贵方明确结论之进一步消息。我将像以前一样,不中断这种非官方的通信,以了解此事件之详情。我希望伯爵能把此行动看成是我方真诚愿望之进一步证明,以促成这一令人痛心的问题之充分谅解。我相信事实将随着较详细的和完整的报告而日渐明朗。"③事实表明,日本政府的主动表态,对英国政府产生了影响,

---

① 戚其章主编:《中国近代史资料丛刊续编·中日战争》第9册,中华书局,1994年,第349页。
② 戚其章主编:《中国近代史资料丛刊续编·中日战争》第9册,中华书局,1994年,第348页。
③ 戚其章主编:《中国近代史资料丛刊续编·中日战争》第9册,中华书局,1994年,第359—360页。

金伯利的回电及格雷在下议院的回答都表明了这一点。笔者将在下文对此作进一步说明。

第三，收买英国的通讯社和报社，同时向他们提供经过日本政府加过工的消息，从而使英国报刊作出有利于日本的报道。关于日本政府收买英国的通讯社和报社，最明显的证据是1894年8月4日日本驻英国公使青木周藏致外交大臣陆奥宗光的电报："陆奥：《每日电讯报》、友好的《泰晤士报》和其他主要报纸，由于审慎地雇用，均就上述消息改变了腔调。除路透社外，几家主要报纸和电讯报社都保证了合作。英国权威人士魏斯特拉基（Westlake）公开表示，根据国际法浪速舰是对的。在德国科隆报的政治通讯员、友好的大陆报也因此而受到影响。你要提供我约一千英镑做特工经费。"[①] 这封电报说明，包括《泰晤士报》在内的英国"几家主要报纸和电讯报社"都被日本收买了，因此对"高升号"事件的报道"改变了腔调"。

其次，英国政府的外交立场也是影响英国报刊对"高升号"事件报道发生变化的重要因素。英国政府出于国家利益和国际关系的各种考量，尤其是从扼制俄国在远东扩张的目的出发，希望拉拢日本来牵制俄国，因此对日本在东亚的扩张采取绥靖态度。在8月2日英国下议院的质询中，埃利斯·爱什米德-巴特利特爵士（Sir Ellis Ashmead-Bartlett）问英国议会外交事务副国务大臣爱德华·格雷爵士，清朝和日本是否已经宣战，他能否向下议院提供任何有关陆军和海军采取行动的消息。韦伯斯特（Webster）先生也问财政大臣（Chancellor of the Exchequer），是否几艘日本军舰击沉了"高升号"商船，"高升号"是否是一艘英国船，是否悬挂着英国旗帜；如果此事发生在清朝和日本宣战之前，如果这些情况属实，对于这种侮辱英国旗帜的行为，以及为在这次海战中意外遇难的英国人家属获得足够的赔偿，政府打算采取什么措施。格雷回答说："中日已经宣战。但除了'高升号'被击沉这一遭遇，没有收到任何陆军或海军行动的消息。'高升号'是属于印度支那轮船航海公司的英国船，租给清政府用于运送部队。尊敬的议员无疑已经看到了，对所发生事件的各种描述相互矛盾，在事实不再争议之前，我不能就赔偿问题表态。不过，日本政府已经主动通知我们，如果发现是他们军官的过错，他们愿意全部赔偿。"[②] 关于这一议会质询的消息，

[①] 戚其章主编：《中国近代史资料丛刊续编·中日战争》第9册，中华书局，1994年，第357页。
[②] *British Documents on Foreign Affairs: Reports and Papers from the Foreign Office Confidential Print, Part I: Series E: Asia, 1860-1914, Volume 4, Sino-Japanese War, 1894*, University Publications of America, 1989, p.94.

许多英国报刊都给予了报道，例如 8 月 3 日的《泰晤士报》《曼彻斯特卫报》《标准报》等。①

由格雷的表态可以看出，英国政府的态度与《泰晤士报》的报道倾向基本一致，对日本在"高升号"事件中的行为持一种宽容的态度，当许多报刊痛斥日本的野蛮并要求日本道歉赔偿时，英国政府显得极为克制和冷静，并不急于向日本施压。这一点也体现在 8 月 3 日金伯利回复青木周藏的电报上："我及时收到了你于上月 31 日晚及本月 2 日写给我的关于日本海军击沉高升号事件的信函。［英国］女王陛下政府与皇家司法官们进行了商讨，讨论了你代表日本政府给我的信函中所提出的情况，他们最后得出结论认为，对于因日本海军军官的行为而使英国人的生命和财产遭受的任何损失，日本政府必须负责。我满意地注意到，日本政府已经表示愿意为其指挥官的失误提供适当赔偿。一旦［英国］女王陛下政府收到详细的情况报告而对此作出最终决定，我将荣幸地向你通报。"② 英国政府的暧昧态度成为英国舆论变化的一个重要影响因素。

再次，"高升号"事件发生后，日本和英国主导的对事件的调查，使得调查结果有利于日本，从而影响英国报刊舆论。

"高升号"事件发生后，清朝、英国和日本三国政府都组织了对事件的调查。日本对事件的调查，最早的报告是 1894 年 7 月 26 日"浪速号"舰长东乡平八郎作为肇事者向日本联合舰队司令官伊东佑亨提供的报告。其对事件经过作了大致描述，基本上是按事实陈述的。日方的第二份报告是 7 月 29 日"八重山号"舰长平山藤次郎给日本海军大臣西乡从道的报告。正是这份报告经过日本海军省主事山本权兵卫的修改，歪曲事实后由日本政府对外公布，广为流传，对于误导国际舆论起了重要作用。也是在 7 月 29 日，日本外务大臣陆奥宗光要求法制局长官末松谦澄对"高升号"事件进行调查。"高升号"事件中，船长高惠悌、大副田泼林、舵工埃万杰利斯塔（Lucas Evangelista）等人被"浪速号"救起后，被日舰"八重山号"送至佐世堡军港。在"八重山号"军舰上，三人受到了日军的优待。高惠悌、田泼林为英国人，埃万杰利斯塔为菲律宾人。他

---

① "China and Japan", *The Times* (London, England), Friday, August 03, 1894, p.4; "The War between China and Japan", *The Manchester Guardian* (Manchester, England), August 03, 1894, p.6. "The War between China and Japan", *The Standard* (London, England), Friday, August 03, 1894, p.2.

② *British Documents on Foreign Affairs: Reports and Papers from the Foreign Office Confidential Print, Part I: Series E: Asia, 1860-1914, Volume 4, Sino-Japanese War, 1894*, University Publications of America, 1989, p.98. 戚其章主编：《中国近代史资料丛刊续编·中日战争》第 11 册，中华书局，1994 年，第 113 页。

们于 7 月 27 日离开"八重山号"军舰时，为了感谢船上日军对他们的关照，写了一封感谢信："帝国军舰八重山平山舰长及军官诸君：我等将离此舰，今唯一之方法，即于此一纸之中，切望表明：我等于停留此舰期间，因蒙诸君恳切厚遇而深受感动。因我等之故，诸君所受之不便，我等尽悉。我等对诸君为同乘高升号而亡失之同僚所表示之同情，深表谢意。彼之一部或尚于丰岛漂泊中。我等之领航员［舵工］，因特受医官诸君之精心治疗，切望鸣谢。"① 可以想象，日军的优待对三人在事件调查中的证词会产生什么样的影响。

8 月 2 日，船长等三人在佐世堡接受了末松谦澄的调查。8 月 3 日，三人获得释放。在被释放之时，三人得到了日本政府给予的金钱资助。佐世堡镇守司令长官柴山矢八向西乡从道致函汇报说："据释放运输船高升号船长外二名之电令，与末松法制局长官协商后，今日向该人等传达其意旨。送与船长二千元、一等驾驶员［大副］一千五百元、领航员［舵工］八百元。依彼等之希望，可于明四日午前，乘本府所辖之小汽船赴长崎。故其持谢函访本职，以谢日本政府之诚挚相待。领航员马尼刺人头部负伤尚未治愈，预计五日后可痊愈。其间，要求于医院治疗，已满足其愿望。痊愈后准备送往长崎。"② 由此不难理解，在末松谦澄主持的调查中，高惠悌等人的证词均有利于日本。因此，当陆奥宗光得到末松谦澄取得的高惠悌及田泼林的证词后，于 8 月 2 日立即将其发给了驻英公使青木周藏，并嘱咐青木周藏："阁下将上述报告告知［英国］外务大臣，并于必要时可公诸于报纸。"③ 这样，这个日本版本的高惠悌证词在 8 月 3 日之后广泛刊登于英国报刊。

8 月 10 日，末松谦澄的调查结束，形成调查报告。在这个报告中，末松谦澄将大量篇幅用在说明日军在事件中对欧洲人仁至义尽："在此军机倥偬之际，只因高升号悬挂着英国国旗，往复谈判，耗费了如此多的时间，由此可知我军用心之周到，又足以证明我军忍耐程度之深。"④ 而对于船上清军如何威胁船长和大副、如何射击已经落水的欧洲人，则大量地从调查陈述中摘录出来，重复引述。例如引用船长的话："他们［清兵］暴怒，对我施加威胁，断言我若弃船而去，或跟随浪速舰行进，就要把我杀死或枪毙。"⑤ "实际上我已经看到了清兵

---

① 戚其章主编：《中国近代史资料丛刊续编·中日战争》第 9 册，中华书局，1994 年，第 356 页。
② 戚其章主编：《中国近代史资料丛刊续编·中日战争》第 9 册，中华书局，1994 年，第 357 页。
③ 戚其章主编：《中国近代史资料丛刊续编·中日战争》第 9 册，中华书局，1994 年，第 354 页。
④ 戚其章主编：《中国近代史资料丛刊续编·中日战争》第 8 册，中华书局，1994 年，第 9 页。
⑤ 戚其章主编：《中国近代史资料丛刊续编·中日战争》第 8 册，中华书局，1994 年，第 9 页。

对我们开枪。从对我们发射的弹丸的数量来看,我不得不认为,我们的一部分驾驶人员、轮机人员、舵工,已经被清兵发射的枪弹杀死了。"① 引用大副的话:"他们威胁我们的生命,并派来卫兵,若我们服从浪速舰的命令或离开本船,就要立即把我们击毙。"② "从清兵对跳入水中的欧洲人开枪的次数来看,在欧洲人到达陆地以前,恐必定有人被射杀。"③ 不仅如此,报告关于事件经过的描写几乎是以欧洲人的命运为中心来组织,并且将日军和清军对欧洲人的态度通过对比来表现:"清兵见船长等跳入水中,立即以步枪对之乱射。这时浪速舰向高升号发射了第一颗鱼雷,但未命中。于是,以侧炮射击,炮弹命中高升号。后来,高升号沉没。同时,浪速舰派出数只舢板,救助外国船员。当时得救的只有前述船长、大副和一名舵工,共计三人。船长和大副幸而没有负伤,舵工颈部被射穿,现在仍在疗养中。其余皆生死不明。据船长陈述,他们无疑已经被清兵枪杀。"④ 这样,末松报告把"高升号"事件写成了一个"清军杀人、日军救人"的故事,并且是清军杀人在先,日军攻击在后。这种日本版的"高升号"事件报告,不断被日本政府作为调查新闻提供给国际媒体,产生了恶劣影响。

清政府第一次对"高升号"的调查听证,是 8 月 1 日在天津海军公所进行的。北洋海军营务处罗丰禄、天津税务司德璀琳主持了听证会,同时邀请了俄国、法国、德国、美国、英国驻天津的领事参加。出庭陈述的是法国"利安门号"军舰救起的"高升号"两位船员和三位士兵。8 月 7 日,清政府还组织过一次听证会,由德国军舰"伊尔达斯号"军舰所救上来的幸存者陈述,汉纳根也参加了。但是,清政府的调查听证,并没有形成具有影响力的调查报告,对媒体尤其是国际媒体影响不大。

由于"高升号"事件直接牵涉到英国利益,因此英国政府也对此事进行了调查。英国最先对"高升号"事件形成的调查报告,是英国驻烟台总领事阿林格(F. R. Allen)于 1894 年 7 月 28 日向英国驻华公使欧格讷(Nicholas R. O'Conor)和 7 月 30 日向英国外交部提供的报告。这个报告是在法国军舰"利安门号"将其所救的"高升号"幸存者带到烟台后,由清朝东海关道刘含芳和阿林格共同对其中的舵工里尔德(Pedro Realte)、炉工钟阿诚(Chung A Cheng)和李安(Li An)三个人进行讯问的记录。阿林格在给英国外交部的电文中说,

---

① 戚其章主编:《中国近代史资料丛刊续编·中日战争》第 8 册,中华书局,1994 年,第 13 页。
② 戚其章主编:《中国近代史资料丛刊续编·中日战争》第 8 册,中华书局,1994 年,第 13 页。
③ 戚其章主编:《中国近代史资料丛刊续编·中日战争》第 8 册,中华书局,1994 年,第 14 页。
④ 戚其章主编:《中国近代史资料丛刊续编·中日战争》第 8 册,中华书局,1994 年,第 10 页。

这个报告"记录了所能获得的野蛮屠杀英国轮船高升号上欧洲人和中国人的全部第一手情报"①。

英国为了调查"高升号"事件真相，先后在长崎和上海的英国领事馆设立了两个海事审判法庭调查此事。8月7日，英国驻长崎领事馆成立海事法庭调查"高升号"事件，高惠悌等人出庭作证。英国驻长崎领事奎因（John J. Quin）主持了此次调查。7日公布的法庭判决书的主要结论是：到沉船时及在此之前，船长和船员的行为是令人满意和无可指责的；该船沉没是由于遭到日本军舰浪速号的反复炮击；船长高惠悌及其他任何官员或船员不承担任何责任。② 所以这次海事法庭调查，主要问题是"高升号"船长及船员是否要担责，不涉及日本是否要对此负责的问题。

早在8月4日，在高惠悌和田泼林获得释放后，奎因即找二人调查事件原委，因此高惠悌和田泼林分别给奎因写了一份声明，对事件经过作了描述。奎因得到二人的声明后，于8月6日将其了解到的情况及两份声明汇报给了英国驻日本临时公使巴健特（Ralph Paget）。巴健特又于11日将这些报告通过信函汇报给英国外交大臣金伯利。巴健特通过阅读陆奥宗光提供的报告和奎因送来的报告，发现两者对事件的描述存在差异，于是他在信函中说："我冒昧地向阁下指出，窃以为陆奥先生的报告与船长及大副的证词之间有两个主要异点。第一，高惠悌船长宣称，高升号是单独航行，并无中国军舰相随，而日本方面则说，它由操江号护航。高升号只是在日本军舰出现前才见到一艘中国船。第二，日本方面明确宣称，当浪速号接近高升号并与它交换信号时，中国军舰经远号开过来，在300公尺处从舰尾向日舰发射一枚鱼雷，因此浪速号才向经远号开火。高升号船长在其证词中全然没有提及这一事实，很难想象是被忽视了。"③ 显然，巴健特发现了日本在"高升号"事件中的谎言，而且这一发现直接关系到对"高升号"作为一艘中立船的定性。因为，如果按照日本编造的报告，"高升号"有军舰护航和在攻击它之前已有中日之间的战斗，"高升号"船便被视为清军舰队的一部分，是一艘交战船，"浪速号"击沉它也就是合法的了。但是，如果上述条件不成立，既无护航也无战斗，"高升号"船就只是一艘中国租用的中立船，那么对其攻击就是非法的。因此可以说，这一信函及相关附件材料，对

---

① 戚其章主编：《中国近代史资料丛刊续编·中日战争》第11册，中华书局，1996年，第260页。
② 戚其章主编：《中国近代史资料丛刊续编·中日战争》第11册，中华书局，1996年，第261页。
③ 戚其章主编：《中国近代史资料丛刊续编·中日战争》第11册，中华书局，1996年，第245—246页。

于澄清当时由日本制造的混淆视听的消息具有重要意义。但是，遗憾的是，金伯利于 9 月 19 日才收到该信函。这也就意味着，在此之前，英国国内对这一质疑并不知晓。因此整个英国舆论被日本编造和提供的消息左右着，包括国际法学家的争论。因为他们争论的一个重要问题就是，"高升号"在受攻击时，是否存在战争，它是一艘中立船还是成了一艘交战船。这是从国际法上判断日本攻击"高升号"是否合法的重要事实依据。但是，韦斯特莱克和霍兰德等人在日本提供的虚假事实的基础上，得出了日本没有违反国际法的看法。

8 月 17 日，英国驻上海总领事馆组织了关于"高升号"事件的海事审判法庭，英国驻上海总领事韩能（Nicholas John Hannen）并未出面主持，而是由副领事霍伦负责。当天的《曼彻斯特卫报》称，英国政府"明天将就高升号的沉没展开调查。船长高惠悌和田泼林将亲自为此事作证，汉纳根将以宣誓书的形式为此事作证。一些幸存者也将出面作证。这次调查将持续数天"[1]。然而，号称"持续数天"的调查在第二天就得出结论，认为"船长高惠悌以及高升号上的船员在困境中表现出了准确的判断力，并十分冷静，他们尽力避免灾难的发生"[2]。这与长崎海事法庭审判结果差不多，只是排除了船长高惠悌等人的责任，但也没有追究日本的责任。因此在得知这一审判结果之后，陆奥宗光于 8 月 20 日通知日本驻外使节，并要他们通知各国政府："据可靠方面报道，上海英国海事裁判所审理的有关高升号一事，有利于日本。据了解，英国海军司令报告说，他考虑到船的被击沉是有理由的。并建议英国政府不要提出要求。"[3] 可见，英国对"高升号"事件的两次法庭调查，其结果都有利于日本。由于这种调查结果披着严谨和公正的外衣，容易为英国媒体及民众所接受，因此这种法庭调查结果也直接影响到社会舆论。

综上所述，从日本、清政府和英国对"高升号"事件的调查来看，日本的目的在于为其开脱罪责，为此除了讲述"清军杀人、日军救人"的故事外，还不惜捏造事实，最后在舆论界达到了混淆视听的目的。而英国政府的调查只关心英国船长及船员，为他们开脱责任。清政府本来站在法理和最初得到同情的一边，却没有利用调查结果来说明和展示这种合理合法，得到更多的同情和支持，结果清政府作为当事者的一方，在国际上几乎没有发出声音。

---

[1] "The Kow Shing Inquiry", *The Manchester Guardian* (Manchester, England), August 17, 1894, p. 8.
[2] "The Kow Shing Inquiry", *The Manchester Guardian* (Manchester, England), August 18, 1894, p. 8.
[3] 戚其章主编：《中国近代史资料丛刊续编·中日战争》第 9 册，中华书局，1994 年，第 368 页。

第二节 美国报刊对"高升号"事件的报道

美国与"高升号"事件并没有直接利益关系，因此美国报刊及民众对"高升号"事件的关注不如英国。但是，"高升号"事件作为中日战争的开端，美国媒体还是给予了大量报道。当"高升号"事件发生后，美国报刊相关报道的关注重点不是日本是否违反了国际法，而是把这一事件作为中日战争的开端来描述。

一、最初的报道

美国报刊对"高升号"事件的报道，最早的可能是纽约《世界报》和华盛顿《晚星报》。1894 年 7 月 27 日，《世界报》的晚报版和《晚星报》都根据联合通讯社来自天津的消息进行报道说："最初公然的战争行为发生在上星期二。日本人对'高升号'轮船开火并击沉了它，该船属于伦敦的休·马西森公司，清政府租赁其用于运送军队去朝鲜。根据报道，一艘日本巡洋舰发现了'高升号'船并追到它附近，然后发信号给运输船要求其掉头。但运输船继续前行，然后巡洋舰从船头开了一炮。据说，运输船没有理会这一炮，于是日本巡洋舰正式对运输船开火，大量炮弹打中了它，最终，运输船连同船上全部人员都沉没了。船上可能有一千清兵。然而，这只是一种推测。许多中国公司的商船，在沿海贸易中与马西森的轮船联系密切，被休·马西森公司接管，此后也悬挂英国旗帜。"① 这一报道的内容与英国《泰晤士报》7 月 28 日报道的差不多，虽然简单，但基本上叙事完整，并交代了"高升号"船的性质，即美国媒体和民众一开始就知道这艘被日军击沉的运输船属于英国公司。

7 月 28 日，除了纽约《世界报》继续对"高升号"事件有报道，还有一些美国报纸也加入了报道的行列，如《纽约时报》、《圣保罗环球日报》、《罗诺克时报》(The Roanoke Times)、《沃斯堡公报》(The Fort Worth Gazette)、《盐湖先驱报》、《奥马哈每日蜜蜂报》(The Omaha Daily Bee) 等。这些报纸关于"高升号"事件的消息主要来自天津或上海，报道内容也与 27 日《世界报》的报道差不多，各报纸对这一事件的描述大同小异。英美报纸在报道相关事件时，排版

---

① "China Means to Win", *The World* (New York), Friday, July 27, 1894, Evening Edition, p.1;"A Chinese Transport Attacked", *The Evening Star* (Washington, D.C.), Friday, July 27, 1894, p.2.

上经常在一个大标题下有许多子标题作为关键句，而"高升号"事件作为报道中日战争的重要内容，往往要以一个子标题凸显出来，因此从这个子标题可以看出报纸报道这一事件的倾向性。28 日的报道中，《纽约时报》的子标题是"中国运输船被日本军舰击沉，许多人丧生"，《圣保罗环球日报》的子标题是"中国运输船沉没"，《罗诺克时报》的子标题是"中国运输船被日本巡洋舰击沉"，《沃斯堡公报》的子标题是"攻击运输船，几艘船被击沉"，《盐湖先驱报》的子标题是"第一枪"，《奥马哈每日蜜蜂报》的子标题是"日本巡洋舰击沉中国运输船及船上全部人员"。① 从这些报道标题可以看出，这天的报纸，对此事基本持中立的叙事态度。不过，这些报道虽然都指出了"高升号"为英国商船，但在标题中都仍然使用"中国运输船"这一说法。

从 28 日纽约《世界报》的晚报版开始，情况发生了变化，即有了从日本发来的消息，日本编造的说法开始出现在美国报刊上。《世界报》以"日本一边的说法"为题，引用来自横滨的一条消息，也就是 7 月 30 日英国报刊广泛采用的一条电文，《世界报》明确说这是"日本政府发布的关于中日之间舰队最近发生战斗的官方声明"②，声明中声称三艘日本军舰由于受到清军舰队的严重挑衅，被迫在丰岛附近与清军舰队发生战斗，捕获了清军"操江号"舰，击沉了一艘清军运输船及船上全部士兵。其中还提到北洋舰队最大的铁甲舰之一"镇远号"和另一艘鱼雷巡洋舰"广乙号"也参加了战斗，后来都逃跑了，而日本军队全身而退。从《世界报》的标题来看，专门指出这是日本的说法，应该说对此可能持怀疑态度。不过，日本方面的消息从此开始在美国舆论界漫延，负面报道也随之开始出现。29 日的一些美国报纸采用了这一消息进行报道，如《华盛顿邮报》、《盐湖先驱报》、《奥马哈每日蜜蜂报》等。

二、密集报道时期（7 月 31 日至 8 月 18 日）

从 7 月 31 日起，美国报刊对"高升号"事件的报道明显增多，并且开始出

---

① "Corean King Is a Captive", *The New York Times* (New York), July 28, 1894. "Not Formally Declared", *The Saint Paul Daily Globe* (Saint Paul), July 28, 1894, p.4; "Hostilities Have Commenced", *The Roanoke Times* (Roanoke), July 28, 1894, p.1; "Japs Victorious", *The Fort Worth Gazette* (Fort Worth), July 28, 1894, p.1; "Actual War Now Exists", *The Salt Lake Herald* (Salt Lake City), July 28, 1894, p.1; "War in Earnest Now", *The Omaha Daily Bee* (Omaha), July 28, 1894, p.1.

② "Japan's Side Told", *The World* (New York), Friday, July 28, 1894, Evening Edition, p.1.

现了基于这一事件的评论。一直到 9 月份,"高升号"事件都是美国报刊报道中日之间战争时的重要话题之一。当然,美国报刊中对这一事件的报道最集中的时间是在 7 月 31 日至 8 月 18 日,即到英国驻上海总领事馆主持的海事审判法庭得出调查结果为止。综观这一时期美国报刊的相关报道,与英国报刊的相关报道相比,既有相似之处,也存在自身的特点。在相似性方面的重要表现,就是对"高升号"事件的报道,许多报刊的态度随着时间的推移而有所变化,从"谴责"日本转变到"理解"日本。而这种变化,与美国报刊报道时所采用的消息来源直接相关。

在 8 月 1 日之前,美国各报刊报道的消息均来自中国的天津、上海、烟台等地,即对事件的描述主要来自清朝方面相关知情人士,因此对事件的报道基本客观,同时对日本持谴责态度。例如,《奥马哈每日蜜蜂报》在 7 月 31 日的报道中用了"日本人无情"(Japanese Had no Mercy)作为标题来报道"高升号"事件,其下的子标题为"从下沉的中国运输船逃出的许多人被立即杀死""日本人犯下了严重的错误"。报道中说:"这里的外交官认为,日本人击沉'高升号'运输船是犯了严重的错误,除了道歉带来的羞辱,很可能还要准备赔付一大笔钱。'高升号'船是一艘属于休·马西森公司的轮船,在中国港口之间从事贸易。该船沉没时悬挂着英国旗帜。虽然它运送清军去朝鲜,但据说并没有违反中立法,因为并没有宣战,或者由中国或日本公开告知战争已经发生。因此该船正在从事合法的运输,日本很可能要为其击沉该船和造成船员死亡支付高额赔偿。"① 同样这一内容,旧金山的《晨钟报》则以"日本将付出昂贵代价"为题作了报道。同时,《晨钟报》在整个这一栏目的报道中,以"射杀他们"为大标题,下面有一系列子标题:"日本人的野蛮屠杀""欧洲人也不放过""尽管他们可怜地求饶""日本必须为其行为付出代价""日本巡洋舰击沉的运输船悬挂着英国旗帜"。② 这一天的《斯克兰顿论坛报》(Scranton Tribune)也以"日本人嗜血成性"为题来报道"高升号"事件,所用子标题为"日本人拒绝从宽发落""德国人被日军射杀""鱼雷攻击高升号,致命炮弹以可怕威力爆炸,运输船上乘客虽是非战斗人员但被日本人残忍杀害"。③

如前所述,日本政府发布的有关"高升号"事件的声明和报告,对英国报

---

① "Japanese Had no Mercy", *The Omaha Daily Bee* (Omaha), July 31, 1894, p.1.
② "Shot Them Down", *The Morning Call* (San Francisco), Tuesday, July 31, 1894, p.1.
③ "Japanese Were Blood Thirsty", *Scranton Tribune* (Scranton), July 31, 1894, p.1.

刊舆论产生了很大影响。同样，它对美国报刊舆论的影响也非常大，而且一直持续影响整个过程。这样，从8月1日起，美国报刊中采用来自日本的消息对"高升号"事件进行报道的越来越多。例如，8月1日的《纽约先驱报》《纽约论坛报》《北美人》《班戈每日信使报》《波士顿每日广告报》等，都在报道中日之间的战争时采用了来自日本的消息，其中关于"高升号"事件描述，有一段共同的文字："日本人声称，'高升号'正悬挂着英国旗帜这种说法是没有根据的。他们还愤怒地否认以下指控：击沉'高升号'的日本巡洋舰军官及船员残忍地对待在水中挣扎的清兵。"①而《纽约先驱报》和《纽约论坛报》除了上述共同之处，还有一处共同的报道："日本当局声称，'高升号'悬挂英国旗帜被日本军官当作一种战争诈术。他们主张，应该在知道关于事件的最全面和最公正的细节之后，才能对其行为进行谴责。"②这些报道，实际上是在给愤怒的美国媒体及民众降温，而此后许多对来自日本消息的报道，也的确起到了这种作用。

在8月2日至7日，美国报刊关于"高升号"事件的报道，出现了对事件的两种描述同时报道的情况，即一方面是汉纳根的证词，另一方面是日本官方的报告和高惠悌证词。例如，8月2日的《北美人》和《密尔沃基哨兵报》都明确说关于"高升号"事件的描述有两个版本，并且将这两种说法刊登在同一版面。由于英美的时区差，这些报道均转引自8月2日《泰晤士报》上那两篇相关报道。《北美人》的报道在"现在战争正酣"这一大标题下，分别直接用"中国版本"（The Chinese Version）和"日本版本"（The Japanese Version）两个子标题来报道两种说法。③显然，该报似乎要表明一种中立的态度。《密尔沃基哨兵报》则在"天皇已宣战"这一大标题下，以"高升号的沉没"为子标题来叙述来自中国的报道，并在这一子标题下再加下一级子标题为"冯·汉纳根上校对事件的形象描述"；而对来自日本消息的报道则直接以"事件的日本版本"为子标题，其下的再一级子标题为"在受到第一次攻击后才击沉运输船"。④从这种编辑方式来看，该报可能更愿意相信中国的说法。

---

① "China's Finest Warship Sunk", *The North American* (Philadelphia, Pennsylvania), Wednesday, August 01, 1894; "War in Corea", *Bangor Daily Whig & Courier* (Bangor, Maine), Wednesday, August 01, 1894; "Another Battle", *Boston Daily Advertiser* (Boston, Massachusetts), Wednesday, August 01, 1894.

② "Japan's Second Sea Victory", *New York Herald* (New York), August 01, 1894, p.9; "A Chinese Ironclad Sunk", *New-York Tribune* (New York), August 01, 1894, p.1.

③ "War in Dead Earnest Now", *The North American* (Philadelphia, Pennsylvania), Thursday, August 02, 1894.

④ "War is Declared by the Mikado", *The Milwaukee Sentinel* (Milwaukee, Wisconsin), Thursday, August 02, 1894.

第二章 关于"高升号"事件的英美报刊舆论

由于英美媒体获知汉纳根得救的消息要早于高惠悌得救的消息，因此在英美报刊中关于"高升号"事件的亲历者陈述，汉纳根描述的版本比高惠悌的要早。从8月2日起，一些报刊开始报道汉纳根的讲述，其中有些报刊是引用8月2日《泰晤士报》来自芝罘的那篇报道。例如，《洛基山新闻报》在8月2日转载这篇报道时，用了一个令人震惊的标题"大屠杀！"，并用子标题说明："冯·汉纳根上校讲述的高升号沉没的故事""命令该船和见证战斗""日本人不给这艘在劫难逃的船只上的人求生的机会"。在报道的结尾，该报编辑还在原《泰晤士报》报道的基础上补充了如下内容："《标准报》驻芝罘记者也发出了一篇与《泰晤士报》记者相似的描述，并且说：日本人尽全力试图消灭全部幸存者，因为他们是这一行为的见证者。"[①] 这一段转引自8月2日《标准报》上的评论，道出了日本人向落水清兵及欧洲船员开枪的目的，也就是试图"杀人灭口"，充分揭示了日本人在这一事件中的凶残本性。后来汉纳根对"高升号"事件的证词或接受采访的谈话，陆续在美国报刊中摘要刊登。例如8月6日的《密尔沃基哨兵报》以"向水中的人开枪"为题报道了汉纳根对"高升号"事件的讲述，子标题为"冯·汉纳根上校见证了日本人的残暴"。报道中说："当运输船下沉的时候，'浪速号'又以舰炮轰击它。半个小时后，'浪速号'放下一艘武装的小艇，在运输船沉没的地方巡游，向在水中挣扎的人开枪。"[②]

但是，从8月3日起，在关于"高升号"事件的报道中，高惠悌的说法开始在美国报刊中占据重要位置。高惠悌的证词是8月2日由日本政府电传给其驻英国公使，然后提供给英国媒体的。从美国报刊报道的电文来看，有许多报刊采用了来自英国的消息。在高惠悌的证词中，最能引起英美读者关注的部分，大概是关于他们跳海后清军对其开枪的描述。高惠悌说道："我和其他几个人从船上跳入海中。当我们在水中时，'高升号'船上的清兵不断向我们开火。从'浪速号'派来的一只小艇救起了我和大副田泼林。"[③] 有些报刊即使不是全文刊载高惠悌的陈述，在概述时一般也都不会省去清兵对落水英人开枪这一细节。例如《纽约时报》《班戈每日信使报》等报刊的报道，在对整个高惠悌证词的高度概括中，保留下来的几乎就是这一部分。这篇报道如下："日本巡洋舰击沉的运输船'高升号'船长高惠悌和大副田泼林的证词已经摆在日本当局面前。他

[①] "Massacred!", *Rocky Mountain News* (Denver, Colorado), Thursday, August 02, 1894.
[②] "Fired on Those in the Water", *The Milwaukee Sentinel* (Milwaukee, Wisconsin), Monday, August 06, 1894.
[③] "Naval Fight Imminent", *The Milwaukee Sentinel* (Milwaukee, Wisconsin), Friday, August 03, 1894; "Hostile Fleets Gathering", *The North American* (Philadelphia, Pennsylvania), Friday, August 03, 1894.

们同意以前关于这一事件的主要描述，但又增加了以下细节：当'浪速号'开始向'高升号'开火时，高惠悌和其他几个人从船上跳入海中。当他们游在海水中时，'高升号'船上的清军对他们开火。'浪速号'放下一只小艇救起了高惠悌和田泼林。这些船员得到了日本人非常友善的对待。此前，当高惠悌试图遵从'浪速号'或离开运输船时，中国将军威胁要杀死他。日本人第二次登上'高升号'船是为了把欧洲人转移到'浪速号'上，但是被清军阻止了。"① 正是高惠悌的证词和美国报刊的选择性描述，加上日本官方发布的所谓调查报告，逐渐消解了美国民众在这件事情上的正义情感，使得美国舆论界对日本行为进行谴责的声音越来越微弱。

不过，对于高惠悌的证词，也有报刊提出质疑。例如，《密尔沃基日报》在8月6日的报道中，就肯定汉纳根的证词，质疑高惠悌的证词，并以"日本人无人性"为题进行报道。其中说道："人们认为，'高升号'船长高惠悌和大副田泼林的证词是被迫写的。船长高惠悌及其伙伴在7月29日从济物浦被带到佐世堡，在8月4日被释放。"② 因此，也有人看到了高惠悌经历的这一特殊背景对其口供可能产生的影响。

8月7日以后，随着战争的进展，新的战况成为媒体捕捉和报道的对象。这样，美国报刊中对"高升号"事件进行报道的热度逐渐下降，相关报道的数量大为减少。美国报刊对"高升号"事件再度聚焦，是在8月17日英国驻上海总领事馆公布海事审判法庭的调查结果之后，即18日大多数美国报纸报道了这一法庭调查结果。

三、不同于英国报刊的报道

美国报刊对"高升号"事件的报道，总的来说是跟着英国舆论走的，经常以英国的报道为消息来源。但是，与英国报刊的相关报道相比，美国报刊的报道也有自己的一些特点。

首先，由于"高升号"运输船为英国商船，因此美国报刊普遍关注事件发生后英国政府和媒体的反应，对英国舆论本身的关注也成了美国报刊报道的一

---

① "Pei Yang Squadron Puts Back", *New York Times* (New York), August 03, 1894, p. 4. "Foreign News", *Bangor Daily Whig & Courier* (Bangor, Maine), Saturday, August 04, 1894.

② "Inhumanity of the Japs", *The Milwaukee Journal* (Milwaukee, Wisconsin), Monday, August 06, 1894, p. 2.

个特点。7月31日的《晚星报》以"英国狮开始咆哮"为题,介绍了伦敦的《每日画报》、《早邮报》、《每日新闻报》、《每日纪事报》等几家报纸的观点。例如,《每日画报》认为:"中国完全是在做其权利范围内的事情,'高升号'的船主运送军队同样也是正当的。日本人似乎犯下了十足的邪恶暴行。英国旗帜遭受侮辱,英国人流血丧命。日本在为其无理的暴行作出全部满意的赔偿之前,必须放弃其在朝鲜的冒险行为。"《早邮报》认为:"现有对'高升号'事件的解释是极不可靠的,不能为日本的行为提供任何正当性。如果在宣战之前故意攻击英国旗帜这一情况是真实的,就会容易引起棘手的复杂情况。"《每日纪事报》认为:"如果电报中对'高升号'沉没的描述是真实的,从来没有过比这更可恶和冷血的屠杀。适合日本军官待的地方不是后甲板,而是横杆端(yardarm)。在得到正式确认之前,我们一定不能相信这一解释。"①《班戈每日信使报》也在8月2日以"狮子露出了牙齿"为题,刊登了英国《标准报》和《泰晤士报》对"高升号"事件的反应。②8日,该报又介绍了《泰晤士报》上霍兰德从国际法角度表达的观点。③

8月1日的《俾斯麦每日论坛报》以"太轻率"为题刊文提出"日本可能陷入与英国的麻烦"。不过,报道内容与《奥马哈每日蜜蜂报》在7月31日的相关报道相同,认为"高升号"是一艘英国商船,悬挂着英国旗帜,虽然是在为清朝运送军队,但没有违反中立法,是在从事合法的运输,日本很可能要为此付出沉重的代价。④8月2日的《纽约论坛报》评论说:"尽管日本人对'高升号'事件进行了解释和道歉,但船主和其他从事东方贸易的人还是觉得对此极为愤慨。他们坚持认为,政府必须迫使日本作出足够的赔偿并保证未来的安全。在航运界中,关于日本人残酷的故事被认为是真实的,日本人被斥为懦弱和残忍。"⑤接着该报还转引了伦敦《标准报》和《泰晤士报》对"高升号"事件的有关评论。

其次,美国报刊关于"高升号"事件的报道中,虽然在消息来源方面基本上跟着英国的报刊报道走,但也有一些英国报刊不曾刊登的新闻。例如,8月

---

① "The British Lion Begins to Roar", *The Evening Star* (Washington, D.C.), Tuesday, July 31, 1894, p. 5.
② "The Lion Showing His Teeth", *Bangor Daily Whig & Courier* (Bangor, Maine), Thursday, August 02, 1894.
③ "The Kow Shing Affair—Views of an Eminent Legal Man", *Bangor Daily Whig & Courier* (Bangor, Maine), Wednesday, August 08, 1894.
④ "Chinese Done up Again", *Bismarck Daily Tribune* (Bismarck, North Dakota), Wednesday, August 01, 1894.
⑤ "An Apology to England", *New-York Tribune* (New York), August 2, 1894, p. 1.

19 日的一篇关于法国军舰"利安门号"上一名军官对"高升号"事件的描述。根据报道,"利安门号"军舰是"高升号"事件中"唯一中立的见证者",军舰上一个叫古斯塔夫·勒范鲁（Gustav Lefanu）的军官,从上海寄了一封信到不列颠哥伦比亚省的维多利亚,在信中讲述了中日战争的一些事情,其中包括"高升号"事件。信中说道："我认为无论对日本人还是中国人来说,他们都不像是海上战斗者。把好船和现代武器给这样一群怯懦的屠夫似乎是一种耻辱。就拿'高升号'事件来说,它只是一场冷血的屠杀。7 月 23 日我们偶然碰到'浪速号'。它开足马力快速行驶。我们自然地推测它正忙于赶路,于是尾随它看究竟有什么事。25 日清晨,在丰岛外面,它追上了悬挂着英国旗帜的'高升号'……当日本战舰到了能够打信号的距离就抛锚停了下来,我们也停下船。……然后它发射了鱼雷,几分钟后这艘遇难的船就成了那艘众所周知的轮船。我们开向前,放下我们的小艇,成功地救起了正在水中的 23 个人——两个德国人、一个英国人和 20 个中国人。当我们赶到时,日本人正在用来福枪和格林机关枪对水中的人射击,虽然其间也暂停射击并放下小艇,但我们没看见他们救起任何人。……据说在这次战斗中死了 1000 多人。无论真正死了多少人,这只是一场大规模的屠杀。从长远来看,如果日本人没有受到惩罚,绝不是因为日本不会受到惩罚。"① 在"高升号"事件中,汉纳根、高惠悌、田泼林等"高升号"船上的幸存者的讲述,是众所周知的亲历者的描述,但"利安门号"军舰上的法国军官从在现场救人的角度的描述,是对"高升号"事件发生情况的一种重要补充,而这一补充恰恰证明了汉纳根证词的真实性。

当然,美国报刊中也有一些道听途说的新闻。例如,在 8 月 9 日的美国报纸上,普遍刊登了一则解释日本为何攻击"高升号"的报道。《落基山新闻报》以"他们为何开火"为题,说日本"浪速号"船长东乡平八郎向"高升号"开火的原因,是因为他看到"高升号""挂着别国旗帜航行"（sailed under false colors）。报道说："北太平洋'锡克号'轮班（The Northern Pacific Liner Sikh）从横滨带来了一条引人注意的关于东方战争的消息。当日本军舰'浪速号'的指挥官被问及他在看到'高升号'悬挂着英国旗帜时为何还向它开火时,他给出的理由是——也是第一次说出这个理由,当然也是中肯的理由——'因为它正悬

---

① "It Was Butchery", *Rocky Mountain News* (Denver, Colorado), Sunday, August 19, 1894; "The War between China and Japan", *The Daily Picayune* (New Orleans, Louisiana), Sunday, August 19, 1894, p. 10; "French Officer's Story", *The Salt Lake Herald* (Salt Lake City), Sunday, August 19, 1894, p. 1.

挂着别国旗帜航行，它运载着中国军队，它已经出售给中国政府并且已经全部付款'。"[1]《波士顿每日广告报》的报道题目是"高升号：日本人声称它挂着别国旗帜航行但运送中国军队"。[2]《梅肯电讯报》也以"日本人为何用舷炮向高升号开火的另一理由"为子标题报道了这一消息。[3]不过，值得指出的是，这一消息应该是日本媒体编造的不实消息。因为刊登有这一新闻的日本报纸是8月9日被从日本横滨到达不列颠哥伦比亚省的维多利亚的北太平洋"锡克号"轮班，带到这里的。在美国报纸刊载的这条新闻中，也提到了"刊登这一消息的［来自横滨的］同一报纸"。正因为是虚假的，因此英国报刊并没有刊登过这一新闻。

综上所述，甲午战争期间许多英美报刊关于"高升号"事件的报道，态度随着时间的推移而有所变化，从"谴责"日本转变到"理解"日本。影响因素虽是多方面的，但最直接的影响是受到消息来源的影响。当时关于"高升号"事件的消息来源，从对事件的倾向性不同来划分，有五个途径：一是来自清朝的消息，包括从天津、烟台、上海发出的电报；二是日本政府官方发布的消息；三是德国人汉纳根的报告和讲述；四是英国人高惠悌船长及大副田泼林的报告和讲述；五是英国政府的调查报告。

在"高升号"事件刚刚发生的几天，即7月27日至30日英美报刊的报道中，有关消息大部分来自天津、烟台和上海，无论是路透社、中央新闻社还是联合通讯社，获得的消息主要来自清政府或"高升号"所属的马西森公司，因此对事件的描述相对客观。8月1日以后，虽然清政府在天津组织过对事件的调查，但没有形成有影响力的官方调查报告。相反，日本官方发布的声明和报告在英国报刊中逐渐占据主要地位，舆论对清朝越来越不利，而此时能够与日本方面说法相抗衡的另一种公正客观的说法，只有汉纳根的证词和他接受记者采访时的讲述。不过，由于"高升号"船长高惠悌及大副田泼林在事件之后受惠于日本，态度倾向于日本，他们对"高升号"事件的描述严重抵消了汉纳根证词的正面影响。这样，在英美报刊中，始终有两种相互矛盾的说法同时被报道，这些说法分别来自清朝和日本、汉纳根和高惠悌。也正因为如此，格雷在英国下议院接受质询时总是说，由于各种消息相互矛盾，事实尚不清楚，因此英国政府不便明确表态。当然，他在英国政府偏向日本的调查结果出来之后表态了，

---

[1] "Why They Fired", *Rocky Mountain News* (Denver, Colorado), Monday, September 10, 1894.
[2] "The Kow Shing", *Boston Daily Advertiser* (Boston, Massachusetts), Tuesday, September 11, 1894, p.5.
[3] "The Situation in the Orient", *The Macon Telegraph* (Macon, Georgia), Monday, September 10, 1894.

站在了日本一边。

英美报刊关于"高升号"事件的报道及其态度变化表明，在围绕甲午战争的国际舆论争夺战中，清政府并没有予以充分重视，根本不懂得利用舆论。而日本则在这场舆论战中争取到了欧美国家的"支持"，为其侵略战争争取到了相对宽松的国际舆论环境。

第三章　英美报刊关于"旅顺大屠杀"的报道和争论

在英美报刊对中日甲午战争的报道中,关于"旅顺大屠杀"的报道也许是最有价值的部分,这些报道不仅揭露了日军在旅顺犯下的暴行,同时也给后人研究旅顺大屠杀留下了珍贵的史料。因为这些报道是由见证这场大屠杀的战地记者撰写的。中日甲午战争爆发后,英国和美国的一些重要报刊为了及时地对战争进行报道,派出了一些战地记者前往日本和中国,大多数是作为日军的随军记者报道战事。这些特派记者利用当时先进的电报技术,争抢独家新闻,及时将战争中的重大事件汇报给各自服务的报刊,并撰写了长篇通讯详述事件经过。在对"旅顺大屠杀"进行报道的记者当中,伦敦《泰晤士报》记者托马斯·科文、纽约《世界报》记者詹姆斯·克里尔曼、伦敦《黑与白》周刊兼《标准报》记者弗雷德里克·维利尔斯对事件作了真实报道,揭露了日军暴行,在世界上引起了轰动。但是,纽约《莱斯利图画周刊》兼《纽约先驱报》记者A. B. 德·盖维尔,由于一向对日本有好感并倾向于日本,同时又被日军收买,便罔顾事实地对"旅顺大屠杀"作了颠倒黑白的报道,由此造成了英美舆论界对"旅顺大屠杀"真实性的争论。本章将对他们的相关报道及其争论作一考察。

第一节　英美战地记者对"旅顺大屠杀"的报道

一、科文、克里尔曼和维利尔斯

关于"旅顺大屠杀"事件的许多细节被记载下来,托马斯·科文、詹姆斯·克里尔曼和弗雷德里克·维利尔斯这三位记者起了非常关键的作用。正是他们亲历了这场大屠杀,并将其所见写下来公之于众,日军的暴行才为世人所知。

托马斯·科文是英国《泰晤士报》的记者,中日甲午战争爆发后,他作为《泰晤士报》的特派记者到战地采访报道。他的采访活动是跟随日本第二军进行的,因此对旅顺战役和威海卫战役作了较为详尽的报道。但根据当时新闻报道的惯例,记者并不在刊登的报道或通讯文章中署名,因此科文在《泰晤士报》上的报道都是以"我报特派记者"(Our Special Correspondent)的名义刊发的。

1894年11月20日—25日,科文亲历了日军攻占旅顺的过程,因此对旅顺的陷落作了详细报道。他的长篇通讯《旅顺陷落》就描述了日军进攻旅顺的过程。在他的描述中,清军还是组织了一定程度的抵抗,但在战术和作战技术上似乎不如日军。例如,他在描述日军进攻案子山炮台的战斗时讲道:

> 在早晨7点过后的两三分钟内打响了战斗的第一炮,由我所在地的30门大炮发起,当时的天光亮度刚刚达到发射火炮的需要。在接下来的1个小时里,50门日军大炮齐向案子山炮台开火,而后者也用其20门规格不一的火炮坚持英勇回击。围墙下的山坡上挖有步兵壕沟,连同炮台内共有约1000名步兵。日军已连夜在那附近多石的土地上挖了炮兵战壕,并已精心挑选了作掩护之用的山谷,事实上整个第一师团至少10000名日军都埋伏在那里等待行动。很多清军炮弹从我们耳畔近距离飞过,在背后小山谷的另一边爆炸或落地。该山谷本身并不能提供遮掩,其坡度几乎和炮弹下落的路径相一致。我们周围的很多大石块都被击中了,但奇怪的是没有一个人丧生。草木超出三英尺高的部分都被削去了;距我三码远的一匹马被炮弹击中左肩,炸成了碎片;后方的沟内另一匹马被炸死;但以上就是清军造成的所有破坏。在前半个小时里,肯定有300枚炮弹越过我们头顶,落在后方很远的地方,但其平均高度仅仅高过刚刚足够让我们感到不适的高度,但从未正中目标。同时,整条战线上的日军都开始加入战斗。就我所观察到的,每队炮兵都有一台带有三脚支撑架的望远镜,此种装备可用于精确瞄准目标。尽管清晨的浓雾及厚密的烟云经常会使日军一时半会儿几乎无法瞄准,但很容易就可以看出日军自一开始就掌控了战局。我们都满怀兴趣地观看了此日发射的第一枚炮弹,这一"试射弹"击中了距炮台内一门克虏伯炮仅五码远的地方,该炮台是西北方三座炮台中距日军最近的一座。这一精确射击出自菱田(Hishida)中尉之手,他是一名热情、乐观的年轻军官,且一直特别注意保证我的安全。……日军不知道具体的攻击距离,估测距清军为一千米,天光半明半暗时发射的"试射弹"十分靠

近目标，为之后日军的炮击提供了一个很好的标示。配有望远镜的日军炮队每一发炮弹都十分精确，但只要我一偷偷跑出去观战，就立刻会有人用日英双语警告我"危险"，所以我只得躺下来，不过还好有双筒望远镜。[①]

由此可以看出，清军虽进行了英勇还击，但炮击技术极差，经过毫无精准性可言的狂轰滥炸，结果"从未正中目标"，日军"没有一个人丧生"。相反，"配有望远镜的日军炮队每一发炮弹都十分精确"，给清军造成重大伤亡。日军在进攻松树山和二龙山的清军炮台时，科文也评论道："在进攻过程中，两队日军都分别组织了两个营的各800人的先头部队，另有1个营的士兵紧随其后，直到进入战场。之后所有的士兵都展开成小规模战斗队形，开始冲击炮台。清军引爆了数枚地雷，但毫无作用，因为导火索的燃烧时间未能控制好。清军也使用了一些电控地雷，但引爆时间错误。"[②] 科文的报道从军事层面反映了清军在战场上不断失利的一个重要原因。

进入旅顺城后，科文看到了日军对平民的大屠杀。他对日军这种暴行极为不满，因此于11月29日乘坐"长门丸"号船到达广岛，第二天便去见了日本外务大臣陆奥宗光，告知在旅顺发生的事情，并质问日本政府。可以说，他是西方战地记者中首先对屠杀事件极为重视并去质问日本政府的人。随后，科文撰写了几篇关于"旅顺大屠杀"的报道，其中影响较大的是在《泰晤士报》上发表的《旅顺陷落后的日军暴行》（1895年1月8日）和《旅顺暴行》（1895年2月1日）两篇文章。由于《泰晤士报》在西方主流媒体中的影响和地位，他的报道产生了不利于日本的国际影响。日本政府曾试图收买他，但未能如愿。当然，科文虽坚持报道旅顺真相，但从《旅顺暴行》一文来看，他的立场似乎在发生改变，口吻逐渐接近于日本政府的辩解，认为旅顺屠杀事出有因。也许，科文是迫于日本政府和《泰晤士报》的压力而不得已如此，因为此时的《泰晤士报》经营者已被日本政府收买。

科文在1904年日俄战争爆发后又来到远东作战事报道，并即时撰写了《日俄战争：从战争爆发到辽阳战役》一书，该书于当年11月在英国出版。

詹姆斯·克里尔曼（1859—1915年）1859年11月12日生于加拿大蒙特利尔，1872年随家人移居美国纽约。1877年，他进入《纽约先驱报》，由于其杰

[①] "The Fall of Port Arthur", *The Times* (London, England), January 07, 1895, p.6.
[②] "The Fall of Port Arthur", *The Times* (London, England), January 07, 1895, p.6.

出的工作能力而很快得到重用,曾担任主笔。1889年他被报社派往欧洲,负责巴黎和伦敦的《纽约先驱报》。他利用这个机会在欧洲采访了一些颇有影响的人物,包括俄国文学家托尔斯泰、罗马教皇利奥十三世、探险家亨利·莫顿·史丹利(Henry Morton Stanley)、流亡意大利的匈牙利民族运动领导人科苏特(Kossuth)等,并撰写了一系列轰动性的文章,成为当时知名的新闻从业者。1891年,他回到美国,随后当选为纽约新闻业俱乐部和英国国家自由俱乐部的成员。1893年,他受雇于约瑟夫·普利策的纽约《世界报》,在中日甲午战争爆发后即被派往远东做战地记者。

克里尔曼于1894年9月初到达日本横滨,作为日军的随军记者去了朝鲜。他到达平壤时战斗已经结束,但他还是根据其所了解的有关情况对平壤战役作了报道。从克里尔曼对平壤战役的报道可以看出,他最初对日本和日军有着良好的印象,对日本持称赞的态度。他声称中日战争是"亚洲的野蛮军队和文明军队的相遇"[1]。同时,他还描述了清军的不良行为:"日军向前挺进,奋力解救平壤之时,清军将领们却在与平壤的舞女们戏耍取乐,平壤舞女的优雅和美貌享誉全亚洲。他们所有人白天耀武扬威,晚上狂欢宴乐。清兵闯入平壤百姓家中,辱人妻女。醉酒和淫荡之事泛滥,一边是将领们与舞女狂欢作乐,另一边是士兵们洗劫城市。"[2]

克里尔曼在朝鲜时,对朝鲜国王和大院君进行了采访,这篇采访报道在美国产生了较大反响。这次对朝鲜国王采访的意义,正如克里尔曼所说,"对于在朝鲜的战争有不计其数的刻画版本,而对朝鲜国王的访问将会带来一个与众不同的描述版本"[3]。在这篇采访文章中,克里尔曼描述了当时朝鲜王宫里的情景,尤其是他与朝鲜国王李熙的谈话,反映了当时这位国王对其处境的忧虑:

> 我们缓缓鞠了三个躬,然后稍稍停顿了一下。第28任朝鲜国王将要经受一场新闻采访的考验,这是其先王们做梦也想不到的经历。年迈的翻译双手交叉放在胸前绣着的鹤上,谦恭地垂下头来。
>
> "我很高兴接见美国记者代表",国王小声对低头弯腰的翻译说,后者又小声地对我说了这些话,头也不敢动一下。"朝鲜完全自由独立是我的心

---

[1] James Creelman, *On the Great Highway: The Wanderings and Adventures of a Special Correspondent*, Boston: Lothrop Publishing Company, 1901, p.33.

[2] James Creelman, *On the Great Highway: The Wanderings and Adventures of a Special Correspondent*, p.36.

[3] James Creelman, *On the Great Highway: The Wanderings and Adventures of a Special Correspondent*, p.61.

愿，也是我的臣民们的心愿。现在，我正在并将一直向世界上的文明国家求助，请求他们帮助维护我国的完整。我尤其仰赖美国。美国政府是第一个与朝鲜签订贸易条约的政府，并且条约中包含了美国在朝鲜危难之际出手援助的承诺。我希望美国履行这一承诺。我对你们国家的信任没有动摇。其他国家威胁我国时，我便转向美国。"

"但是，美国政府现在该如何帮助您呢？"我问道。

国王看上去有些尴尬，他的声音变得比刚才更加微弱了。显然，国王在其朝臣面前感到局促不安。他犹豫不决，紧张地环顾四周，然后开口说道："如果美国能派遣一些军队进宫来保护我的人身安全，那么就会扭转形势。"

我曾风闻许多有关日本人向朝鲜国王施压的消息，比如，国王一直被软禁；用刀放在他颈项上，强迫他签订日朝军事同盟条约；削减他宫廷的侍卫，直至只剩下几个未经训练、军备不齐的笨蛋，他因此一直处于惶恐之中；他害怕晚上有突发事件，危及其性命而无法入睡。但是，这却是第一次由国王自己公开承认他在其国都实际上是个囚犯。采访的其他内容多与当时人们感兴趣的事件有关，但不值得记录在此。①

在这段描述中，我们暂且不去探究李熙对美国的态度是否出自真心，但他在日本人控制下的状态，却在这篇采访报道中栩栩如生地展现了出来。

1894年10月，克里尔曼随日本第二军在辽东半岛的花园口登陆，经历了之后发生于金州、大连湾、旅顺等地的战斗，因此他对这些战事都作了报道。关于日军攻占旅顺的情况，克里尔曼作了较为详细的描述，例如他这样描述了日军进攻案子山炮台的情景：

清军的大炮撕裂了山腰，耕地上的尘土滚滚翻腾，案子山炮台前方原本跪在山坡上的日军站立起来，顶着炮火前进，一边往前冲一边用枪扫射。大炮震得三重炮台墙上的军旗乱颤。清兵坚守在他们的大炮边。日军聚成狭长的一线，黑漆漆的人影向前奋力逼近，弹药的火花和烟雾随着队列上下翻滚。日军行进的队伍丝毫不乱，好像是在阅兵游行一般。然后，静候在山峡谷右边的军队分成小队向前进发，从边缘向最近的炮台发起进攻。就在稀疏的一线散兵抵达炮台高墙前方的绝壁时，突然掉头转向，与右部

---

① James Creelman, *On the Great Highway: The Wanderings and Adventures of a Special Correspondent*, pp. 68-70.

的小分队汇合，聚集起来的大军加上早已部署在此的刺刀队一齐冲上通向侧墙的山坡，然而清军的炮弹将其列队从中撕裂为两半。①

克里尔曼对旅顺战役中清军和日军的表现所作的描述，比平壤战役要相对客观，因为他在旅顺看到的日军，不再是他在平壤战役中所称赞的日军。他说道："没有任何开炮还击。甚至连黄金山炮台也安静下来并被弃守了。清守军逃跑了。恐慌的平民百姓蜷缩在街道上。然后日军开始了一场毫无意义、毫不必要的大屠杀，它使文明世界为之震惊，使得日军战胜对手的荣光尽失。在屠杀前的那一刻，日本国旗上从未沾染上任何污点。"② 这表明他对日军印象开始改变，从旅顺大屠杀开始，日军身上开始有了污点。他回忆和评述了与科文一同在旅顺看到的场景："清晨，我和《泰晤士报》的记者一起走进旅顺城。街上的情景惨不忍睹。到处能看见仿佛被野兽撕裂的残肢碎体。狗在他们被冻僵了的主人尸首旁悲鸣低吠。受害者多是店主。到处看不到武器，也没有反抗的痕迹。街上的一幕幕足以使［日本］这个世界上最能言善辩的国家无地自容。"③

克里尔曼把他在旅顺目睹的日军暴行如实地记录了下来，写成长篇通讯在纽约《世界报》上公之于世。在他关于"旅顺大屠杀"的几篇通讯报道中，1894年12月20日发表于《世界报》的《旅顺大屠杀》一文影响最大。他的报道震惊了美国民众，甚至引起了全世界的关注，使得日本政府和美国亲日人士为此进行辩解和反驳，"旅顺大屠杀"一时成了世界性的新闻事件。他的报道使他成了不受日本政府欢迎的人，甚至被指控为"中国间谍"，危及他的人身安全。于是，1895年1月8日，他登上轮船离开日本，22日回到美国旧金山。克里尔曼坚持报道真相，正如他自己所说："一种强烈的责任感迫使我记录下我在这里的所见所闻，记录下这一场毫不必要、毫无意义的大屠杀。"④ 关于克里尔曼对"旅顺大屠杀"的报道，下文将作详细考察。

1896年之后，克里尔曼又作为战地记者先后报道了古巴人对西班牙的反抗、美西战争等。1915年他被派往德国报道第一次世界大战，病逝于柏林。克里尔曼的著作主要有《在大道上：一个特派记者的冒险经历》（1901年）、《鹰血》（1902年）、《我们为何热爱林肯》（1909年）、《迪亚兹：墨西哥的主人》

---

① James Creelman, *On the Great Highway: The Wanderings and Adventures of a Special Correspondent*, pp. 99-100.

② James Creelman, *On the Great Highway: The Wanderings and Adventures of a Special Correspondent*, p. 109.

③ James Creelman, *On the Great Highway: The Wanderings and Adventures of a Special Correspondent*, p. 111.

④ James Creelman, "The Massacre at Port Arthur", *The World* (New York), December 20, 1894, p. 1.

(1911年)等，其中影响最大的是《在大道上》，这是他的战地记者生涯回忆录，其中也包括他关于中日甲午战争的以往报道和回忆。

弗雷德里克·维利尔斯（1851—1922年）生于英国伦敦，但1869年之前他主要在法国接受教育，然后作为一名艺术生先后在大英博物馆、南肯辛顿、皇家艺术学院学习。1876年，他受雇于伦敦《图画报》，前往报道塞尔维亚与土耳其之间的战争，从此开始了他作为战地画师兼记者的职业生涯。他一生亲历和报道过多次战争，包括1877年的俄土战争、1878年英国入侵阿富汗的战争、1882年英国入侵埃及的战争、1886年塞尔维亚入侵保加利亚的战争、1887年英国入侵缅甸的战争、1894—1895年的中日甲午战争、1897年希腊与土耳其的战争、1898年英国入侵苏丹的战争、1899—1902年的布尔战争、1904—1905年的日俄战争、1911年意大利入侵的黎波里的战争、1912年的巴尔干战争、1914—1918年的第一次世界大战等。几乎可以说，哪里有战争，哪里就有维利尔斯的身影。正因如此，他成为当时著名的战地记者。他一生主要为《图画报》工作，但也为其他报刊提供插图和稿件，如《黑与白》（*Black and White*）、《标准报》、《英国画报》（*English Illustrated Magazine*）、《闲人》（*The Idler*）等。

中日甲午战争期间，维利尔斯作为伦敦《黑与白》周刊兼《标准报》的记者深入战场进行报道，与克里尔曼、科文一道都是日本第二军的随军记者，经历了平壤战役和旅顺战役，也对"旅顺大屠杀"进行了比较客观的报道。他对平壤战役中清军着装及其行为的描述，反映了一个西方人的一种跨文化理解："当日本人入侵朝鲜，向着平壤进军的时候，清军的指挥官为将士们购置了崭新的军服。华美的蓝色外套上，在心脏的位置有着大如餐盘的同心圆图案，这代表了士兵所属军团的编号，但这也给日军射击瞄准提供了绝佳的靶子。清军被俘后，他们的长辫对日军来说非常有用。我曾数次看到一位矮小的日军士兵将被俘清军的辫子打结在一起，这样就能轻易地驱使他们。"①

维利尔斯在描述旅顺战役时，对日军和清军的战术作了对比：

> 日本向满洲的进军是我第一次亲眼看到现代战争：没有号角的嘟嘟声与军鼓击打的声响；也没有令旗的挥舞或任何军乐演奏。在攻占了旅顺之后，一支乐队最终组建起来，但在"工作时间"里，乐队成员都有着其他

---

① Frederic Villiers, *Villiers: His Five Decades of Adventure*, Volume II, London: Hutchinson & Co., 1921, pp. 130-131.

的职责。每占领一地时，日军尉官吹口哨的低沉调子和矮小士兵呼喊的尖锐声"冲啊"（banzai），是仅有的除枪声外能听到的声音。在我之前参与战争的经历中，军乐队会被组建起来为士气低落的进攻队伍加油鼓劲，军号也会整天吹奏不息，所以这一场战争让我感到十分离奇。在这场现代战争中，一切都变得面目全非：我感到这是一种异常冷血、毫无激动人心之处的战争方式。直到数周以后我才适应了这种变化，在此之前我一直倍感压抑。

当最终我方［日军］开始缩小对旅顺这一重要战略要塞的包围圈，并经由水师营（Suichi Valley）到达距离其城墙仅有步枪射程远的地方时，我们眼前出现了一片奇异的景象：扼守港口的山地上呈锯齿状绵延分布着数千面颜色各异的大旗。对比看来，这里展现的是过时了的中世纪战争模式——挥舞着大旗展现勇猛，以此来震慑入侵者。我的脑子里一下子出现了莎士比亚所著的《麦克白》及文中尚存标点争议的句子，很明显，"把我们的旗子挂到城墙外面，敌人来到，呼喊声依旧"是清军青睐的版本。①

维利尔斯作为这场战争的亲历者，亲身感受到了日军和清军之间战争观念的差异及其造成的后果，他用"现代战争"与"中世纪战争"两种模式来概括这种差异，这实际上从军事角度解释了清军为何会在战争中失败。

1895年1月4日，维利尔斯从横滨乘船离开日本去美国，15日到达温哥华，第二天便接受记者采访，揭露日军在旅顺进行大屠杀的真相。在他关于"旅顺大屠杀"的报道中，最主要的是1895年1月7日在伦敦《标准报》上发表的长篇通讯《旅顺陷落》，以及3月1日发表在《北美评论》上的《关于旅顺的真相》，后者是他为了澄清盖维尔等人混淆视听的新闻报道而写的，具有广泛的影响。

维利尔斯出版了多部著作，包括《战争图画》（1902年）、《旅顺港：三个月的围攻》（1905年）、《平和的性格与战士的胆量》（1907年）、《光荣岁月：一个资深记者在前线的见闻札记》（1920年）、《维利尔斯：他五十年的冒险经历》（1922年）等，其中最后这部著作是其回忆录。

---

① Frederic Villiers, *Villiers: His Five Decades of Adventure*, Volume II, pp.134-135.

第三章　英美报刊关于"旅顺大屠杀"的报道和争论　　135

二、对"旅顺大屠杀"真相的报道

　　1894年11月21日，日军攻入旅顺口，随后4天在旅顺市内抢掠屠杀，残杀居民约2万人，制造了震惊世界的旅顺大屠杀。[①] 欧美报刊很快普遍报道了日军攻占旅顺的消息，但对于大屠杀事件却反应较慢。最先提到这一屠杀事件的是《泰晤士报》，该报11月26日的"东方战事"栏目子标题为"攻占旅顺"，内容包括几封来自中国和日本的电报，其中一封说道："旅顺被攻占。军队攻入之时，鱼雷艇牵制了要塞守军。据报告发生了大屠杀（Great slaughter）。"[②] 29日，该报又刊登了一封谈及旅顺屠杀的电文，这封27日来自"我报特派记者"的电文首次用了massacre（大屠杀）一词来描述这一事件："双方均有暴行的报道得到证实。由于发现一些日本俘虏被斩首和残害（mutilated），日本人毫不留情地发动了一场不分青红皂白的大屠杀。正在逃跑的几个清兵和一些店主被鱼雷艇追赶并被枪杀。"[③] 这一简短报道被同一天（由于时区差而实际上晚一天）的《纽约论坛报》转载。[④] 就在这天，纽约《世界报》也有两封来自芝罘的电文报道了旅顺屠杀事件，其中一封说道："中国逃亡的难民说，日本人洗劫了旅顺，枪杀了无论老幼所有的人，劫掠和残杀长达三天。他们声称，死者被野蛮地残害，手、鼻子和耳朵被割掉。人们没有进行任何抵抗，但日本兵长达数日四处搜寻，杀害他们所能找到的所有中国人。难民说，旅顺街道和港口到处都是尸体。"[⑤] 接着另一电文提到："据最新的战事报道，日本仅阵亡40人，伤160人，而清军阵亡2000人。这一报道似乎证实了关于大屠杀的传闻，表明日本军官没有约束其士兵，这些士兵一看到其同伙残缺的尸体便狂怒起来。"[⑥] 因此，《世界报》对旅顺大屠杀的报道时间虽稍晚一点，却首先对事件作了较为具体的描述。然而，上述几则报道并没有引起世界舆论的关注，在日本人标榜和宣传"文明义战"的影响下，许多西方民众和报刊只将旅顺屠杀事件当作未经证实的传闻。正因如此，当时英美报刊对此事的报道出入很大，甚至将不同说法刊在同一版

---

① 关于旅顺大屠杀的研究，国内外学者已取得了不少成果，其中日本学者井上晴树的《旅顺大屠杀》（大连出版社，2001年）和中国学者关捷主编的《旅顺大屠杀研究》（社会科学文献出版社，2004年）对这一事件作了详细研究，揭露了日军在旅顺屠杀平民的真相。
② "The War in the East", *The Times* (London), November 26, 1894, p.5.
③ "The War in the East", *The Times* (London), November 29, 1894, p.5.
④ "To Summon Li Hung Chang", *New-York Tribune* (New York), November 29, 1894, p.1.
⑤ "Say Li Sold China Out", *The World* (New York), November 29, 1894, p.5.
⑥ "Say Li Sold China Out", *The World* (New York), November 29, 1894, p.5.

面上。例如 29 日的《泰晤士报》就是如此，在 27 日电文之下又有一封 28 日来自中央通讯社的电文，声称"日本人屠杀丧失自卫能力的清兵并非事实。除了在战斗中，没有中国人被杀"①。

然而，一周之后，随着战地特派记者长篇报道的问世，旅顺大屠杀的真相因报道者的亲身经历而被揭示出来，由此开始引起世界舆论的关注。在西方战地记者中，首先对屠杀事件极为重视并去质问日本政府的人是托马斯·科文。旅顺战斗结束后，他从旅顺到达广岛的第二天便去见了日本外务大臣陆奥宗光，告之"日军攻占旅顺时的不当行为"，并质问日本政府对此事的态度。科文把会见情况写成简短报道发回伦敦，刊载于 12 月 3 日的《泰晤士报》上，其中说道："清军抵抗到了最后。……在接下来的 4 天，我看到城内并无任何抵抗，但日本兵洗劫了整个城市，屠杀了市内几乎所有的人。也有少数妇女和儿童被杀，虽然这有可能不是故意的。我还告诉陆奥子爵，我看见许多清军俘虏被捆绑起来、脱去衣裤，被枪杀，被刀砍，被开膛破肚取出内脏，被肢解碎尸。很多尸体中的一部分还被焚烧过。"②

紧随科文之后，克里尔曼作为战地特派记者连续发表了几篇关于旅顺大屠杀的报道，轰动了舆论界。克里尔曼首次谈及旅顺大屠杀并被刊登在报纸上，是在横滨接受《日本邮报》的采访后，其谈话于 12 月 7 日发表于该报上。③ 12 月 12 日，克里尔曼关于旅顺大屠杀的电报以"日军大屠杀"为题刊于《世界报》头版，以亲身经历向美国读者讲述了屠杀的惨状："日军于 11 月 21 日进入旅顺，残酷地屠杀了几乎全部居民。无自卫能力和赤手空拳的居民在其家中被屠杀，他们的躯体被残害之状无法形容。这种肆无忌惮的凶杀持续了 3 天。整个城市在骇人听闻的暴行中被劫掠。"④《世界报》编辑为了引人注目，还把内容概括成几个小标题醒目显示："《世界报》战地记者报道在旅顺的屠杀""屠杀整整三天""无自卫能力和非武装的居民在其家中被杀戮""残害的躯体无法形容""全部外国记者惊骇于可怕的屠杀而集体离开日军"。13 日，《世界报》发表了一篇来自华盛顿的特稿《美国惊呆了》，副标题为"《世界报》的旅顺大屠杀新闻震惊了华盛顿"，提出在日本澄清其野蛮行为之前，参议院不会批准与日

---

① "The War in the East", *The Times* (London), November 29, 1894, p. 5.
② "The War in the East", *The Times* (London), December 3, 1894, p. 5.
③ 井上晴树：《旅顺大屠杀》，朴龙根译，大连出版社，2001 年，第 22 页。
④ James Creelman, "A Japanese Massacre", *The World* (New York), December 12, 1894, p. 1.

本的新条约。① 14日的《世界报》第5版刊登了克里尔曼一篇描述日军进占金州的长篇报道。这篇文章是克里尔曼在日军攻占旅顺之前写成的，于11月8日从大山岩的指挥部寄出，因此不涉及屠杀事件，但从其副标题来看，编辑的目的是为了让读者理解日军为何轻易攻占了旅顺。②

科文和克里尔曼的报道引起了急欲与美国修订条约的日本政府的紧张，于是日本政府采取了应对措施，把对旅顺屠杀事件的辩解写成书面材料转给《泰晤士报》和《世界报》，这两家报纸分别于12月15日和17日刊出。两则辩解声明的表述各有不同，但都突出强调了两个理由：一是清兵改装成平民继续抵抗，因此日军所杀是士兵而非平民；二是日本士兵见到被杀害的日军俘虏后极为愤慨，变得忍无可忍。③ 不过，《世界报》的标题和排版设计表明该报并不认可日本的辩解。在"日本坦白"这一大标题下，又有一连串关键句子作小标题："日本政府给《世界报》的官方声明""表达国家的悔恨""证实了克里尔曼的旅顺屠杀报告""整个真相将大白""采取措施明确责任以挽回国家声誉""华盛顿对此消息感到惊讶""日本政府首次就战争问题发函给一家报纸"。不仅如此，该文之后紧接着又排了另外两篇文章：《〈世界报〉的报道：克里尔曼电文说几乎全部居民都被残酷杀害》《葛礼山感谢〈世界报〉：它比官方提供了更多有关旅顺事件的消息》。而且，《世界报》在18日以"日本感到懊恼"为题，说陆奥宗光承认日军的暴行并表示将进行调查。④ 19日则以"清政府着手调查"为题，说《世界报》对旅顺大屠杀的报道引起了清政府对此事的调查。⑤ 这些都表明，《世界报》在日本政府及一些报刊对旅顺大屠杀提出质疑的情况下坚定维护和支持克里尔曼。这样，12月20日《世界报》刊登了克里尔曼的重磅长篇通讯《旅顺大屠杀》。

《旅顺大屠杀》这篇报道占据了当天《世界报》头版和第二版整整两个版面，在大标题下也有一连串关键句作小标题："日军屠杀了至少2000名无助民众""杀戮三天""大山大将及其军官没有试图阻止暴行""城市各处遭到劫掠""男人、女人和儿童的残缺不全的尸体堵塞了街道而士兵却大笑""店主们被

---

① "America Is Aghast", *The World* (New York), December 13, 1894, p.1.
② "Chinese Slunk Away", *The World* (New York), December 15, 1894, p.5.
③ "The War in the East", *The Times* (London), December 15, 1894, p.5; "Japan Confesses", *The World* (New York), December 17, 1894, p.1.
④ "Japan Is Chagrined", *The World* (New York), December 18, 1894, p.1.
⑤ "China to Investigate", *The World* (New York), December 19, 1894, p.1.

枪杀和砍杀""这一惊人事件的全部详情由本报随军战地记者原原本本地电传给本报——几个欧洲人和美国人在场，而且一些人处于危险之中"。克里尔曼在这篇报道中详细描述了一些平民被杀的经过，例如，在进入旅顺的第一天：

> 我和柯文先生在一起时，遇到一具无头死尸。距其两三米处是其头，一只狗正在撕咬其脖子。一个日本哨兵看着这一幕，并且大笑。
>
> 随后我看见一个胡须花白、口中无牙的商人被人开膛破肚，躺在自己店铺的门槛上，店铺已被洗劫一空了。另有一个受害者，他的胸膛也被一把日式刀剖开，一只宠物狗在其手臂下不住颤抖。一具女尸被压在一堆男尸下面，这堆尸体以各种能想到的或痛苦或哀求的姿势躺在地上。
>
> 在一个角落里，25具尸体堆成一堆。日军朝他们开枪时，站得太近，以至于他们的衣服被烧焦，其中一部分人是被烧死的。在此20英尺以外的地方躺着一个胡须花白、满脸皱纹的男人，喉咙被割断，眼睛和舌头被挖出来。
>
> ....
>
> 在这幕惨烈的屠杀情景中，有一个战栗的老妇人，她是唯一的幸存者，她在死尸中徘徊，四肢颤抖，其沟壑纵横的脸上因为恐惧而抽搐不已。她能去哪儿？她该怎么办？所有的男人都被杀死了，所有的女人都逃进了冰冷的山中。然而，她没有获得任何同情的目光，反而被推挤、被嘲笑，直至她转身进入一条血污满地的小巷子里，苍天知道她又将面对怎样的可怕场景。①

又如，他这样描述了第三天的一个场景：

> 开战的第三天，天一放亮，我就被来福枪声吵醒。他们还在忙于杀人。我走出去，看见一个军官带着一队日本兵正在追击三个人。其中一个人手臂中抱着一个光着身子的婴儿。他跑的时候婴儿掉到地上。一个小时后，我发现这个婴儿已经死了。第二个人被枪杀在地。第三个人是孩子的父亲，他失足摔倒。一个手里拿着一把出鞘刺刀的日兵立刻冲上前去，抓住他的后背。
>
> 我跑过去，露出缠在我手臂绷带上的红十字会非战人员标志，但是没

---

① James Creelman, "The Massacre at Port Arthur", *The World* (New York), December 20, 1894, p.1.

用。日兵用刺刀向俯伏在地的男人连刺三四刀,然后走开,任由那人在地上喘着气,等待死亡。①

这篇报道不仅以一个个具体的事件详细记载了日军屠杀无辜民众的过程,而且还对日军的凶残暴行和侵略战争进行了评论,称这是"一场鲁莽而野蛮的征服战争","日本已经撕下其面具,在最后4天里,文明在其征服军的足下被践踏","日本本质上是一个野蛮国家,还不能将文明人的生命和财产托付其管治之下"。②克里尔曼的报道从当天晚上开始就被英美许多报刊转载,一些非英语报刊也纷纷译载或摘译,旅顺大屠杀一下子成了世界舆论的焦点。22日的《世界报》对旅顺大屠杀报道的反响作了摘录,其中提到《苏城论坛报》(Sioux City Tribune)、《林奇堡进步报》(Lynchburg Advance)、《宾厄姆顿共和党人报》(Binghamton Republican)、《费城呼声报》(Philadelphia Call)、《费城时报》(Philadelphia Times)、《圣路易斯邮讯报》(St. Louis Post-Dispatch)、《华盛顿明星报》(Washington Star)、《沃斯堡公报》等报刊都刊载了关于旅顺大屠杀的消息,还有一些讨论旅顺大屠杀的读者来信,由此可见克里尔曼报道的广泛影响。面对这种局面,日本政府发动宣传机器竭力狡辩,并于12月25日对外发表了一份新的声明,其实这一声明仍是老调重弹,强调被杀者是换装的清军士兵,日军在目睹其战俘被害后群情激愤等,只不过把原来纲要式的几点整理成了一篇具有完整逻辑性的声明,并有英文、法文、德文三个版本。③

然而,日本并未能阻止有良知的记者继续报道旅顺大屠杀的真相。1895年1月7日,克里尔曼发表《嗜血的日本》一文继续揭露日军暴行,批评日本"表面上具有诗情画意,本质上却野蛮残忍","文明只是一件外衣","野蛮支配着整个国家","旅顺'血宴'(Banquet of Blood)只是野蛮欲望从睡眠中被唤醒了"。④同一天,维利尔斯也在伦敦《标准报》上发表《旅顺陷落》的长篇通讯,并且用了两个子标题"精心策划的战斗"和"屠杀市民"来概括文章内容。⑤1月8日,科文也在《泰晤士报》上发表《旅顺陷落后的暴行》一文,称他乘船离开旅顺后才庆幸自己"从一场疯狂漫延开来的、令人难以置信的残暴杀戮中

---

① James Creelman, "The Massacre at Port Arthur", *The World* (New York), December 20, 1894, p. 2.
② James Creelman, "The Massacre at Port Arthur", *The World* (New York), December 20, 1894, p. 1.
③ 井上晴树:《旅顺大屠杀》,朴龙根译,大连出版社,2001年,第58—59页。
④ James Creelman, "Bloodthirsty Japan", *The World* (New York), January 7, 1895, p. 1.
⑤ Frederic Villiers, "The Fall of Port Arthur", *The Standard* (London), January 7, 1895, p. 6.

得以生还","最后听到的是嬉笑着的日军不停射击的声音","这样的屠杀一直持续到第 5 天"。①

笔者将在下文论及美国一些人和报刊对纽约《世界报》关于"旅顺大屠杀"报道真实性的质疑。其实，纽约《世界报》对新闻事件细节的描述，正是其追求事实真相的一种表现。用《世界报》自己在社论中的话来说，《世界报》的目的就是"揭穿所有的谎言与欺骗，反对一切罪恶和弊端，为最真诚的公众服务和战斗"，《世界报》是"一家永远不仅仅满足于刊登新闻的报纸，永远与任何形式的错误做斗争，永远独立，永远在启迪与进步中前进，永远与真正的民主思想相结合，永远追求成为一股道德力量，作为一个公共事业机构，永远追求更高层次的尽善尽美"。②《世界报》的经营者约瑟夫·普利策在写给其主编的一封信中也说道："每期报纸都提供了一个机会和责任：讲一些勇敢和真实的话，摒弃平庸与陈腐，讲些令社会上有知识、有教养、有独立见解的人们敬重的话，无虑党派性和流行偏见。我情愿每天都有一篇这样的文章。"③

第二节　英美报刊关于"旅顺大屠杀"的争论

一、盖维尔的相关报道及争论

克里尔曼、科文和维利尔斯的报道不仅引起了日本政府的强烈反应，同时一些亲日的英美报刊和记者也为日本辩解甚至对屠杀事件提出质疑。例如，《纽约论坛报》于 1894 年 12 月 20 日发表《旅顺"暴行"》一文，对克里尔曼 12 日的报道进行反驳，认为克里尔曼所说"旅顺日军重回到了野蛮，肆意迫害、拷打、屠杀无助市民""战争堕落成了野蛮之间的战争"等，"目的是为了不顾后果的哗众取宠，那些具有冷静判断力的人从一开始就不相信"，"这些故事随着时间的流逝而至今没有得到证实，倒是反证越来越多，无论总体上还是个别事

---

① "The Atrocities after the Fall of Port Arthur", *The Times* (London), January 8, 1895, p.6.
② 纽约《世界报》1883 年 5 月 11 日和 1891 年 10 月 11 日的社论，转引自维拉德·G. 布莱雅：《美国新闻事业史》，王海、刘泉译，北京师范大学出版社，2014 年，第 286 页。
③ 迈克尔·埃默里、埃德温·埃默里、南希·L.罗伯茨：《美国新闻史：大众传播媒介解释史》（第九版），展江译，中国人民大学出版社，2004 年，第 183 页。

件都显得如此不真实，客气一点说可称之为胡乱夸张"，①并且列举了两个所谓的例子来反驳。在否认旅顺大屠杀的西方记者中，A. B. 德·盖维尔是其中的代表人物，他因其战地特派记者的身份而在欧美舆论界产生了极其恶劣的影响。

A. B. 德·盖维尔（Amédée Baillot de Guerville，1869—1913年）生于法国巴黎，1887年，18岁的他离开家人独自前往美国，成为此时欧洲移民潮中的一员。从1889年开始，他在密尔沃基（Milwaukee）女子学院担任法语教师。他凭借其较强的社交能力活跃于当地法裔居民当中，并于1890年创办了一份小型法语周报《法兰西信使报》。1892年，他成为1893年将在芝加哥举办的"哥伦布世界博览会"的名誉理事（Honorary Commissioner），这使他有机会在1892年随博览会代表团前往日本、中国和朝鲜访问，并拜访了朝鲜国王和王后、日本天皇和皇后、清朝总督李鸿章。他回国后利用其经历到处演讲，这给他带来了一定的社会影响。他在日本的经历使他对日本产生了好感，正如他后来在回忆录中所说，他"学会了喜欢和欣赏日本这个国家"②。

1894年8月，盖维尔作为《莱斯利图画周刊》（Leslie's Illustrated Weekly）兼《纽约先驱报》的特派记者，被派往日本报道甲午战争。由于盖维尔鲜明的亲日态度，因此他在整个采访过程中都得到了日本政府的特别关照。他与克里尔曼一同于9月初到达日本横滨，然后又同时向日本政府申请去朝鲜前线采访。但日本政府却首先把记者证发给他，使他比克里尔曼早几天出发去朝鲜。而且日本外务大臣陆奥宗光在盖维尔去朝鲜时，写信给日本驻朝鲜公使大鸟圭介，要求他照顾盖维尔。信中在介绍了盖维尔后说道："望阁下也能给予适当的保护与帮助，在不影响您的情况下，尽量给予照顾。"③后来盖维尔随日本第二军去辽东半岛时，也是与司令官大山岩同船前往，而克里尔曼只能乘坐普通的运兵船。正因为盖维尔与日本政府的这种特殊关系，使他不遗余力地为日军唱赞歌，并大肆诋毁清军。当克里尔曼等人揭露日军暴行的时候，他便跳出来为日本辩护。

1894年11月，盖维尔与科文、克里尔曼、维利尔斯一起随日本第二军到了旅顺，在旅顺战役之后，他们乘"长门丸号"船到了日本广岛。12月7日，盖维尔离开日本回美国。18日，他到达温哥华，在读了克里尔曼的报道后，立即接受记者采访，反驳克里尔曼。他的谈话于19日同时刊登在维多利亚的《开

---

① "The Port Arthur 'Outrages'", *New-York Tribune* (New York), December 20, 1894, p. 6.
② A. B. de Guerville, *Au Japon*, Paris: Alphonse Lemerre, 1904, p. 4.
③ 井上晴树：《旅顺大屠杀》，朴龙根译，大连出版社，2001年，第192页。

拓者日报》(The Daily Colonist)和旧金山的《旧金山纪事报》(San Francisco Chronicle)。《开拓者日报》以"日本没有错"为题,其下的小标题是"反驳关于暴行的虚假报告——不人道的是清军"。盖维尔在访谈中说道:"说日本人在攻占旅顺时回复到了以前的野蛮,并非如此。他们绝不是那样。从这场战争的开端,他们就为世界树立了一个人道对待敌人的榜样。""他们不仅仁慈对待俘虏,也友好对待所进入国家的平民。"相反,在进攻旅顺前夕的一次战斗中,阵亡日军"许多人的手脚被砍掉,躯体被邪恶地毁坏,从血液颜色和这些被凌辱尸体的外表来看,显然,可怕的残害很可能就是死因。伤者以如此残酷、野蛮的方式被屠杀,[相比之下]历史上美洲印第安人的野蛮就不算什么可怕的事情了"。① 访谈中记者提到,克里尔曼曾说有记者向日本政府告发他是中国间谍。盖维尔回答道:"我肯定就是克里尔曼说的那个记者,这家伙一定是疯了。他没有得到日本人的信任,对此感到非常恼火。"② 这篇访谈一方面反映了盖维尔对旅顺大屠杀报道及克里尔曼本人的态度;另一方面也表明他与日本政府一样,试图大肆渲染清军的"野蛮"而为日军屠杀平民作辩解。《旧金山纪事报》对盖维尔采访的报道用了另一个标题"在旅顺",其下的一串小标题是"德·盖维尔讲述他的经历""日军很少抓俘房""克里尔曼的报道被断然否认""战役前清军的暴行"。③ 12月30日,盖维尔又在《纽约时报》发表《日本人受到不公正指责》一文,这是他写给该报的一封信,声称"我觉得要马上说句话为日本辩护"。他在文中描述了清军如何虐待日军俘房,并且强调日军进入旅顺时受到居民的袭击,日军及其军夫杀死了许多抵抗者,但这些人都是换装的清兵而不是平民,并且说:"就我亲眼所见,我没有看到一个死亡的妇女或儿童,也不相信有任何妇女和儿童被杀。"④ 从盖维尔为日本辩护的内容逻辑来看,与日本政府的声明完全一致,以一个战地记者的身份为日本的狡辩做了脚注。而且,他在该文的最后说道:"作为这一陈述的结尾,让我再一次重复我已经说过的话,日本的所作所为,没有任何事情使人们有理由说她丧失了进入文明国家大家庭的权利,这次战争仍然是一场文明反对野蛮的战斗。"⑤ 这一结语已经脱离了旅顺屠杀事件本身,上升到日本是文明还是野蛮,以及它能否进入文明国际社会的问题。因此,

---

① "Japan Vindicated", *The Daily Colonist* (Victoria, British Columbia), December 19, 1894, p.3.
② "Japan Vindicated", *The Daily Colonist* (Victoria, British Columbia), December 19, 1894, p.3.
③ "At Port Arthur", *San Francisco Chronicle* (San Francisco), December 19, 1894, p.1.
④ "Japanese Accused Unjustly", *New York Times* (New York), December 30, 1894, p.9.
⑤ "Japanese Accused Unjustly", *New York Times* (New York), December 30, 1894, p.9.

盖维尔否认旅顺大屠杀的目的已不言自明了，他就是要做日本政府在美国新闻界的代理人。盖维尔还把这封信修改补充，以"为日本辩护"为题发表在1895年1月3日的《莱斯利图画周刊》上。[1] 1895年1月2日，盖维尔在《纽约先驱报》发表一篇长文《战地记者：德·盖维尔先生揭示其远东采访的惊人真相》，否认克里尔曼所报道的旅顺大屠杀。[2]

对于日本政府和盖维尔混淆视听的辩解，科文和维利尔斯进行了反驳。1895年2月1日，科文发表《旅顺暴行》一文，该文由他于1894年12月8日和19日寄给《泰晤士报》的两篇报道组成，主要是对日本政府否认大屠杀的回应。他说："无论日本人做得对还是错，我无意对此作出判断。我要做的是讲述我看到的实情，让事实说话。"[3] 由此他从看到的事实出发，对所谓清军虐杀战俘、日军枪杀的仅是改装的清兵、没有洗劫城市等谎言进行了反驳。维利尔斯则主要驳斥了盖维尔的说法。1895年1月16日，维利尔斯接受记者采访，以自己的亲身经历揭示了旅顺大屠杀真相，并直接批驳了盖维尔。当记者问他旅顺大屠杀是否是事实时，他回答道："不幸的是，这是千真万确的事情。"他说，克里尔曼、科文和他一起随日军进入旅顺城，都是见证者，而盖维尔则被日本政府收买，为日本在旅顺的行为辩护。其实盖维尔根本不在前线，而是与陆军大将大山一起待在后方，过着舒适的生活，从传闻中获得消息。盖维尔整天所做的事情，就是搜罗战利品和饮酒。不仅如此，他还谴责了盖维尔向日本政府告发克里尔曼是中国奸细，由此使他们的生命面临危险。[4] 3月1日，维利尔斯发表《关于旅顺的真相》一文，对事实进行了全面澄清。他说，当英国和美国的众多报刊发表文章怀疑从前线发回的报道时，他作为一个日军攻占旅顺时随军身临战场的记者，觉得有必要澄清关于旅顺大屠杀的全部真相。因此他在文章中对整个事件作了详细的回顾和描述。在揭露了日军令人发指的暴行后，他最后写道："日军占领旅顺后，这样血腥的惨剧一直上演了整整三天，直到大约剩下36个中国人，他们成为这个城市中存活下来的仅有的天朝居民。这些人被

---

[1] A.B. de Guerville, "In Defense of Japan", *Leslie's Illustrated Weekly*, January 3, 1895, pp. 10-11.
[2] "War Correspondents: Remarkable Revelations Made by M. De Guerville about Their Work in the Far East", *New York Herald* (New York), January 2, 1895, p. 7.
[3] "The Port Arthur Atrocities", *The Times* (London), February 1, 1895, p. 4.
[4] 这一采访报道同时刊登在几家报刊上。"The Massacre", *Daily Public Ledger* (Maysville), January 17, 1895, p. 3; "The Seat of War", *The Salt Lake Herald* (Salt Lake City), January 17, 1895, p. 1; "Frederic Villiers", *The Wheeling Daily Intelligencer* (Wheeling), January 17, 1895, p. 6; "Japanese Brutality", *The Fairfield News and Herald* (Winnsboro), January 23, 1895, p. 1.

用来埋葬他们死去的同胞，也是日军的送水工。他们的生命由插在其帽子上的一张白纸片得到保护，上面用日文写道：'此人不可杀。'"[1]

由上可见，在派往甲午战场的英美记者中，科文、克里尔曼、维利尔斯等人凭着人类良知和职业操守对旅顺大屠杀的真相进行了报道，而盖维尔昧着良心为日本的暴行辩护，并由此导致了对"旅顺大屠杀是否属实"这样一个伪命题的争论。当时美国一些报刊将他们之间的争论称之为"战地记者之战"[2]。

二、引起争论的主要因素

从1894年11月底到1895年3月，英美报刊对旅顺大屠杀的报道，一直伴随着争论和斗争。那么，是什么原因使一个不容否认的客观事实在报道中变成了一个具有争议性的事件？影响报道的因素有许多，其中，前面提到的英美亲日的舆论环境，为质疑和否认旅顺大屠杀真相的报道提供了生存的土壤。当克里尔曼等人报道旅顺大屠杀时，他们揭露日本残忍本性的报道与此前英美民众心中的日本形象形成了强烈反差，甚至有人在看了旅顺大屠杀的报道后不愿意相信其真实性，这使得盖维尔等人为日本辩护的颠倒黑白的报道有了存在的空间。例如，在克里尔曼的报道刊登之后，一些报刊对此表示震惊，里士满《州报》就称旅顺大屠杀这一消息是"令人痛苦的震惊"，并警告说日本天皇"不可能同时是一个野蛮人和一个文明的统治者"。[3] 还有一些报刊则按照日本人外文明而内野蛮的逻辑来解释其行为，《亚特兰大宪政报》就说，日本人的西方化"只是一层薄薄的清漆，刮一下就暴露出了野蛮"[4]。

除了英美舆论环境，日本政府的干预和记者个人恩怨也是造成争论的重要影响因素。

首先，日本政府对英美新闻机构及记者本人的收买利用，影响了一些报刊和记者对旅顺大屠杀的报道，甚至公然否认大屠杀并为日本辩解。

旅顺大屠杀发生后，科文、克里尔曼等人的报道使这一事件公之于世，立

---

[1] Frederic Villiers, "The Truth about Port Arthur," *The North American Review*, March 1, 1895, pp. 325-330.
[2] "War Correspondents' War," *The Salt Lake Herald* (Salt Lake City), January 16, 1895, p. 1; "The War of the War Correspondents", *The Standard Union* (Brooklyn), January 5, 1895, p. 2.
[3] Jeffrey M. Dorwart, "James Creelman, the *New York World* and the Port Arthur Massacre", *Journalism Quarterly*, Vol. 50, No. 4, 1973, p. 699.
[4] Jeffrey M. Dorwart, "James Creelman, the *New York World* and the Port Arthur Massacre", *Journalism Quarterly*, Vol. 50, No. 4, 1973, p. 699.

即引起了日本政府的重视并采取了应对措施，例如发表公开声明进行辩解，加强对随军记者管理，强化对新闻稿的审查，授意国内一些报刊对大屠杀报道进行反驳。除此之外，日本政府还采取贿赂收买的办法来操控国外舆论。其实，早在日军攻占旅顺之前，英国的中央通讯社和路透社已被日本收买。从1894年11月初前后开始，中央通讯社就按照日本政府的旨意发布消息，在时间上与日本第二军的行动相吻合。内田康哉在11月中旬给陆奥宗光的报告中明确说道："为感谢该社以前和今后的尽力服务，拨给了少许的资金。"[①] 井上晴树对此评论说："中央通讯社得到了相当丰厚的报酬，它虽然是英国通讯社，但使人觉得是日本政府的对外情报机构。"[②] 路透社与日本政府的合作关系开始得更早，1894年10月，陆奥宗光给当时驻英公使青木周藏的一封密函中提到，已给他送去"因路透社向世界发布对我有利的消息而申请的606英镑酬金"[③]。1894年11月30日，内田康哉发给陆奥宗光的一封电报表明，日本采取了一种"报界行动"来干预和操纵国际舆论。电文是："每当出现失实报道，中央通讯社总是予以反驳。《泰晤士报》记者证实一个报道说，旅顺口战役后，日本人不加区别地残杀了二百名中国人。中央通讯社予以否认，并报道说，除了正式战斗而外，并无中国人被杀。我已经压下了路透社由上海发来的关于我们士兵在旅顺口犯下最野蛮暴行的电稿。你能否批准我要求的款子，以开始从事报界行动，我已没有钱可用了。"[④] 这表明，中央通讯社和路透社被收买之后，接下来便是针对各报刊的"报界行动"，因此内田康哉向陆奥宗光要钱。日本政府同样也对美国的报刊施加了影响力。在贿赂《华盛顿邮报》时，双方甚至变成了讨价还价。《华盛顿邮报》要价6000美元作为刊登有利于日本的报道的报酬，陆奥宗光觉得金额过高，提出给1500美元，最后给了1000日元汇票。日本驻美公使栗野慎一郎于12月17日给陆奥宗光的密信中也说道："关于屠杀支那人的纽约《世界报》特别电报采取措施所需金额，您曾训示可能的话给予相当的经费，但仅靠金钱，左右该国新闻界并非易事，况且所需金额庞大，对上述情况请用电报答复。然而，本官赴任该国后频繁和该国人士接触，交际甚厚，决心全靠建立友谊关系来达到诸多目的，并始终不渝贯彻执行此方针。交际当然也需要费用，为上述

[①] 井上晴树：《旅顺大屠杀》，朴龙根译，大连出版社，2001年，第10页。
[②] 井上晴树：《旅顺大屠杀》，朴龙根译，大连出版社，2001年，第10页。
[③] 井上晴树：《旅顺大屠杀》，朴龙根译，大连出版社，2001年，第11页。
[④] 戚其章主编：《中国近代史资料丛刊续编·中日战争》第9册，中华书局，1994年，第530页。

费用，如能给予相当金额的话，那将更为适宜。"①

对于日本政府用金钱贿赂的办法来影响西方新闻界，克里尔曼在其《嗜血的日本》和《日本试图行贿》两篇文章中也有所揭露。克里尔曼说："路透社接受一项年度津贴，伦敦的中央通讯社也与日本政府有联系。在海外认为具有权威性的《日本邮报》，是政府资助的机构。至少美国最大的通讯社中有一家由日本控制。当伦敦《泰晤士报》的科文先生到达日本时，内阁书记官伊东巳代治（Ito Myoji）告诉他，日本政府会为他支付所有的开销，他给《泰晤士报》发送的全部电报也将免费，无论发送多长的电报都可以。一个一直在军队中冒充新闻记者的法国无赖，从一个日军参谋那里得到一张支票后去了美国，现在无疑正忙于从事他所承诺的事情。"②他称日本政府给《泰晤士报》提供方便是"精妙的贿赂形式"③。在日本政府各种形式的贿赂下，美国的《纽约时报》《纽约先驱报》《纽约论坛报》《华盛顿邮报》《旧金山纪事报》《莱斯利图画周刊》等，都不同程度地在报道中倾向日本，甚至公然为日本辩解。

甲午战争期间日本对西方舆论的操控取得了极大成功，1895年9月《布莱克伍德的爱丁堡杂志》（Blackwood's Edinburgh Magazine）的一篇文章对此作了很好的总结评价："日本人从战争一开始就希望抓住欧洲媒体来展示自己，在这方面，就像他们在战场上那样凭借其令人钦佩的远见和组织而取得了成功。他们宣扬自己从事的是一场讨伐黑暗和野蛮的战争，正在传播光明——他们被基督教国家照亮的那种光明，这样他们首先消除了非议。在这种第一印象消失之前，他们又以军事胜利塑造了一个新印象。这些印象自然地通过无处不在的日本代理人以最鲜艳的颜色表现出来，这些代理人随时向那些需要消息的报刊提供有趣的新闻和具有启发性的观点。在日本，政府有一个附属的重要通讯社，它大范围地发送官方公告，接收者则将其当作独立通讯社来源的新闻。实际上，除了一些琐碎事件，战争报告全部来自日本政府——那些一流报刊的'战地记者'尽管作出了值得称颂的努力，但他们对事件的了解既非部分也非全部。"④由此可见，克里尔曼等人要摆脱日本人对西方舆论的操控，自然成了日本政府及其代理人的攻击目标，他们要以混淆视听的新闻来消弭真相报道者的影响。

其次，对旅顺大屠杀报道的争论，也与各报刊之间的竞争以及记者之间的

---

① 井上晴树：《旅顺大屠杀》，朴龙根译，大连出版社，2001年，第46页。
② James Creelman, "Bloodthirsty Japan", *The World* (New York), January 7, 1895, p.2.
③ James Creelman, "Japan Tried Bribery", *The World* (New York), January 13, 1895, p.1.
④ "The Japanese Embroglio", *Blackwood's Edinburgh Magazine,* Vol.158 (Sept. 1895): 313-314.

个人恩怨有密切关系。

正如本书绪论所述,19世纪末是西方报刊媒体快速发展并发生现代化转型的重要时期,尤其在美国,报纸的大众化和新闻记者成为一种职业,导致了一种"新式新闻业"的出现。此时报纸的新闻化、商业化、通俗化及其廉价发行,使得报纸成了普通民众生活中的一部分。然而,报刊繁荣的背后是激烈竞争。从1880年到1900年,在美国发行的英文日报从850家增加到1967家[1],仅纽约就有十几家报社,以独家新闻争夺读者成了这些报刊生存和发展的一个重要手段。因此,纽约《世界报》在新闻报道上的创新及其拥有纽约最大读者群的事实,引起了《纽约先驱报》、《纽约论坛报》、纽约《太阳报》、《纽约时报》等其他办报人的嫉妒,因此也在报道上经常唱反调,甚至对其进行"笔伐"。[2] 在这种背景下,当旅顺大屠杀成了《世界报》抢先报道的独家新闻时,便出现了《纽约先驱报》等竞争对手与日本政府的利益一致性,他们之间进行合作和否认《世界报》的报道便不难理解了。更有趣的是,报社的竞争在这一事件中又具体从两位记者之间的竞争体现出来,即《世界报》的克里尔曼和《纽约先驱报》的盖维尔,在旅顺屠杀事件的报道过程中,他们的竞争由个人隔阂发展到了相互攻击。

克里尔曼于1877年到《纽约先驱报》工作,以善于发掘新闻和采访高端人物而成为一名知名记者。1893年,由于《纽约先驱报》创办人詹姆斯·戈登·贝内特拒绝让他在其文章里署名而辞职,进入竞争对手约瑟夫·普利策创办的纽约《世界报》。1894年8月,中日甲午战争爆发后,他作为战地记者被派往日本。盖维尔生于法国巴黎,年轻时移居美国,以演讲和写作谋生,并因其1892年曾到日本、中国和朝鲜的远东经历,被《莱斯利图画周刊》和《纽约先驱报》相中雇为特派记者,前往远东报道中日甲午战争。这样,盖维尔与克里尔曼不仅服务于相互竞争的报社,而且盖维尔的职位是克里尔曼刚刚辞去的。这种关系是他们在远东做战地记者时关系恶化的一个重要前提。

克里尔曼与盖维尔以前并无交往,但恰好乘同一辆火车去旧金山,又从旧金山同乘一艘船到日本,并且到达日本后在等待上前线采访期间,也经常见面。然而,不久他们的关系就恶化了。日本政府给予盖维尔和克里尔曼的不同待遇,

---

[1] 迈克尔·埃默里、埃德温·埃默里、南希·L.罗伯茨:《美国新闻史:大众传播媒介解释史》(第九版),展江译,中国人民大学出版社,2004年,第168页。

[2] 迈克尔·舒德森:《发掘新闻:美国报业的社会史》,陈昌凤、常江译,北京大学出版社,2009年,第78页。

无形中加剧了这两个竞争对手的矛盾。例如，盖维尔最先获得了日本政府颁发的记者证前往平壤，虽然他到达平壤时战斗已经结束，但他比克里尔曼早到了几天。在随日本第二军去辽东半岛时，盖维尔享受了高规格的待遇——乘坐大山岩司令官的舰艇，而克里尔曼却搭乘运兵船前往。在辽东半岛，日军还给盖维尔配了一名卫兵和一名译员，并且在日军进攻金州时，他是唯一及时赶到金州的外国记者。但在日军进攻旅顺口之前，所有外国战地记者都赶到了金州，包括克里尔曼、科文、维利尔斯、拉盖里等。日本政府给予盖维尔的优厚待遇表明了其间的关系非同一般，盖维尔为日本辩护也就不难理解了。因此，当克里尔曼抢先报道了旅顺大屠杀的新闻时，盖维尔采取了完全否认的办法，既为自己未能报道此事而开脱，也为日本政府做辩护。这直接导致了他与克里尔曼矛盾的公开化。其实，克里尔曼早已看清盖维尔的为人，他在1894年11月1日给妻子的一封信中，就曾说盖维尔"是一个残酷无情的恶棍"[1]。维利尔斯返回美国后曾在接受采访时说，盖维尔想暗算克里尔曼，向日本政府告发说克里尔曼是中国间谍，借日本人之手加害于他，原因是在盖维尔及《纽约先驱报》否认克里尔曼报道的旅顺大屠杀之后，越来越多的证据表明克里尔曼报道的是事实。[2]

在盖维尔的大量报道及其后来的回忆录中，都充满了对日本的溢美之词。他自称是日本的"朋友"，"在帝国宫廷，在和平时期东京的各种沙龙上，还有在去朝鲜和满洲的军营里，我懂得了热爱和钦佩日本人的善良以及他们的温和、礼貌、聪明、活力、坚忍和不屈不挠的勇气"。[3] 正因如此，他不仅在其报道中极尽讴歌日本之能事，而且还违背记者的职业道德，虚构故事情节。科文也说他本来就不是真正的新闻记者："盖维尔原本是演讲家，并非新闻记者。对此次战争的随军行动，也只是为了搜集讲演材料，与报社的关系是暂时的。"[4] 井上晴树评价盖维尔说："盖维尔虽然浅薄，但好像看透了在红毛碧眼面前抱有劣等感的日本人的心理，而且，是迎合其心理而付诸行动的人物。盖维尔抵达平壤时，平壤战斗早已结束，不可能亲眼目睹。然而盖维尔能以亲眼目睹的形式进行演讲，真不知他是何等的天才。"[5]

---

[1] Daniel C. Kane, "Each of Us in His Own Way: Factors behind Conflicting Accounts of the Massacre at Port Arthur", *Journalism History*, vol. 31 No. 1, 2005, p. 28.

[2] "Villiers Confirms the Story", *The Wichita Daily Eagle* (Wichita), January 16, 1895, p. 2; "Journalistic Plotting", *The Cape Girardeau Democrat* (Cape Girardeau), January 26, 1895, p. 1.

[3] A. B. de Guerville, *Au Japon*, Paris: Alphonse Lemerre, 1904, p. 4.

[4] 井上晴树：《旅顺大屠杀》，朴龙根译，大连出版社，2001年，第64页。

[5] 井上晴树：《旅顺大屠杀》，朴龙根译，大连出版社，2001年，第63—64页。

综上所述，由于日本政府对英美报刊新闻报道的干预和操纵，也由于特派战地记者之间相互竞争及人品的差异，使得旅顺大屠杀真相在英美的亲日舆论环境中受到了怀疑，从而造成了争论。不过，由于英美特派战地记者中大多数都坚持旅顺大屠杀的真实性，除了纽约《世界报》，还有许多报刊都以谴责日本的姿态报道了这一事件，如《苏城论坛报》、《林奇堡进步报》、《宾厄姆顿共和党人报》、《费城呼声报》、《费城时报》、《圣路易斯邮讯报》、《华盛顿明星报》、《沃斯堡公报》、《波士顿邮报》(*Boston Post*)、《明尼阿波利斯新闻报》(*Minneapolis Journal*)、《辛辛那提商业公报》(*Cincinnati Commercial Gazette*)等，这使得《纽约先驱报》《华盛顿邮报》《纽约时报》《旧金山纪事报》等少数报刊否认大屠杀的报道并没有多大市场。因而，这种争论在今天看来只是当时在日本操纵下，由少数英美报刊从西方列强的利益及其价值观出发来评判甲午战争的一场闹剧。越来越多的史料表明旅顺大屠杀是日军犯下的滔天罪行，戚其章、井上晴树等当代中日学者的研究也证明了这是不容否认的历史事实。

第四章　英美报刊对马关和谈及《马关条约》的报道和评论

清政府在平壤和大东沟两大战役失利之后，1894年11月初通过总理衙门向英、俄、法、德、美五国表示，愿意在承认朝鲜独立和赔款的前提下与日本和谈，英国随即试图主导一次五国联合调停，但最终未能如愿。随后美国试图单独从中斡旋，促成中日和谈。期间旅顺陷落，形势更加危急，清政府于是派尚书衔总理各国事务大臣户部左侍郎张荫桓、头品顶戴署湖南巡抚邵友濂为全权大臣，出使日本进行和谈。1月26日，张荫桓、邵友濂带领一个23人的使团从上海出发，28日到达日本长崎，随后于31日转至广岛。然而，在2月1日中日双方代表团举行的和谈会议上，日本方面以事先预谋好的清政府和谈代表授权不足为由，指责清政府没有诚意，中止会谈，并将清朝代表团逐出日本。张荫桓、邵友濂等人只得2月4日回国。

清朝代表团在广岛受辱之时，正值日军围攻威海卫，辽东清军也不断失利，军情危急。2月12日，北洋舰队投降，17日，日本联合舰队进入威海卫港口，接收残余的北洋舰队船只，北洋舰队从此覆灭。在这一背景下，清政府不得不决定派李鸿章为全权大臣赴日和谈。李鸿章率领李经方、罗丰禄、马建忠、伍廷芳等官员及其他人员共135人，于3月14日从天津出发，19日到达日本马关。此后开始了长达近一个月的和谈。3月24日，李鸿章从谈判地点春帆楼返回住地引接寺时，遇刺受伤。3月30日，中日缔结停战条约。4月17日，中日双方最终签订《马关条约》，甲午战争宣告正式结束。

英美报刊对中日之间最后的和谈过程作了大量报道，并对和谈及其结果作了评论。本章以英美报刊关于中日和谈、李鸿章遇刺、《马关条约》、战争的结果及影响等问题的报道为中心，考察其报道情况及相关评论。

第一节　对马关和谈和李鸿章遇刺的报道

中日和谈问题一直是甲午战争期间英美报刊关注的一个重要问题，相关报道及评论中时有提及，或者发表专门的评论。因为在整个战争过程中，清政府都表态愿意和谈，而英美等国政府中也一直有愿意从中斡旋的声音，因此这一问题时而成为报刊中的一个话题。李鸿章东渡日本之后，世界的目光都聚焦在了他身上，能否达成和平以及签订什么样的条约，都是各国关注的问题。对此，英国和美国的报刊都给予了大量报道。

一、英国报刊的相关报道和评论

早在1895年2月16日，威海卫刚刚被日军攻陷之时，英国《泰晤士报》就发表了一篇社论，专门评论中日和谈问题。社论认为，清政府应该尽早与日本和谈，越早谈对清朝越有利。因此社论一开始就说："最终，有迹象表明清政府开始认识到与日本缔结和约的迫切必要性。随着日本占领旅顺和威海卫，以及北洋舰队实际上已经覆灭，他们投降得越早，就越能争取到更好的和谈条件。"由此社论也表示，他们乐于见到清政府派李鸿章为全权大臣去谈判："我们知道，李鸿章总督已被任命为全权使节去日本和谈。这一任命似乎是认真的。李鸿章的地位仅次于皇帝本人。因此，日本以其身份卑微或其国书权限不足为理由拒绝他是不可能的。他的使命是代表清廷尝试进行第一次真正的公开谈判。似乎有证据表明，清廷的骄傲和固执现在终于被克服了，而且，无论如何，这一方也真正愿意采取措施来结束这一场灾难性的战争。除此之外，我们还没有证据。我们祝愿李鸿章的和平使命取得成功，但推测其结果如何仍为时过早。"不过，社论也预料到谈判会极为艰辛，日本会提出极为苛刻的条件："我们可以预料的是，如果他设法达成和平，接受的条件将会极为苛刻。羞辱清廷是日本公开的目标，对于清廷来说，承认受到羞辱将是一剂苦药，其全权使节也可能不愿意成为迫使她吞下这剂苦药的工具。"但是，社论也说道："对于日本人的最终目的，我们没有确切的了解。当然，他们将提出战争赔偿。除了把朝鲜作为保护国，他们不可能想在大陆上获得任何领土，但他们很可能会坚持：应该结束清廷长期以来保持的那种嫉妒排外的老态度，整个国家向对外贸易开放。"从这一点来看，《泰晤士报》显得有点天真，认为日本不会有任何领土要求，而这一点恰恰是日本在马关和谈中表现出的最大胃口。不仅如此，社论中还说到，日本出兵中国的一个重要原因，竟然是为了打击中国人的傲慢："他们知道中国人傲慢地蔑视所有的外国人，尤其是他们［日本人］自己，因此他们决心表明，他们不会安然地被轻视。外面的世界已经看到这一点，但是，也许需要一些进一步的和更沉重的打击，才会将这一点带到国内让中国人明白。他们相信自己能够给予这种打击。"①

在李鸿章尚未出发去日本谈判之前，就有一些英国报刊予以了报道。②3月14日李鸿章从天津出发，《泰晤士报》、《标准报》、《曼彻斯特卫报》、《谢菲尔德和罗瑟勒姆独立报》(The Sheffield & Rotherham Independent)、《早邮报》等报纸于18日对这一事件进行了报道。《泰晤士报》的报道基本上是跟随李鸿章的行踪。例如，18日的报道："天津3月15日电。中国使节李鸿章及其随员于今天下午5点离开大沽去日本。"③20日的报道："马关3月19日电。搭载李鸿章及其随员的轮船今天上午8点半到达这里［马关］。轮船停下后，日本外务办公室秘书井上（Inouye）先生就直接登上了船，友善地迎接了中国使节，为他处理事务。"④

1895年3月24日，李鸿章在结束第三次会谈后，从会谈地点春帆楼返回住地引接寺，在离引接寺不远处受到一个日本青年小山丰太郎的枪击，子弹射中李鸿章的左眼下方。李鸿章作为和谈使节在日本遇刺，立即引起了世界舆论的轰动，英国报刊从3月25日起作了大量报道。例如，《泰晤士报》、《标准报》、《早邮报》、《东北每日公报》、《约克郡先驱报》、《新闻晚报》、《谢菲尔德电讯晚报和每日时报》、《星报》(The Star)、《哈德斯菲尔德每日纪事报》、《谢菲尔德和罗瑟勒姆独立报》、《赫尔每日邮报》等对事件都作了报道。⑤

---

① 上述引文均引自 The Times (London, England), Saturday, Feb 16, 1895, p.11。
② "The War in the East", The Times (London, England), Wednesday, Mar 06, 1895, p.5; "Li Hung Chang has Left Pekin for Japan on His Peace Mission", The Dundee Courier & Argus (Dundee, Scotland), Wednesday, March 06, 1895, p.2; "Li Hung Chang's Suite", Evening Telegraph and Star and Sheffield Daily Times (Sheffield, England), Wednesday, March 06, 1895, p.4; "The Chinese War", The Weekly Standard and Express (Blackburn, England), Saturday, March 09, 1895, p.6; "Li Hung Chang as Envoy", The Evening Telegraph (Dundee, Scotland), Tuesday, March 12, 1895, p.3.
③ "The War in the East", The Times (London, England), Monday, March 18, 1895, p.5.
④ "The War in the East", The Times (London, England), Wednesday, March 20, 1895, p.5.
⑤ "The War in the East", The Times (London, England), Monday, March 25, 1895, p.5; "The War in the East", The Standard (London, England), Monday, March 25, 1895, p.5; "Attempt to Assassinate Li Hung Chang", The Morning Post (London, England), Monday, March 25, 1895, p.5; "Attempt to Kill Li Hung Chang", The North-Eastern Daily Gazette (Middlesbrough, England), Monday, March 25, 1895; "China and Japan", The Yorkshire Herald, and The York Herald (York, England), Monday, March 25, 1895, p.5; "Attempt to

25 日的《泰晤士报》报道说："在与日本的全权代表进行会谈之后，李鸿章返回日本为其提供的住所，途中一个日本年轻人持手枪向他射击。子弹打伤了这位年老政治家的面部。行刺者当场被捕。他是一个年轻人，据说他是在被误导的爱国主义情感的驱使下失去了控制。"① 与此同时，《泰晤士报》对此发表了评论，对这件事的性质及其可能造成的影响作了分析。评论中说道：

> 清廷全权大使在日本遭受了一次卑鄙暴行的袭击。李鸿章在街上受到枪击而受伤。他的袭击者显然打算谋杀他，并且差不多达到了他的目的。他用手枪瞄准清廷的全权大使，子弹打在这位老人的脸上。受伤的情况还不清楚，各方都真诚希望伤势不严重。这个准刺客（the would-be assassin）据说是一个年轻的日本人，在现场被逮捕了，无疑将会以这一犯罪受到审判。对于他的动机，似乎没有什么犹疑的余地。毫无疑问，他是一个狂热者，想通过谋杀清廷政治家来报效国家。无论如何，这种想法据说在发生暴行的马关是普遍的信念，而且它也为其他难以理解的行为提供了合理的解释。几乎不必说，没有什么迷惑（delusion）比由这种迷惑造成的犯罪更恶劣。他对他的国家和政府造成了严重的伤害。在受伤的全权大使之后，接下来由这一悲惨事件所引起的普遍同情和怜悯的第一个目标，就是派遣他的国家。的确，如果全权大使的伤不危险，日本是两者之中更值得同情的。她通过真诚地长期努力，成功地赢得了一个文明国家的声誉。当然，没有人会因为一次不负责任并且明显由一个单独的坏人所做的事，很不公正地谴责日本。冷酷无情和心态不平衡的个人在所有国家都可见到，并且普遍会认为，这种犯罪，尽管可悲和不平常，但在相似情况下也可能发生于任何欧洲国家的都城。
>
> 不过，这一行为具有一定的重要性（significance），日本政府会牢牢记住。……当大众变得狂热，甚至对于最睿智和最熟练的（masterful）政治

（接上页）Assassinate Li Hung Chang", *The Evening News* (Portsmouth, England), Monday, March 25, 1895, p.2; "The Attempted Assassination of Li Hung Chang", *Evening Telegraph and Star and Sheffield Daily Times* (Sheffield, England), Monday, March 25, 1895, p.3; "Attempted Assassination of Li Hung Chang", *The Star* (Saint Peter Port, England), Tuesday, March 26, 1895; "The Japanese Invasion of China", *The Huddersfield Daily Chronicle* (West Yorkshire, England), Tuesday, March 26, 1895, p.3; "The War in the East", *The Sheffield & Rotherham Independent* (Sheffield, England), Tuesday, March 26, 1895, p.5; "The Outrage on Li Hung Chang", *Hull Daily Mail* (Hull, England), Tuesday, March 26, 1895, p.3.

① "The War in the East", *The Times* (London, England), Monday, March 25, 1895, p.5.

家来说，也很难将其平息下来，或者利用它来执行一项精明的政策。如果对清国全权大使的谋杀袭击引起了日本政治家的反思，思考进一步激起国民的民族情绪可能带来的后果，这也可能是一个有益的教训。……

李鸿章年事已高，希望这次对他的袭击没有太大伤害，以至于不得不再耽误和谈的进程。[①]

《泰晤士报》在此表达了五个方面的意思。第一，该评论谴责了刺客的行为，称之为"卑鄙的暴行"。当然，这里谴责的不仅仅是刺客的暴力犯罪行为，更谴责了这一行为造成的不良后果，即他的行为伤害了日本而有利于中国。"他对他的国家和政府造成了严重的伤害。在受伤的全权大使之后，接下来由这一悲惨事件所引起的普遍同情和怜悯的第一个目标，就是派遣他的国家。"在此，该评论似乎害怕世界舆论同情和怜悯清政府，因此声称"没有什么迷惑比由这种迷惑造成的犯罪更恶劣"。第二，该评论解释了刺客的动机，将其行为归咎于在日本普遍存在的爱国狂热。不仅如此，评论认为其动机除爱国狂热外，没有其他解释的余地，这种行为的发生只是在爱国热情驱使下的个体行为，与政府无关。因此，第三，该评论实际上在为日本政府开脱和推卸责任，并且将日本政府说成是受害者，是"最值得同情的"。因为日本好不容易建立起来的"文明国家"的形象，差点被这种狂热者破坏了。因为这种爱国狂热造成的犯罪，在每个国家都存在，同样的事情也可能发生于欧洲国家，这是政府难以控制的。因此，世界舆论不能因为这种个人行为而谴责日本。第四，该事件对日本政府是一个教训，应该牢牢记住。第五，希望这一事件不要影响和谈的进程。由此可见，《泰晤士报》在这一事件中的态度是非常明确的，认为世界舆论不能因为李鸿章被刺就同情清政府，而日本政府才是最大的受害者和最值得同情的。

正是为了让世界更多地理解和同情日本，《泰晤士报》在接下来的几天中，连续报道了日本政府对待这一事件的"人道"表现及其相关补救措施。3月27日的《泰晤士报》报道了日本政府对李鸿章的治疗和照看，以及日本媒体和天皇对此事表达的遗憾和难过。报道说："外科医生佐藤（Sato）和石黑（Ishiguro）正在按照帝国的命令给李鸿章治疗。子弹进入了使节左眼半英寸下的脸颊，深入里面差不多有一英寸半。清廷全权大使拒绝做手术取出子弹。他睡

[①] *The Times* (London, England), Monday, March 25, 1895, p. 9.

得很好。皇后派了两名护士去照看他。他收到了表达遗憾和同情的大量书信和电报。""在日本到处流行着对李鸿章遇刺的义愤。日本报刊全体一致表达了深深的遗憾。""天皇对马关事件深感悲伤，除了这两名主要的宫廷医生，还派了帝国管家去表达他对总督的慰问。"①接着《泰晤士报》还登载了天皇颁发的一道敕令，要求日本臣民遵守国际礼仪，保护外国使节，并且表示要严惩凶手。其中说道："我国与清国之间正处于战争状态，但清国按照国际惯例与要求，派遣使者前来议和……我们有义务按照国际礼仪为清国使者提供陪同与保护。因此我们进行了特殊的安排，将各方面的安保工作都提高到最高级别。我们对出现暴徒危及清国全权大使性命的事件表示深深的遗憾与悲痛。我国政府将依法严惩凶手。我国将要求各级官员按照训令，防止此类暴力违法事件的再次发生，保证我国的名誉不受损害。"②

3月29日的《泰晤士报》继续报道说："李鸿章的状况继续好转，目前没有理由担心并发症。地方长官和警察局长被撤职了。清廷全权大使与日本全权代表之间关于达成和平的会谈有望几天后重启。""李鸿章的儿子现在非正式地代表他的父亲，生怕谈判会失败。""谋杀李鸿章的企图，是在战争刺激下日本人的一种狂暴症状。日本政府的预防措施表明没有充分控制狂热。"③从《泰晤士报》的上述报道和评论来看，该报差不多成了日本就此事向国际发声的一个平台，竭力在维护日本的国际形象。英国其他报纸的报道内容，也与《泰晤士报》差不多，因为他们的消息来源是共同的。

二、美国报刊的相关报道和评论

美国报刊也对中日和谈给予了高度关注，在李鸿章赴日和谈之前，一些美国报刊回顾了1895年2月初张荫桓、邵友濂等人广岛和谈被拒的情况，以说明日本对会谈的立场。例如，《纽约论坛报》在3月11日以"日本的立场"为题，较为详细地报道了2月2日日本谈判代表拒绝与张荫桓、邵友濂等人谈判的情况及原因。首先，这篇报道刊登了日本全权代表伊藤博文在会议上的发言，指责清政府在外交上缺乏诚信，派来的和谈代表没有全权，因此不能继续谈

---

① "China and Japan", *The Times* (London, England), Wednesday, March 27, 1895, p.5.
② "China and Japan", *The Times* (London, England), Wednesday, March 27, 1895, p.5.
③ "The War in the East", *The Times* (London, England), Friday, March 29, 1895, p.5.

判。① 然后，又刊载了参加谈判的日本代表和清朝代表交换的国书，其中，报道特别指出了中日两国对清政府谈判代表所持国书内容的不同理解，并刊登了两国对这一国书提供的不同英文版本。不过，该报将国书和敕书混为一谈了。报道中所说清政府翻译的清朝代表的国书，确为张荫桓和邵友濂所携带国书，但报道中所说日本政府翻译的清朝代表的国书，却是清朝皇帝给张荫桓和邵友濂的敕书，因此内容大不一样。中日两国代表在会议上的争论，是敕书中的授权问题，日本代表故意歪曲清朝代表的敕书内容，说清朝皇帝授权不足，张、邵没有谈判的全权。《纽约论坛报》中的报道为何将这两者混淆，原因也有可能是日本政府故意将这份皇帝敕令说成是清朝代表的国书而提供给美国报刊。按照西方国书的要求，这份敕书从形式到表述方式都可能存在一些问题。

当李鸿章启程前往日本谈判之后，美国报刊也开始对其进行跟踪报道，《纽约时报》《纽约论坛报》《纽约先驱报》等都作了报道。《纽约论坛报》在李鸿章尚未到达日本时，就对这次和谈进行评论说："中日之间结束战争被认为是最近的事。如果两国的全权代表能够达成停战协议，可能会在两周内，或者甚至在一周之内停止敌对行动。……李鸿章很可能会在下周三到达马关。""李鸿章将有权关于以下四点进行谈判：（1）朝鲜独立；（2）赔款；（3）割让领土；（4）修改两国的条约关系，涉及商业关系、治外法权、之前条约规定而因战争终结的事项。"② 3月20日的一些美国报刊报道了李鸿章到达马关的消息，22日的报纸报道了中日双方代表交换国书开始举行会谈的情况，同时也报道了日本民众对和谈的

---

① "The Position of Japan", *New-York Tribune* (New York), March 11, 1895, p.7. 报道为："清国钦差使臣对于外交上与人定约，有时在公开表示同意后，却翻然拒绝签字；或对业已严肃缔结之条约，不声明任何明确理由，即随便加以废止等实例，不遑枚举。征诸上例，可见当时清国意中并无诚实修睦之心。至其担当谈判重任之钦差使臣，亦不委以必要之权限，历观往事，莫不比比皆然。故今日之事，我政府鉴于以往事实，对于未合全权定义之清国钦差使臣，决不与之举行一切谈判；故当媾和谈判之前，曾以清国所派使臣必须具有缔结和约之一切全权一款作为先决条件，同时在清政府保证恪遵此项条件派遣其全权使臣前来我国后，我国天皇陛下即委任本大臣等与清国全权使臣缔结和约并予以签字之全权。清政府虽作出此项保证，然两贵使之委任权甚不完备，足见清政府尚无真正求和之诚意。昨日在此会上交换之委任状，一见即知双方大相悬殊，虽无须置论，但在此加以指摘当非徒劳。即一方符合文明国家惯用之全权定义，而另一方则缺乏全权委任所必备之条件。加之，两贵使所携带之委任状，既未载明应谈判之事项，亦未予以任何定约画押之权，且对贵使等之行为，清国皇帝陛下关于事后批准亦无一言提及。由此可见，贵使等被委任之职权，仅在听取本大臣等陈述而报告贵国政府而已。事既如此，此后本大臣等决不能再行继续谈判。关于媾和一事，我帝国固无向清国请求之理，然我帝国因尊重其所代表之文明精神，清国果能采取正当途径进行时，则我帝国亦有接受重修旧好之义务。然对于徒托空谈，或止于一抵空文之媾和，即今后亦必坚决拒绝。"参见陆奥宗光：《蹇蹇录》，伊舍石译，谷长清校，商务印书馆，1963年，第123—124页。

② "Peace Probably Near", *New-York Tribune* (New York), March 17, 1895, p.3.

第四章　英美报刊对马关和谈及《马关条约》的报道和评论　　157

态度。例如《纽约时报》报道说："舆论一致认为和谈能否成功值得怀疑。占主导地位的军事因素需要战争进行下去，直到取得完全胜利。在议会中的情绪也是一样。众议院提出了一个议案，大意是说和平谈判的时机尚未到来。"[①] 这一报道符合日本的实际情况，当时的日本民众充满了战争的狂热，因此反对与清朝谈判，希望在军事上取得更大的胜利。正是在这种舆论氛围中，李鸿章被刺。

从3月25日起的一段时间，李鸿章在日本遇刺的消息成为美国报刊一大新闻热点，被持续报道。《纽约时报》《纽约先驱报》《纽约论坛报》《华盛顿邮报》等报刊都作了报道。对于李鸿章遇刺事件的一系列跟踪报道，笔者在此以《纽约先驱报》为例作一简要考察。

3月25日，《纽约先驱报》以"试图刺杀李鸿章"为题，报道了李鸿章遇刺的经过，并配有一幅李鸿章的肖像画。报道中还特别提到："帝国医生立即被召集去照看总督，希望他的伤势不严重。日本政府和人民都普遍对这一不幸事件感到非常遗憾。"[②] 26日，该报以"日本为一个狂热者的行为深感遗憾"为题，报道了日本"从天皇到各阶层的民众都对袭击李鸿章总督感到遗憾"，并评论说，"为了对日本人公正起见，必须记住，人的预见不足以防范亡命之徒的行为"。这一评论其实也是在为日本政府开脱责任。这篇报道还认为这一事件"可能对中国有利"，"作为对暴行的补偿，日本人可能会降低和平条件"。[③] 在同一版面，还有两篇《纽约先驱报》记者的独家报道。一篇是《在日本的巨大悲伤》，同时加以副标题"天皇派两名御医去照看受伤的全权大使"。这篇报道首先讲了天皇如何关心此事和表示遗憾，并说日本政府准备严惩凶手；然后介绍了李鸿章的状况，说子弹无法取出，伤势严重。[④] 另一篇是《华盛顿的消息》，副标题为"对试图刺杀总督的不同讨论"，其中评论道："关于试图刺杀李鸿章，这里普遍感觉非常遗憾，这位可敬的清廷外交官成了狂热者的子弹的牺牲品。此事对于和谈的影响还不能确定，在很大程度上将依赖于结果怎么样。如果李的伤病很快痊愈，相信唯一的后果就是可能耽搁一下确立和平的时间。如果他死亡，就被认为不可避免地要推迟和平谈判数周时间。日本全权代表和日本人民都非常相信李能够达成和平，如果他死亡，很难保证清廷的另一位全权大使会同样令日本满意，

----

① "Li Hung Chang Approved", *New York Times* (New York), March 22, 1895, p.5.
② "Tried to Kill Li Hung Chang", *New York Herald* (New York), Monday, March 25, 1895. p.7.
③ "Japan Deplores a Fanatic's Act", *New York Herald* (New York), Tuesday, March 26, 1895, p.9.
④ "Great Sorrow in Japan", *New York Herald* (New York), Tuesday, March 26, 1895, p.9.

或者他会如此轻易地使谈判走向成功的结局。"①27日,《纽约先驱报》以"受到天皇的谴责"为题,并加副标题为"日本统治者关于袭击李鸿章发布敕令""表达深深的悲伤""罪犯依法受到最严厉的惩罚",对日本天皇颁发关于李鸿章遇刺的敕令作了报道,刊载的敕令内容,正如上文所介绍《泰晤士报》在27日所登载的,要求日本人按照国际礼仪保护外国使者,对违反者依法严惩。②同时,该报还刊登了一篇《李总督的状况》的报道,介绍了李鸿章的伤势情况,说李鸿章"昨晚睡得很好,不久将能够恢复谈判"③。28日的《纽约先驱报》以"李鸿章脱离危险"为题,报道了李鸿章恢复良好,不再发烧,表现平静。与此同时也报道了广岛地方长官和警察局长被撤职的消息。④29日,该报又以"清政府也可能感谢小山"为题,报道了该报记者的采访和评论:"李鸿章总督正在轻松地休息,不会有严重后果。受伤的全权大使接受先驱报记者的采访并通过记者向美国人民说:'如果我的鲜血能够带来和平,我乐意付出。'这种情绪产生了良好影响,我相信和平会议将会继续,尽管目前暂时中断了。当然,现在比许多天以前有了更好的和平前景。所有的日本人仍然对袭击李鸿章感到震惊,各阶层的公众普遍对负责的警察官员进行了谴责。天皇下令撤销了广岛县地方长官和警察局长的职务,民众对此感到满意。据了解,刺杀清廷和谈大使的狂热者将会被判处无期徒刑。"⑤在这篇报道中,该报一方面认为这一事件反而有利于和谈,带来了更好的和平前景,因此说清政府应该"感谢"凶手小山丰太郎;另一方面,又继续宣传日本民众和政府在这一事件中的"良好表现",以博取美国民众的好感。

从上述一系列的报道中可以看出,《纽约先驱报》也像《泰晤士报》那样,并没有在对李鸿章遇刺事件的报道中谴责日本,而是将事件归咎于爱国狂热者,并连续报道了日本政府事后的补救措施,渲染日本各界表示的对事件的遗憾和对李鸿章的关心,使英美两国民众在这一事件的处理中对日本政府及日本人产生好感。

综上所述,无论英国还是美国报刊,对于李鸿章赴日和谈及其遇刺事件的报道,态度和倾向性颇为相似,造成这种现象的原因是多方面的,比如两国政府立场的影响、价值观的影响等,但还有一点不应忽视的是,日本政府对英

---

① "The News in Washington", *New York Herald* (New York), Tuesday, March 26, 1895, p.9.
② "Denounced by the Mikado", *New York Herald* (New York), Wednesday, March 27, 1895, p.9.
③ "Viceroy Li's Condition", *New York Herald* (New York), Wednesday, March 27, 1895, p.9.
④ "Li Hung Chang out of Danger", *New York Herald* (New York), Thursday, March 28, 1895, p.9.
⑤ "China may yet Thank Koyama", *New York Herald* (New York), Friday, March 29, 1895, p.9.

美报刊舆论的干预和影响。日本政府非常关注欧美报刊对这一事件的态度及其对欧美各国民众日本观的影响，因此日本驻欧美各国公使都要收集当地新闻报道的情况，将其汇报给日本政府。例如，日本驻法国公使曾祢荒助致电陆奥宗光："杀害李鸿章未遂之消息，并没有产生太坏的印象。法国民众好像并不为之同情。"驻美国公使粟野慎一郎致电陆奥宗光："暗杀未遂之消息好像并不影响对我们的感情。"驻俄国公使西德二郎致电陆奥宗光："有关目前事件的普遍印象几乎威胁到我们的信用。关于大津事件，到目前为止，除一家报纸直接说出了日本已暴露了隐藏在文明之下的阴暗而外，主要报纸都没有对此加以任何评论。"[①] 因此，日本政府对海外舆论的重视，使其每每在发生重大事件之时，总是想方设法对欧美媒体发挥影响，使其作出有利于日本的报道，"高升号"事件中如此，旅顺大屠杀事件中如此，这一次也仍然如此。在3月25日日本政府电告海外表达对李鸿章遇刺事件的遗憾时，日本外务次官林董告诉佐藤外务书记官："关于李鸿章负伤一事，已由布林克里（F. Brinkley）、豪斯（House）电告海外。此外，更使该人等将以下意思拍电报给《泰晤士报》与美联社。日本人均对凶手感到愤慨，日本报纸悉深表遗憾之意。"[②] 由此我们不难理解，为何英美报刊在事件发生后一致报道日本各阶层对此"深表遗憾"。正是由于关于这一事件的许多消息由日本政府提供，使得《泰晤士报》和《纽约先驱报》等报刊报道的内容颇为一致，基本上都作出了有利于日本形象的报道。

第二节　关于《停战协定》和《马关条约》的报道和评论

一、关于《停战协定》与和谈条件的报道

李鸿章作为全权大使遇刺，这一事件很可能影响到谈判的进程，世界舆论中也有一些不利于日本的声音，尤其是欧美各国驻日公使，在事件发生后均向日本表达了"恶感"："英国公使来外务省，只称此次事件情形甚为可叹，给欧洲恶感甚大。美国公使来本省称，欧美对此抱有甚大恶感。李鸿章系于日本政府保护

[①] 戚其章主编：《中国近代史资料丛刊续编·中日战争》第10册，中华书局，1995年，第326页。
[②] 戚其章主编：《中国近代史资料丛刊续编·中日战争》第10册，中华书局，1995年，第321—322页。

之下，被送至指定地点之使节，因保护不周，陷于不能继续进行谈判之境地。"①日本驻德国公使青木周藏给陆奥宗光的电报也说道："如果杀害李鸿章未遂之报告是属实的，整个欧洲则对这一野蛮暴行感到愤慨，并以蔑视的眼光看待我们表面的文明。我建议帝国政府立即对此给以满意之表示。"②因此，日本政府为了获得列强的好感并防止其介入，使得谈判继续按照自己的目的进行，于是作出让步姿态，同意与清廷签订停战协定。1895 年 3 月 30 日，中日双方签订停战协定，除在台湾的战事外，其他地方暂时停战 21 天。

3 月 30 日的主要英美报刊对中日签订停战协定进行了报道。例如，《泰晤士报》报道了日本政府同意停战的消息，其中说道："清廷提议停战，天皇授权日本和谈全权代表无条件接受了这一提议。这样做是出于意外行刺李鸿章的考虑。"③《纽约先驱报》也以"日本同意停战"为题对这一消息作了报道，并引用日本驻美国公使粟野慎一郎的话说："谈判一开始，清国全权大使提议停战，日本政府愿意有条件接受停战。然而，谈判正在进行时，在清国全权大使身上发生了不幸事件。天皇陛下考虑到这一不幸事件，要求日本全权代表同意无条件暂时停战。已将此告知清国全权大使。"接着，这一新闻还报道了美国政府对日本政府这一决定的态度："今晚较晚的时候，克利夫兰总统得知了粟野公使所收到电报的内容，表示对日本天皇的优雅而体贴的行为感到满意。这里的人都称赞日本政府的明智行为。这被认为是天皇以其权力尽力为其疯狂的臣民对和谈大使所犯暴行的弥补。"④ 从这两条新闻可以看出，英美报刊都采用了日本政府的说法，认为中日双方签订停战协定是日本政府在李鸿章遇刺这一背景下所做的一次让步，虽说是"弥补"，却有点"恩赐"的味道，因此《纽约先驱报》用了"grant"这个词来表示日本的"同意"。不过，中日之间的停战并不是全面停战，为了达到侵占台湾的目的，进攻台湾和澎湖列岛的日军不受停战协定的限制，继续采取军事行动。因此，31 日的英美报刊，如《纽约时报》以"有限的停战"为题，《纽约先驱报》以"停战是有限的吗？"为题，报道了同一条新闻："来自马关的专电说，中日之间同意的三周停战，只适用于奉天、渤海湾和山东半岛。来自香港的电报说，日军炮击了台湾（Formosa）的首府台湾府（City of

---

① 戚其章主编：《中国近代史资料丛刊续编·中日战争》第 10 册，中华书局，1995 年，第 321 页。
② 戚其章主编：《中国近代史资料丛刊续编·中日战争》第 10 册，中华书局，1995 年，第 322 页。
③ "The War in the East", *The Times* (London, England), Saturday, Mar 30, 1895, p. 7.
④ "Japan Grants an Armistice", *New York Herald* (New York), Saturday, March 30, 1895, p. 9.

第四章　英美报刊对马关和谈及《马关条约》的报道和评论　　161

Tai-Wan-Foo）。"①在这天的新闻中，《纽约先驱报》还报道了来自其他有关停战的消息，例如来自华盛顿的报道《战争实际上已结束》。②

关于停战协定的实施，4月5日的《纽约时报》报道了一则消息："野津（Nodzu）将军在4月1日从海城（Hai-Chang）给前线的清军送了一条中文信息，告诉指挥官实行停战、要求安排会面的细节。4月2日，他派了一个日本信使和一个号兵去，要求清军指挥官在24小时内答复。4月3日，信使和号兵都没有返回。青木（Aoki）上校恐怕对方犯规，就带着白旗和一个号兵亲自出发，走向哨所。清军哨所开始开火，青木上校停止前进，挥舞着停战的白旗示意。当他试图前进时，清军又开火，打伤了扛旗的日本兵。青木上校不得不返回。野津将军问，清国全权大使是否将停战告知了北京的政府。"③这一报道，反映了前线清兵在中日双方签订停战协定后的几日，并没有收到相关停战的通知。《泰晤士报》的一则报道也说明了这一问题："昨天在马关的和平会谈中，伊藤伯爵拿出陆军元帅野津于4日晚从海城发来的一些电报，野津元帅报告说，他从依（Yis）将军那里收到一条消息，声称他不知道任何停战的事情，他会根据自己的判断继续作战。当野津元帅通知辽阳（Liao-Yang）地方长官停战时，他同样声称不知道。野津元帅那封傲慢无礼的信交到了清廷总督面前。李鸿章表达了深深的遗憾。他只能根据推测来解释这件事，说清廷的电报线路中断了。驿卒至少需要5天才能到达在满洲的清军将领驻地。他会再发电报给北京，催促进一步派出送信者，怕万一最初的送信者发生了不幸。总督认为，陆军元帅野津转达停战消息时，肯定是送信者还没有到达清军将领驻地。无论如何，清军士兵不知道这种停战安排，或者不知道它意味着什么。"④

然而，就是对这个停战消息没有即时传达到前线的技术性问题，《纽约时报》却在其社论中对此上纲上线，以日本的"礼貌和宽宏大量"来反衬清朝的"愚昧无知和傲慢无礼"，并且声称中国人"还没有开始吸取教训"，这一社论带着极大的偏见来评论这场战争。⑤

在中日和谈过程中，日本提出的条件是各国政府和舆论界普遍关心的事情，

---

① "A Restricted Armistice", *New York Times* (New York), Sunday, March 31, 1895, p. 5; "Is the Truce Limited?", *New York Herald* (New York), Sunday, March 31, 1895, p. 9.
② "War Practically Ended", *New York Herald* (New York), Sunday, March 31, 1895, p. 9.
③ "Gen. Nodzu Is Sarcastic", *New York Times* (New York), Friday, April 5, 1895, p. 5.
④ "The War in the East", *The Times* (London, England), Monday, April 08, 1895, p. 5.
⑤ "Japan and China", *New York Times* (New York), April 9, 1895, p. 4.

因此也成为英美报刊关注和报道的重点。《纽约先驱报》在4月2日就报道说，据说日本提出的"和平条件是中国要支付4亿元赔款，割让台湾和满洲南部"[①]。4月3日，该报以"日本的条件将会很苛刻"为题，对中日和谈及达成和平的条件进行了评论，其中说道："日本内阁渴望和平，愿意给予清廷喘息的机会，但条件将会极为苛刻。进行战争的金钱问题是最严重的一个问题。如果打响向北京进军的战役，就必须去国外借款。如果不能获得金钱，就会打击日本的自豪。为了避免如此，内阁将努力寻求和平。我敢以最权威的口吻说，李鸿章是带着对和平最深切的渴望而来。但是，他这方面的广阔胸怀将会被日本人嗤之以鼻。为了得到和平，赔偿再多的钱都被认为是体面的，但是，割让领土在他本人和北京愚蠢的宫廷会议看来都是丢脸的。日本人的要求将会是大约4亿元金币，割让台湾和旅顺。会谈必将是漫长而艰巨的。"[②]因此这一报道分析了中日两国都有和谈的要求，但清朝比日本更渴望和平，日本会乘机提出苛刻的条件。4月8日的《泰晤士报》也对中日和谈中日本提出的条件作了报道和评论：

  关于日本全权代表在马关向李鸿章提出的和平条件，中央新闻社记者收到了来自北京更进一步的权威细节。这些条件除战争赔款、承认朝鲜独立、割让台湾和辽东半岛外，还包括以下重要的条款：
  第一，（1）机械设备自由输入中国；（2）外国人有权在中国建立和从事制造业。
  第二，（1）开放扬子江（Yang-tse-kiang），各国轮船可航行至重庆府（Chung-king-foo）；（2）各国船只可从洞庭湖（Toong-ting Lake）进入湘（Siang）江至湘潭（Siang-tan）；（3）各国船只可进入西江（Chu-kiang）（广州河）至梧州府（Ouchoo-foo）；（4）各国船只可进入吴淞（Woo-sung）河（上海河）和吴淞运河，北至苏州（Soo-choo），南至杭州府（Hang-choo-foo）。
  第三，永久移除吴淞口的障碍物，建立和维持足以保持河流适航的工程，使大型船只在一年当中可航行的全部季节都可安全通过。
  第四，除已有的条约港口城市外，对外国商业开放重庆府、梧州、苏州府、杭州府，以及此后可能同意的此类其他城市。
  显然，这是要向帝国政府传达，日本人寻求的不是贸易或商业优势，

[①] "Japan's Reported Terms", *New York Herald* (New York), Tuesday, April 2, 1895, p.9.
[②] "Japan's Terms Will Be Severe", *New York Herald* (New York), Wednesday, April 3, 1895, p.9.

第四章　英美报刊对马关和谈及《马关条约》的报道和评论　　　163

即不是与中国签订条约包含最惠国条款的其他国家所自由享有的那种优势。而且，帝国政府已经明白，这些商业条款将会被强硬地要求接受，因为日本政府认为，它们将为中国自己开创一个幸福繁荣的新时代。

作为清廷海军和军事失败的结果，对文明世界开放的新地区，范围大约在1000平方英里，是人口最为稠密的地方，因为它是中华帝国最富裕的地区。这里居住了2亿人口，安宁、勤劳、有教养、富裕，甚至习惯于奢侈。

官方从来没有公布过禁止机械设备进口到中国，但实际上是禁止的。这个国家无论什么机械设备，都在地方长官和其他官吏受贿的默许下走私进来。这种事情在北京政府与有关外国代表之间不时发生，但从来没有被迫作出一个明确的决定。①

这一报道并没有对于日本提出的和谈条件持批评态度，反而评论认为，清朝进一步"对文明世界开放"将"开创一个幸福繁荣的新时代"。正因为如此，日本驻英国公使加藤高明于1895年4月10日向陆奥宗光汇报说："英国的主要报纸都多多少少地非常支持我们的要求，特别是通商特权的要求。"②"根据四月五日接到之电报，关于作为此次讲和条件所提出有关商业上之让予一事，已通知该国外交大臣。……因之使其于报纸发表，尚须延迟两三日。再有本公使考虑到路透社与清国公使馆关系密切，因而嘱咐中央新闻社说，此系北京通信。而且为充分防止泄密，曾加以修改，与通知该国外交大臣者颇为不同。将专与日本利益有关之条件删去，令其分发给该政府各报。本月八日，各报均已刊载如另纸剪报。除保守党机关报《标准新闻》之外，无不多少加以评论。尤其帝国军队占领旅顺后，几乎一直保持缄默之《泰晤士报》，当日刊登重要社论如另纸剪报，亦谓帝国之要求最为适当。尤以商业上之让与，事关增进彼我之福利，清国政府当然必须应允。此评论给该国舆论之倾向以很大影响。其他各报亦承认我国要求并非过当。唯有关于土地之割让，虽有人担心今后是否将影响英国之利益，需加以警惕，但无全然反对者，实为顺利。为此，使当日股票市场有所变动，于市场行情栏内有明确记载，影响所及出乎逆料。本官认为此事系恰合其时，乃外交上之成功。"③由此也可以看出，《泰晤士报》等英国报刊的

---

① "The War in the East", *The Times* (London, England), Monday, April 08, 1895, p.5.
② 戚其章主编：《中国近代史资料丛刊续编·中日战争》第10册，中华书局，1995年，第94页。
③ 戚其章主编：《中国近代史资料丛刊续编·中日战争》第10册，中华书局，1995年，第95页。

报道有利于日本,也与日本政府对外公布消息时的心机有关。他们交给英国媒体的和谈条件不同于给英国政府的版本,而是将和谈条件中"专与日本利益有关之条件删去"了,因此英国媒体得到的版本,是日本政府以"防止泄密"为由堂而皇之地"加以修改"之后的版本,被隐瞒真相的英国报刊因此为之叫好。

二、关于《马关条约》的报道和评论

1895年4月17日,中日双方代表签订《马关条约》,英美报刊对此普遍进行了报道和评论。笔者以英国《泰晤士报》《标准报》和美国《纽约时报》《纽约先驱报》为例作一分析。

4月18日的《泰晤士报》报道了来自神户、上海、香港、天津、马关、东京、柏林、巴黎等地记者发来的关于《马关条约》签订的消息。其中来自神户的消息说:"中日之间的和平条约已于今天10点钟签字。据说中国让步答应了日本的所有要求,但在条约批准并换约之前,不会公布任何内容。中国代表团将于今天离开马关回国。"来自上海的消息说:"和平条约今天已经签订。其条款只能从中国方面得知,因此被认为不可完全相信。日本在条约获得批准之前拒绝公开其条款,而条约将在三周之内获得批准。因此,停战也被延长至5月8日。"① 这一天的《泰晤士报》还对中日签订和平条约发表了长篇社论。社论说,李鸿章去日本谈判,是"扮演了一个艰难且卖力不讨好的角色","他的行为将受到他的同胞们的强烈质疑",但是,社论中却认为,签订屈辱条约并非李鸿章的过错,"清廷的耻辱主要是因为这些同胞们无可救药的愚昧无知"。而关于这个不平等条约中日本的苛刻条件,《泰晤士报》明显站在日本立场来评论:

> 鉴于清廷所作的可悲的辩护,就目前呈现在世界面前的和平条件而言,很难说这些条件过于苛刻。日本的要求受到限制,显然不是由于任何清廷的抵抗力,而是由于日本政治家对日本同化力(power of assimilation)的估计。台湾是日本渴望占有的一个目标,这早已为人所知,吞并它不会令人感到惊讶,尽管在远东有着利益的其他国家对此几乎不会赞同。同台湾一起的自然是澎湖列岛,人们怀疑不止一个欧洲强国在觊觎这些岛屿。日本由此获得的,不仅是扩大了宝贵的领土,而且极大改善了其战略位置。对

---

① "China and Japan", *The Times* (London, England), Thursday, April 18, 1895, p.3.

辽河以东的范围的吞并，似乎有着相当大的疑问，甚至有人怀疑是否意图永久占领它。它或多或少都很适合用于双重目的。它形成了一个屏障，防止从陆路攻击旅顺，并为控制朝鲜半岛提供了一个合适的基地。我们可以推测，规定朝鲜独立实际上意味着朝鲜或多或少完全成了日本的保护国。通过留在旅顺，日本人将控制渤海湾，永远威胁中华帝国最脆弱的地区。日本拥有这种强制手段的政治后果很可能是巨大的，尽管关于日本政策的总体目的（general aim）还缺乏准确的信息，可能难以预见其演变。①

对于这样一个严重损害清朝主权的不平等条约，这篇社论竟然说"很难说这些条件过于苛刻"，并且认为影响日本向清朝勒索多少领土的限制因素，"不是由于任何清廷的抵抗力，而是由于日本政治家对日本同化力的估计"，也就是说，日本的胃口是由它自身的消化能力决定的，与清朝反对日本的侵略无关，这实际上是以极为轻蔑的口气全盘否定了当时清朝在这场战争中的抵抗及其表现，由于清军的无能而任由日本主导战后的谈判及条约。

伦敦《标准报》在4月18日也对《马关条约》的签订作了大篇幅的报道，报道内容涉及条约的签订及相关条款、日本和中国国内对签订条约的反应等，包括从横滨、天津、马关、东京、上海、纽约、巴黎、柏林、维也纳等地发来的消息。例如来自天津的消息说："一份帝国声明授权李鸿章根据日本的最后通牒签订了和平条款。条约的条款包括由清政府赔款2亿两白银，割让辽东半岛上至北纬40度，割让台湾，开放包括北京在内的5个新的通商口岸。"来自上海的消息说："和平条款包括割让澎湖列岛、辽东半岛和台湾，预料主战派（War Party）会制造麻烦，他们已经指控李鸿章毫无必要地同意甚至助长了国家的衰落和分裂。这种情绪在广州尤为强烈，这里几乎没有感觉到战争的压力。今天这里有人谈论反朝廷的起义，甚至明确声称这座城市将在下周五作出榜样，起义并驱逐所有帝国官员。"而来自东京的两条消息则分别报道了条款的大致内容和日本国内的反应。其中一篇报道说："根据《日日新闻》杂志，中日两国全权代表在马关达成的和平条款包括割让台湾、澎湖列岛，以及鸭绿江口和辽河一线以南的领土，包括营口（牛庄的港口）、海城和盖平城。条约还规定支付战争赔款2亿两白银，在6年之内付清，废除中国在日本的一切治外权利要求（extra territorial claims），保留日本在中国的治外权利。中国进一步同意给

---

① *The Times* (London, England), Thursday, April 18, 1895, p.7.

予日本某些商业特权。"另一篇报道说:"和平的结局获得了[日本人]高度满意,但极端主战派除外,……日本政治家一致认为,欧洲对日本在中国进行商业竞争的担心,是被严重夸大了,并且极不成熟。可以肯定,日本能够对中国确立起任何大规模的出口贸易,还将需要许多年时间。无论如何,有人争辩说,像日本这样的国家,只有4500万人,在提供4亿中国人的需求品方面,日本在任何时候都不可能指望取得近乎垄断的地位。"①

《标准报》除上述新闻报道外,在18日这天还报道了一则采访消息。一名路透社记者采访了英国科尔切斯特(Colchester)的皇家炮队指挥官莫里斯(J. F. Maurice)上校。其中谈到和平条款中割让领土一项时,莫里斯说:"割让辽东半岛似乎特别重要,因为只要日本拥有了它,她就能够集中境内的任何力量,以其制海权将这种力量运送过渤海湾,随时到达不足一百英里远的北京。……现在日本在辽东半岛极易防守,她拥有其所想要的全部陆军和海军力量,也拥有半岛上的优良港口、兵工厂、造船厂,以及在短时间内运送军队的一切设施。假如战争爆发时她拥有这里,她的政策显然会是在这里召集一支远征队,以打败清廷海军,然后让军队在海湾对面登陆。根据至今所公开的和平条件,日本的要求已经多得不能再多了。她获得了她所需要的一切,并且在夏天能够随时向北京进军。她的军队就在神圣的都城附近,无须进一步侵入就有可能抵近清廷皇帝。通过这种安排,日本以最小的吞并获得了最大的优势。"②莫里斯这一评论,指出了日本侵占辽东半岛对清朝构成的长期威胁,这正是《泰晤士报》所说的日本达到了双重目的,另一目的是"为控制朝鲜半岛提供了一个合适的基地"。

美国《纽约时报》在《马关条约》签订的当天(纽约时间为16日)对此事进行了报道,其中认为和平条款包括:"第一,朝鲜独立;第二,日本保留其所占领的地方;第三,日本占有辽河东面的领土;第四,永久割让台湾;第五,赔款1亿美元;第六,清日之间结成攻守同盟。"③第二天的《纽约时报》又对这些条款进行了评论:"迄今为止从国务院正式获得的消息证明,从伦敦发来的中日之间达成的和平条款,只是全权代表考虑的建议,被认为在一些细节上是错误的,尤其是关于日本保留其已经占领的满洲领土、旅顺要塞和威海卫,如果保留意味着永久占领的话。华盛顿的官员一直承认,对于朝鲜独立、割让台湾、

---

① 上述报道均引自 "China and Japan", *The Standard* (London, England), Thursday, April 18, 1895, p. 5.
② "China and Japan", *The Standard* (London, England), Thursday, April 18, 1895, p. 5.
③ "Peace Signed in Japan", *New York Times* (New York), Tuesday, April 16, 1895, p. 1.

第四章　英美报刊对马关和谈及《马关条约》的报道和评论　　167

赔款和暂时控制旅顺，清廷的反抗都未能成功。最近的电报说赔款数量在1亿美元，恰好等于1亿金元（gold yen），实际上相当于2亿两白银的价值，而几天前的报告说，日本同意把赔偿要求缩减到1亿两。关于中日之间结盟的条款，现在是第一次听说。这被认为不是没有可能，对于它本来应该保密也不令人感到意外，因为无论两国政府之间的谅解多么真诚，两国的大多数民众都会反对这一条款。"[①]

《纽约先驱报》也在纽约时间16日对中日之间签订和平条约作了报道和评论。报道和平条约的内容与《纽约时报》上所说的六点完全一致，但《纽约先驱报》随即对此进行了评论：

　　日本以和平条约结束了一场胜利的战争，而这一条约是对其在战场上胜利的赞赏。据说，强加于清廷的条款出于仁慈而作了修改，可以看到，赔款的数量只是人们料想清廷会被要求赔偿的四分之一。而在条约的其他细节上，很难看到日本如何维护了更有利的条件。
　　朝鲜独立是战争一开始就追求的，当然要获得承认。这在几个月前就达到了，并且在日本的外来关心下已经实行了改革，这无疑将导致隐士王国在文明方面的一场革命。而且，日本现在是朝鲜的金融债权国，因此尽管朝鲜现在是一个独立的王国，她理所当然地肯定会受到日本的强烈影响。实际上，预计她同日本的关系，有可能就像埃及对英国或者突尼斯对法国那样。
　　接下来，是条约中规定日本保留其军队占领的地方，并拥有辽河以东的领土。看一眼地图就知道这些条款的重大意义，包括奉天和牛庄在内的满洲，以及海军要塞旅顺都归日本所有。这对清廷来说一定是条约中最难同意的部分。一段时间以前，听说清廷曾下决心同意日本提出的几乎任何条件，只要这些条件不包括割让满洲和统治王朝的摇篮。但事情证明这太难，清廷屈服了，无奈地让出了满洲和奉天圣城。正如前面已经指出的，有了它们，就可以去旅顺和中国南部大陆其他被占领的地方，尤其是海军港口和基地威海卫。至于是永久保留该领土还是只在赔款付清之前保留该领土，这一点还缺乏确切的信息。
　　还有关于永久割让台湾和日本对于这一岛屿的野心的完全实现，以及

---

① *New York Times* (New York), Wednesday, April 17, 1895, p.5.

两国结成攻守同盟的条款。最后一条也许是条约中最重要的条款。中国受到战争的削弱，与其征服者联手来反抗西方的侵略是其最好的选择，而日本会发现中国抵抗西方压力的一些因素是她本身所没有的。就目前而言，只要提请注意一种有望使东方的国际关系发生革命性变化的事态发展，这就够了。

从更广的国际视角来看，还有与条约相关的两点值得注意。第一点是，日本获得大面积领土的割让，意味着东方旧的力量平衡被一个年轻、充满活力和正在扩张的具有高度文明的国家颠覆。在今后影响远东的所有问题中，西方国家都必须以非常严肃的方式来对待这个国家。其他大国将如何看待日本提前迈出的这一非同寻常的一步，仍有待观察。可以相当肯定的是，俄罗斯对割让满洲将极为不满，而在这种情况下，新条约所造成的局势在很大程度上具有挑衅性。

第二点是，这次对清廷威望的沉重打击，对天朝帝国内部稳定的影响有多大？……清廷在日本手中蒙受的耻辱，以及在公众眼中统治王朝要求的降低，是否足以增强革命力量，把这个分区构成的松散帝国分解成一些原始元素？今天，在紫禁城内，人们可能正在焦急地讨论这个问题。①

如果说《泰晤士报》认为《马关条约》中日本提出的条件并不苛刻，是在为日本开脱，那么，《纽约先驱报》这一评论，简直就是在为日本唱赞歌了，认为日本从条约中所获得的，是其作为一个胜利者应得的奖赏，如果日本不是出于"仁慈"，它还可以要求更多。不过，《纽约先驱报》也看到了《马关条约》对远东国际关系和对清朝国内可能带来的影响。一方面，它认为条约改变了远东既有的国际秩序，并随之产生了新的矛盾，尤其是日俄之间的矛盾；另一方面，条约也给清朝统治带来了危机，有出现革命和国家分裂的危险。

4月18日，《纽约先驱报》对《马关条约》及其带来的影响作了进一步的报道和评论。关于条约条款的内容，这天的报道更接近于事实："日本将受让台湾、澎湖列岛、辽东半岛，赔款2亿两白银。中国还给予了几项重要的商业特许，但日本将与其他国家分享这些。没有作为临时担保由日本占领的领土，也许除了刘公岛。"② 关于《马关条约》的签订对清朝内政的影响，《纽约先驱报》

---

① "Peace Signed at Shimonoseki", *New York Herald* (New York), Tuesday, April 16, 1895, p.9.
② "Trade Barriers Broken Down", *New York Herald* (New York), Thursday, April 18, 1895, p.9.

也报道了伦敦《标准报》所说的广州将发生革命的传闻①,并分析说:"在中国人中一直存在着当前统治王朝的大量反对者,秘密社团曾多次试图发动革命。恐怕在当前帝国的混乱状态下,由于来自军队的大量散兵游勇,以及纪律涣散部队的解散,危险大大地增加了。中国也有一个强大的派别反对和平解决方案的条款,因为这些条款使中国比以往任何时候都更大程度地向外国人特别是可恶的日本人开放。帝国中的保守派反对迄今为止为国家开放所采取的一切步骤,恐怕他们会通过攻击居住在中国的外国人来表达对新条约条款中这方面的不满。"②

这天的《纽约先驱报》还用了大量篇幅来报道和分析俄国、英国、美国对《马关条约》的反应和态度。关于俄国的态度,报道中说俄国政府联合法国准备召集一次列强会议,旨在修改不利于俄国的和平条款。关于英国的态度,该报主要报道和转载了伦敦《泰晤士报》、《标准报》、《佩尔美尔街日报》、《圣詹姆斯公报》(*St. James Gazette*)、《每日新闻报》等报刊的有关评论。对《泰晤士报》态度的报道主要转述了其 18 日社论的中心观点。关于《标准报》则转述了其对一些英国商人的采访,这些受访的商人对和平条款持欢迎态度,认为这些条款有利于增进其东方贸易。对于《佩尔美尔街日报》则指出,该报认为割让台湾令英国不愉快,而割让辽东半岛会令俄国不愉快。至于《圣詹姆斯公报》,摘载了其中一段评论:"英国是仁慈的,没有对日本生气。日本促使中国开放在其境内开设工厂,并不意味着日本将垄断这种工业,因为英国如果愿意也可开设工厂。"③关于《每日新闻报》的态度,也是转载了一段评论:"显然,日本如果掌握了适当的领导权,它必然会成为影响中国的主导力量。世界将会见证一种巨大的新势力的兴起。木已成舟,几乎没有什么可以改变它,也没有什么应该去改变它。这是一种真正的征服,由战争来实现。这显然是对市场权利的大规模征服。一想到中国向全世界的企业开放,就有一种积极的振奋人心的东西。我们相信英国的企业不会受苦。只有我们自己的愚蠢和错误才会使我们失去对整个东方的领导。仅从工业方面而言,新条约改善了我们的机遇;在政治问题上,可以放心地让其自行解决。"④ 从《纽约先驱报》所摘载的伦敦报刊观点来看,英国舆论的态度基本上是对《马关条约》持欢迎态度,尤其是在迫使清朝进一步对外开放这一点上,英国人普遍认为有利于其远东的商业活动。

---

① "Revolution in the Air", *New York Herald* (New York), Thursday, April 18, 1895, p. 9.
② "Civilization Advance", *New York Herald* (New York), Thursday, April 18, 1895, p. 9.
③ "Opinion in London", *New York Herald* (New York), Thursday, April 18, 1895, p. 9.
④ "Opinion in London", *New York Herald* (New York), Thursday, April 18, 1895, p. 9.

关于美国对《马关条约》的反应和态度，《纽约先驱报》报道了美国国务卿葛礼山（Gresham，1832—1895年）对条约有关条款的评论，其中说道：

> 我认为，日本占领中国领土实际上是暂时的。这是通常的做法，除了某些特定地区成为赔偿的一部分，付款后就要停止占领。我对日本取得的地位的理解是，和平条约的部分条款是中国取消对进口商品征收国内税。在旧体制下，外国商品进入中国要交常规关税。除此之外，当商品运入内地，还要征收一种额外的税。显然，正是这一点，日本坚持应该取消。其他国家曾努力但没能成功取消这种税，它对外国在与中国的商业贸易中是一种负担。显然，现在日本已经介入并坚持要打破这一壁垒，这不只是为了个人目的，而是为了广大文明国家的利益。如果这是真实的，这使日本在世界面前处于极其有利的地位，而且作为文明的捍卫者，利用个人的胜利为所有国家的贸易谋取利益，日本人再也不能被欧洲人或美国人称为"异教徒"了。对日本来说，这是一次辉煌的行动，因为这标志着这个国家在世界各国当中向前迈进了一步。①

在这一评论中，葛礼山把日本的行为看作在为欧美国家谋取利益，因为按照不平等条约中的最惠国待遇，日本在清朝获得的特权也适用于欧美列强。因此，葛礼山把日本从清朝攫取商业特权看作"为了广大文明国家的利益"的"一次辉煌的行动"，由此呼吁欧美国家不要再把日本人当作"异教徒"。葛礼山这一评论，也有助于我们理解欧美国家声称的日本在甲午战争之后步入了"文明国家"行列，其实这所谓"文明国家"的地位是通过做欧美列强侵略中国的帮凶而获得的。

由于《马关条约》签订时日本要求暂不公开条约的条款，因此英美报刊都是根据谈判内容和各种消息来源对条约内容进行推测的，虽然与后来公开的条款大致差不多，但在细节上还是有较大差别，尤其是关于建立中日攻守同盟之说，纯粹是子虚乌有。后来随着《马关条约》内容的公布，许多英美报刊刊载了条款的具体内容。例如《泰晤士报》在6月18日刊登了《中日马关条约》全文②，《纽约时报》则在8月4日刊登了条约全文，并对条约作了介绍和评论。

---

① "Civilization Advance", *New York Herald* (New York), Thursday, April 18, 1895, p.9.
② "The China-Japan Treaty", *The Times* (London, England), Tuesday, June 18, 1895, p.10.

在马关谈判及条约签订过程中，日本政府非常关注西方报刊对日方的和平条件及条约内容的报道和评论，以便针对西方舆论情况采取应对措施。例如，日本驻俄国公使西德二郎在4月12日致电陆奥宗光："对有关俄国报纸报道之四月五日来电，当时曾以第二十三号电答复。但近来如屡次所呈报，该国报纸自最初起，即对割让满洲大陆一部土地皆表示不同意。并称，如我国始终坚持此种要求，则自然使俄国立于敌国地位，等等。登载此类有恐吓性之评论，决非于今日开始。且因该国报纸于社会上无何势力，本官认为毫不值介意。"[①]4月19日，日本驻英国公使加藤高明致函陆奥宗光，详细汇报了他与英国外交大臣金伯利的谈话，这段谈话不仅反映了日本政府试图干涉外国报刊舆论，也反映了英国政府出于拉拢日本的外交目的而迎合日本控制舆论的态度。

该大臣〔金伯利〕似乎毫无隔阂地谈道，自东京公使馆有通知前来，内称于横滨有一、二种英文报，其记事经常反对贵国，为害人心较大。贵国人误认彼等代表我英国舆论，有损伤贵我两国友好感情之倾向。此情况因当时自东京公使馆有通报前来，始得一见。并得以知晓该报实系万分粗鲁之报纸，此等报纸，本国甚至不知其名，当然毫不能代表其本国舆论。贵国人民如据此误认为本国人民对贵国之心，就两国之友好交往而言，实觉万分遗憾。为此，至希将真正之英国舆论告诉贵国人民，明确《横滨新闻》之类所记之事，毫无考虑之价值。不悉贵公使对此有何好办法。本官认为此时诚为良好机会，便答复该大臣说：既然如此，贵大臣亦恐不知其详情。该《横滨新闻》实为可憎之卑劣报纸。近年来一贯反对日本官民，苟有足以损伤日本官民之事，不问其虚实，动辄得意洋洋地大肆宣扬。反之，对好事则加以扣压，一向不予刊载，等等。确为彻头彻尾专心一意损伤日本利益之报纸。我国政府当然自不待言，即或我国人民亦不认为彼等为英国舆论之代表。但无奈每日遭受彼等毫无根据之攻击，蒙受其毁谤，心中甚觉不快，亦事属当然。因而或多或少有伤两国人民之间感情，势所难免。我国政府虽常常对此感到忧虑，无奈于现行条约继续存在期间，对彼记者无裁判权，苦于无任何办法可施。如得到英国政府协助，得以禁止彼等新闻发行，于两国国交之进展，最为有利。于是，金伯莱伯爵宣称：禁止发行等事，颇不可行。如按上述办法处理，将产生如下意外结果，即

---

① 戚其章主编：《中国近代史资料丛刊续编·中日战争》第10册，中华书局，1995年，第98页。

将为此微不足道的报纸提供分外之价值，甚至使不知该报名称之本国人民反而对彼等加以注意，等等。该大臣又问：如不采取此等过激办法，有无其他好办法？本官答曰：无任何好办法，阁下如有良策，请示知。该大臣答曰：本大臣亦无何良策，只感到遗憾之至。因而本官说明，待考虑成熟之后，日后再倾听高见。惟目前关于日清事件，英国报纸刊载有关我国之报道甚多。且各主要报纸所论，概为公正。英国人心所向，表示对我国友好。因此，每每将其剪报寄交我外务省。外务省时常将此交给《东京日报》、《时事新报》等东京主要报纸，令将其译文刊载于彼等报纸。金伯莱伯爵闻之，露出甚为喜悦之色，并称：是乃真正好办法，请今后继续采取此办法。苟如此，贵国人民可藉此了解本国舆论真相，不再听信《横滨新闻》所言，于削弱毫无事实根据之对英国恶感上亦将产生很大效果，衷心希望继续下去。[①]

加藤高明与金伯利之间的这段对话，一方面反映了两国政府试图控制报刊中不利于日本言论的态度，另一方面也反映了甲午战争期间英国报刊的舆论倾向性。加藤高明这句话是对英国报刊的很好总结："惟目前关于日清事件，英国报纸刊载有关我国之报道甚多。且各主要报纸所论，概为公正。英国人心所向，表示对我国友好。"

综上所述，英美报刊对中日马关和谈及《马关条约》的签订给予了极大关注，对整个和谈和签约过程进行了连续报道，并且对一些重要事件和条约内容作了评论。不过，总的来说其叙事和评论的立场都几乎是站在日本一边，以成王败寇的价值判断来评述战争的结果。当然，英美许多报刊之所以为日本唱赞歌，一个重要的影响因素是他们与日本在中国问题上有着共同利益。日本用武力进一步打开清朝的大门，从清朝攫取大量特权，而这些特权根据清朝与欧美列强不平等条约中的最惠国待遇，这些国家都可一体均沾，因此，英美报刊舆论除了在割让领土方面表现出了不同看法，对于《马关条约》中其他条款的规定，均看作战争理所当然的结果，是日本作为战胜国理应获得的利益。

[①] 戚其章主编：《中国近代史资料丛刊续编·中日战争》第10册，中华书局，1995年，第110—111页。

第五章 "文明"话语与甲午战争

西方的"文明"一词作为名词首先出现于18世纪法国启蒙运动时期，用来描述个体或社会群体所处的一种相对富裕和具有道德的生活状态。但是，随着这个概念在19世纪以后被广泛使用，其含义因使用语境不同而不同，至今存在各种解释和定义。然而，法国史学家吕西安·费弗尔（Lucien Febvre，1878—1956年）从"文明"的用法着手所作的解释，为我们理解这一概念提供了参考。他提出"文明"有两种用法："第一种情况，文明只是指一个人类群体集体生活中能够被观察到的全部面貌特征，包括其物质的、智识的、道德的、政治的以及（很遗憾没有别的词可以表达它）社会的生活。这可以被称作文明的'民族志'概念。对于所考察各方面的详尽或总体的样式，它不暗含任何价值判断。它也与不同群体中的个人没有任何关系，或者与个人的反应或行为没有关系。它首先是一个用来指称一个群体的概念。第二种情况，当我们谈论文明的进步、失败、伟大和衰弱，我们在大脑中确实有一种价值判断。我们会认为，我们所谈论的文明——我们的文明——本身是伟大的和美丽的，也更高贵、更安逸、更美好，从道德和物质上来说都胜过在它之外的任何事物——蒙昧、野蛮或半文明。最后，我们确信这种文明（我们参与、传播和推广并从中获益的文明）会给予我们一种价值观、声望和尊严。"[1] 本章所使用的"文明"概念是这里所说的第二种情况，即并非要讨论和反思"文明"内涵的本义，而是将其作为19世纪一种具有价值取向的话语来探讨。

19世纪下半叶，以英国为首的西方列强主导的世界格局基本形成，原来由清朝主导的东亚华夷秩序也被逐渐打破而纳入西方主导的国际体系。在这一过

---

[1] Lucien Febvre, Émile Tonnelat, Marcel Mauss, Adfredo Niceforo et Louis Weber, *Civilisation – Le mot et l'idée*, Paris: la Renaissance du livre, 1930, p. 12.

程中,"文明"作为一个标榜西方进步并反映西方优越性的概念,在西方社会内部广为流行,并且随着西方的扩张及其"文明使命"(civilizing mission)行为而传播到世界各个角落,因而成为一种世界性的话语。在这种世界舆论环境中,"文明"成了评判一切国际行为的标准,自然也运用到了1894—1895年的中日甲午战争当中。然而,西方"文明"话语实践表面上是基于道德性和正当性对某种行为的一种评判,实际上却成了强者从道德和法理上为自身行为寻找合理性的舆论工具。在晚清精英看来,西方和日本都是蛮夷,远远比不上具有数千年教化礼仪(文明)传统的中国,但此时的西方列强却把清朝和日本都列为"半文明"国家。而日本却打着"文明"的旗号,称日清战争是"文明"对"野蛮"的战争。本来,战争双方谁"文明"谁"野蛮",这并不是一个分辨不清的历史问题,战争史实本身已经表明了一切。但是,在当时西方和日本主导的"文明"话语中,这却成了问题,清代中国被强行贴上了"野蛮"的标签,对西方的抵制就是阻碍"文明化"和"现代化","文明"话语在美英日主导的甲午战争国际舆论环境中几乎成了一种话语暴力。基于这一思考,本章将从全球史视角出发,把中日甲午战争置于广阔的国际环境及其语境中,以当时日本及美英报刊相关文章为主要史料,对围绕战争的"文明"话语作一初步考察,并由此反思19世纪下半叶西方霸权下的话语暴力。

第一节 19世纪西方"文明"话语

一、19世纪西方"文明"话语

19世纪在某种意义上是"欧洲的世纪",因为欧洲社会在这个世纪实现了从农业社会向工业社会的转型,科学技术与人文社会科学空前繁荣,海外殖民扩张达到巅峰,以欧洲为中心的资本主义世界体系建立起来。正是在此背景之下,欧洲不仅取得了世界的军事与经济霸权,也取得了文化霸权,并形成了支配世界的欧洲话语体系。他们以这套话语来衡量欧洲之外的国家,使殖民地半殖民地国家最终纳入其所谓"文明国家"与"国际社会"之中。

法国史学家基佐是19世纪阐述"文明"观念的代表之一。他在《欧洲文明史》(1828年)中对"文明"作了明确的解释。他认为,"文明这个词所包含的第一个事实是进展、发展这个事实。……进展的概念、发展的概念是这个词所包含的基本概念。进展是什么？发展是什么？……它是国民生活的不断完善，严格意义上的社会的发展，人与人之间的关系的发展"。同时，它也包括"除社会生活的发展而外的另一种发展：个人的发展、内心生活的发展、人本身的发展，人的各种能力、感情、思想的发展"。"人类无论在什么地方看到为崇高享受而创造的精神财富，人类就在那里承认它，称它为文明。因此，在这个大事实中包含着两个事实，它靠两个条件存在，并通过两个标志显示出来：社会活动的发展和个人活动的发展，社会的进步和人性的进步"。[1] 由此观之，基佐所理解的文明是一种社会的进步和人性的进步。然而，在基佐看来，这种进步并非任何一个民族都可以取得，而是在世界各地存在差异。他说："在大多数古代文明中是一种显著的单一性。这种单一性产生了各种不同的后果。有时候，例如在希腊，社会原则的单一性导致了一种惊人迅速的发展。……在别的地方，例如在埃及和印度，文明原则的单一性有一不同的效果：社会陷入一种停滞状态。单一性带来了单调。国家并没有被毁灭，社会继续存在，但一动也不动，仿佛冻僵了。""欧洲文明就显得无与伦比地丰富，它在同一个时期里显示出还有许多不同的发展。……在近代欧洲，构成社会诸阶层的有各色各样的因素，同时他们又处于不能相互排斥的状态，这就产生了今天盛行的自由。……这构成了一种真实而巨大的优越性。""欧洲文明已进入了永恒的天意的轨道，按照上帝的意图前进。这是理性对它的优越性作出的解释。"[2] 因此，基佐所说的"文明"，就是社会及个人的发展与进步，以及由此创造的精神财富。然而，他将欧洲文明视为人类发展与进步的代表，强调其优越性，欧洲中心主义不言自明。

英国小说家和史学家查尔斯·金斯利（Charles Kingsley）在1852年的一次演讲中，谈及法律、基督教与文明的关系时说，像英国这样的文明国家繁荣昌盛，是因为他们拥有符合上帝旨意的法律并遵循这些法律。而在大量处于蒙昧状态的国家，人们日益变得儿童般易怒，愚昧无知，用以判断是非的法律被淡忘，直至他们丧失有关建筑、纺织甚至耕地的知识，最后像野兽那样食不果腹，走向灭绝。当然，非洲黑人和印第安人虽然落后，但还没有落后到不能接受福音的地步，而且他们的生活甚至令许多英国白人都感到羞耻。而澳大利亚黑人却不能接受福音，因为他们似乎愚蠢得不能理解福音。[3] 金斯利在此表明，遵循

---

[1] 基佐：《欧洲文明史》，程洪逵、阮芷译，商务印书馆1998年版，第9—11页。
[2] 基佐：《欧洲文明史》，程洪逵、阮芷译，商务印书馆1998年版，第22—25页。
[3] Michael P. Banton, *The Idea of Race*, Colorado: Westview Press, 1977, p.73.

法律与接受福音是文明的重要表现，一个国家要成为"文明"国家，就必须接受基督教和符合基督教伦理的法律，否则便是愚昧无知。

19世纪欧洲"文明"话语中的一个重要主题，就是文明与种族的关系。对此做过阐述的学者不少，这里以法国的乔治·居维叶（Georges Cuvier）和亚瑟·德·戈比诺（Arthur De Gobineau）为例予以说明。居维叶是博物学家，他像以往欧洲学者那样继承了《圣经》中关于人类起源的思想，并作了进一步发展。他认为，全部人类起源于亚当，大概在5000多年前，地球上发生了一次类似洪水的大灾难，人们分三支往不同方向逃避灾难并在相互隔绝中发展起来，这就形成了三大人种：来自高加索（Caucasus）山区的白种人，来自阿尔泰（Altai）山区的黄种人，来自阿特拉斯（Atlas）山脉南面的黑种人。这三大人种按白种人、黄种人、黑种人形成高低不同的等级，并在文化与智力方面形成差异，也就是文明的差异。他认为，高加索人种因其优越性而支配了世界，并在科学方面取得了最快的进步。中国人进步较少，因为他们的颅骨的形状更像动物的颅骨。而黑人处于奴隶地位。① 戈比诺继承并发展了这一理论。他在《论人类种族的不平等》（1853年）一书中对种族与文明的关系进行了阐述。他在该书中声称找到了"解决历史之谜的钥匙"，这把钥匙就是"种族问题"，因为"种族问题掩藏了其他一切历史问题"。② 因此他撰写此书的目的，就是要用这把钥匙来解释文明及其兴衰。他对"文明"的界定不同于基佐，认为"文明"是"一种相对稳定的状态，在这种状态中，人们力图通过和平手段来满足其需求，并使其行为与心智得到完善"③。但他认为，白种人、黄种人、黑种人及其文明，是按照等级排列的，由此形成"文明的阶梯"（ladder of civilization）。一种文明的优劣，与气候、土壤等自然条件无关，而是种族在生物学上的优劣决定的。戈比诺强调种族的单纯性，认为这是一种文明兴起的重要基础，而不同人种（高等级种族与低等级种族）之间的混血会造成（高等级）种族的退化和文明的衰落。他最后得出结论说："这就是历史的教训，它表明一切文明都源于白种人，没有白种人的帮助，什么都不可能存在。而且，假如一个群体属于人类最杰出的分支，只要保持这个群体的高贵血统，他们所建立的社会就会繁荣昌盛。"④ 这种将种族与文明结合起来阐述，以此强调白种人与欧洲文明的优越性，

---

① Michael P. Banton, *The Idea of Race*, Colorado: Westview Press, 1977, pp.32-33.
② Arthur De Gobineau, *The Inequality of Human Races*, New York: G. P. Putnam's Sons, 1915, p. xiv.
③ Arthur De Gobineau, *The Inequality of Human Races*, New York: G. P. Putnam's Sons, 1915, p.91.
④ Arthur De Gobineau, *The Inequality of Human Races*, New York: G. P. Putnam's Sons, 1915, p.210.

正如美国全球史学家布鲁斯·马兹里什（Bruce Mazlish）所说，"随着文明概念在18世纪的出现，种族观念找到了其赖以依附的主人"①。

"文明"话语也从19世纪欧洲各国政府官吏的言语中表现出来。当时一些官吏在对待殖民地与半殖民地的态度上，主张通过对其改革而使其"文明"化。例如，1833年麦考利（Thomas Babington Macaulay）在英国下议院讨论东印度公司法案时说："我们是自由的，我们是文明的，但是，如果我们不以自由和文明的同等尺度来衡量人类中的任何其他部分，我们将一无所获。"②因此，欧洲各国在对外扩张中不遗余力地推销其"文明"，通过各种手段使殖民地或半殖民地国家实行"改革"，最终将其训练成符合欧洲要求的"文明"国家。

19世纪欧洲学者中对"文明"话语建构影响最大的，是一些国际法学家，因为他们的观点渗透进欧洲各国政府的外交活动中，从而直接对非欧洲国家产生影响。欧洲国际法学家将国际法界定为"文明国家之间的法律"，从而将所谓的"野蛮"和"半野蛮"（"半文明"）国家排除在国际法适用的范围之外，最终将这些国家排除在西方主导的"国际社会"之外。瑞士法学家伯伦知理（Johann Caspar Bluntschli）在1868年就出版了著作《文明国家的现代国际法》（Das moderne Völkerrecht der civilisirten Staaten）③，1882—1883年俄罗斯法学家马尔斯顿（Fedor Fedorovich Martens）也出版了两卷本《现代文明国家的国际法》（Современное международное право цивилизованныхъ народовъ），这些书名表明了国际法与"文明国家"之间的关系。英国法学家威廉·爱德华·霍尔（William Edward Hall）在《论国际法》（1895年第4版）中将国际法定义为"现代文明国家在其国际关系中应遵循的某些行为规则"④。

英国法学家托马斯·厄斯金·霍兰德（Thomas Erskine Holland）在其《法学原理》（1886年）中提出："'国际法'这个词组表示的是根据国家被期待如何行为（这些行为要么得到各国赞同，要么符合文明世界的惯例）而制订的行为规则。"⑤这个定义表明，在霍兰德看来，"文明世界的惯例"是国际法的主要渊源。正因为国际法被认为是"文明世界"的法律规范，因此适用于这一法律体系的"文明国家"也就构成了一个特殊的国家群体——"国际大家庭"（family

---

① Bruce Mazlish, *Civilization and Its Contents*, Stanford University Press, 2004, p. 62.
② Raghavan Iyer, ed., *The Glass Curtain between Asia and Europe*, London: Oxford University Press, 1965, p. 215.
③ 丁韪良等人于1880年将该书法文版译成中文，名为《公法会通》。
④ William Edward Hall, *A Treatise on International Law* (Fourth Edition), Oxford: The Clarendon Press, 1895, p. 1.
⑤ Thomas Erskine Holland, *The Elements of Jurisprudence* (Third Edition), Oxford: The Clarendon Press, 1886, p. 111.

of nations）。霍兰德对这一概念进行解释说："'国际大家庭'是一个由众多国家组成的集合，这些国家由于其历史传统而继承了一种共同的文明，在道德和政治观点方面也处于相似的水平。这个术语可以说包括了欧洲基督教国家及其在美洲的分支，再加上奥斯曼帝国——因为1856年的《巴黎条约》宣布接纳奥斯曼帝国加入'欧洲协调'之中。根据国际法理论，这个排外性圈子（charmed circle）里的所有国家都是平等的。圈子之外的国家（哪怕它达到了中国或日本那样的强大和文明程度）都不能被看作正常的国际法人。"[1] 这一论述表明，"共同的文明"是维系"国际大家庭"的主要纽带，由于有了这种明显的标识，霍兰德便能轻易地划出一条"排外性圈子"的界线，除了奥斯曼帝国这一特殊例外，其他非西方国家都不属于"国际大家庭"的成员，不具有"正常的国际法人"资格。因此在其后文中，霍兰德还将这些国家比喻为没有独立能力的"婴儿"。霍兰德所说的"国际大家庭"也就是当时西方国家主导的"国际社会"，欧洲国际法学家以所谓"文明"标准，将非西方国家排除在西方主导的国际法体系和"国际社会"之外。

国际法学家以"文明"为尺度，把世界上的国家分为"文明""野蛮"和"蒙昧"等具有等级性内涵的类别，不同类别的国家获得不同的国际承认，并以此赋予其不同的法律人格和法律地位，在国际法上享有不同的权利和义务，从而形成一个国际法意义上的等级性世界秩序。总的来说，在这种"文明"话语和"文明"标准中，只有"文明"国家才能获得国际法上的完全承认、享有完全的国际权利和具有完全的国际法律人格，也只有它们才能成为"国际社会"的完全成员，并由此得到国际法的完全保护。而"半野蛮"或"野蛮"国家在国际法上只能获得部分承认，其法律地位和法律人格受到限制，它们即使能够被接纳到"国际社会"中，也只有部分成员的资格，只能部分地（甚至完全不）受国际法的保护。[2] 下面以英国法学家詹姆士·洛里默（James Lorimer）和约翰·韦斯特莱克的观点为例予以说明。

洛里默在其《国际法概要》（1883年）中谈到国际承认的问题时，将人类社会按"文明"程度分为三个同心圆区，国际承认也相应地分为三种或三个阶段。他说："人类作为一种政治现象，以其现状可划分成三个同心圆区，即文明

---

[1] Thomas Erskine Holland, *The Elements of Jurisprudence* (Third Edition), Oxford: The Clarendon Press, 1986, p. 322.

[2] Gerrit W. Gong, *The Standard of 'Civilization' in International Society*, New York: Oxford University Press, 1984, pp. 55-57.

人类（civilised humanity）、野蛮人类（barbarous humanity）和蒙昧人类（savage humanity）三个区域。依照法律，这些区域无论形成于种族的独特性，还是同一种族的不同文明阶段，都应在文明国家的支配下，分三个阶段来承认：完全的政治承认、部分的政治承认、自然的或仅仅作为人类的承认。……完全政治承认的范围包括现存所有欧洲国家，以及由欧洲出生者及其后裔居住的殖民附属国、南北美洲由殖民地而获得独立的国家。部分政治承认的范围扩大到地跨欧亚的土耳其和没有成为欧洲附属国的亚洲古老国家，即波斯和其他独立的中亚国家、中国、暹罗、日本。自然的或仅仅作为人类而承认的范围，扩展至人类其余地区。"[1] 在此，洛里默将"文明阶梯"和"文明标准"结合起来，勾画出了一幅因"文明"程度不同而构成的国际法世界版图："文明"的欧美国家获得完全承认、"野蛮"的亚洲国家得到部分承认、"蒙昧"的其余地区只能得到自然的承认。正因为如此，他接着指出，只有"文明人类区"获得完全承认的国家可直接适用于国际法。在当时国际法学家的著作中，人类社会分为"文明""野蛮"和"蒙昧"的做法非常普遍，但是，当他们论及土耳其、中国、日本、暹罗等具有自身文化传统的国家时，也常常称之为"半野蛮"或"半文明"国家。洛里默在论述欧洲"文明"国家与这些"半野蛮"国家的关系时，阐述了应该在多大程度上对这些国家予以部分国际承认。他提出，"文明"国家之间处理相互关系时，可以相互承认对方法律及其法庭的判决，"但是，在文明国家与半野蛮国家的关系中，情况就不一样了，因为文明国家对半野蛮国家的承认并不包括其国内法律"[2]。"像土耳其、中国、日本这样的半野蛮国家就是处于这种状况，其国内法律与法庭判决没有得到文明国家的承认。"[3] 由此可见，"文明"国家对"半野蛮"国家的部分承认不包括对这些国家司法权的承认，因此这种部分国际承认也就构成了西方国家在这些国家享有治外法权的重要法理基础。

韦斯特莱克在其《论国际法诸原理》（1894年）一书中，也从"文明"标准出发界定了"国际社会"的构成，并论述了不同国家或民族在国际法中的权利和地位。他提出，"国际社会"就是"由拥有欧洲文明的国家构成的社会"[4]，它包

---

[1] James Lorimer, *The Institutes of the Law of Nations*, Vol.1, Edinburgh: William Blackwood and Sons, 1883, pp.101-102.

[2] James Lorimer, *The Institutes of the Law of Nations*, Vol.1, Edinburgh: William Blackwood and Sons, 1883, p.217.

[3] James Lorimer, *The Institutes of the Law of Nations*, Vol.1, Edinburgh: William Blackwood and Sons, 1883, p.239.

[4] John Westlake, *Chapters on the Principles of International Law*, Cambridge: Cambridge University Press, 1894, p.78.

括三类国家：首先是所有欧洲国家和通过《巴黎条约》获准参与欧洲的土耳其；其次是所有美洲国家，它们在独立后"继承了欧洲的国际法"；再次是"世界其他地区的一些基督教国家，如夏威夷群岛、利比里亚、奥兰治自由邦"。[1] 在此，韦斯特莱克界定"国际社会"的范围比霍兰德的"国际大家庭"稍有扩大，把部分欧美之外的基督教国家也纳入其中。但是，他们进行界定的标准仍然是相同的，即以欧洲"文明"为标准来衡量一个国家是否属于"国际社会"，只不过他认为欧美之外的部分基督教国家也符合这个标准。因此，韦斯特莱克论述"国际社会"及其之外的国家，都以世界上的不同国家存在"文明"程度差异为前提。他认为，不同的社会存在制度上的差异，是否拥有某些制度及其完善程度造成了"文明"程度的差异。因此在他讨论"文明"国家之间以及"文明"与"不文明"国家之间的关系时，对"文明"作出了具体界定，提出国际法意义上的"文明"与个体行为中的精神或道德品质无关，也与狭义的社会习俗无关，而是意味着一个能够保护外国侨民的政府。他提出，当欧洲人来到非欧洲地区时，最需要的是有一个政府来保护他们继续过原来在国内习惯了的生活，而能否提供这样的政府，"从国际法来说，这个问题的不同答案在于拥有文明还是缺乏文明"[2]。因此，他以这一标准来评判亚洲国家和美洲、非洲的土著民族。他说："亚洲各帝国的居民过着自己纷繁复杂的生活，在许多重要方面（如家庭关系、刑法、行政管理等）与欧洲大为不同，这就有必要使生活在他们当中的欧洲人享有一个在其领事管理下几乎独立的制度体系；但无论这种外来权力（欧洲人认为拥有但不常使用的力量）会产生什么影响，平常维持秩序和依法保护居民各个阶层的正是当地帝国力量。凡是当地居民能够提供这种政府的地方，我们国际社会的法律都不得不予以考虑。我们国际社会的成员国与之缔结条约，以便允许其国民在该领土上享有特殊的地位、关税和贸易规则，以及邮政和其他行政管理的安排。……然而，在土著居民不能建立政府而无力履行亚洲各帝国那样的职能的地方，也就是欧洲人来到美洲和非洲所遇到的大多数居民的情况，最需要的事情就是应该建立起一个政府。……因此，国际法不得不把这样的土著居民当作不文明的（uncivilised）民族来对待。为了文明国家间的互利，国际法调节文明国家间对土著地区统治权的声索，把如何对待土著居民留给获得统治权的国家，凭它们的良知来处理，而

---

[1] John Westlake, *Chapters on the Principles of International Law*, Cambridge: Cambridge University Press, 1894, p. 81.

[2] John Westlake, *Chapters on the Principles of International Law*, Cambridge: Cambridge University Press, 1894, p. 141.

不是制裁它们的逐利。"[①] 在此，韦斯特莱克以能否保护欧洲殖民者为标准来衡量是否"文明"，并由此阐述了"文明"国家、亚洲各帝国、美洲和非洲的部落三者之间的关系及其在国际法上的不同权利和地位。在他看来，"文明"就是拥有像欧洲国家那样能够保护欧洲人生活方式的法治政府，以此作为衡量标准，亚洲各帝国虽拥有政府却缺乏法治，因此只算得上是"半文明"国家，"文明"国家在这些地方享有治外法权以保护其侨民也就成为必要。而且，国际法对这些国家也"不得不予以考虑"，"文明"国家通过缔结不平等条约来维持在这些国家中的特权。按照这个"文明"标准，美洲和非洲的部落没有完善的政府，不能为殖民者提供保护，因而是"不文明"的。国际法用于调节争夺海外殖民地的西方国家间的关系，却把西方国家与土著部落之间的关系交由西方国家来处理，把美洲和非洲的部落完全排除在国际法的适用范围之外。然而，根据韦斯特莱克对"国际社会"的界定，由欧洲白人在美洲建立的基督教国家则属于"文明"国家的行列。

由上可见，19世纪末欧洲法学家所阐述的国际法体系中，欧洲意义的"文明"成了区别不同国家国际地位的重要标准。造成这种现象的本质原因在于这种国际法体系是从欧洲产生发展起来的，并且到19世纪下半叶随着西方列强主宰世界，"国际法作为一种共享的欧洲意识和文化的表达而发展起来"[②]。从这一意义上说，19世纪末欧洲国际法中的"文明"标准，是欧洲扩张背景下国际法与国际政治领域中帝国主义意识形态的一种表现。

二、西方"文明"话语中的中国与日本

"文明"这一概念在18世纪下半叶就常与其对立面"蒙昧"或"野蛮"并用。19世纪，"文明"概念作为欧洲人对自身社会日益自信的反映而流行开来，并与当时的进步观、发展观结合而出现了文明等级观念，亦即将世界各民族按发展程度不同划分为蒙昧、野蛮、半文明、文明等不同的等级。在19世纪西方的历史学和人类学著作中，人类历史进程是从蒙昧、野蛮到文明的线性进步，因而文明等级是历时性的，反映了不同的社会发展阶段。例如，美国学

[①] John Westlake, *Chapters on the Principles of International Law*, Cambridge: Cambridge University Press, 1894, pp.141-143.

[②] Gustavo Gozzi, "History of International Law and Western Civilization", *International Community Law Review*, Vol.9, No.4 (December 2007), p.354.

者威廉·斯温顿（William Swinton，1833—1892年）的《世界史纲》（1874年）认为，"文明是白种人的智力产物"，因此只有白种人的国家才是文明国家，只有这些国家才拥有真正的历史，中国人"虽然在很大程度上高于蒙昧状态，但他们的文明是静止不动的，对世界进步的总趋势没有显著影响"①。美国人类学家路易斯·亨利·摩尔根（Lewis Henry Morgan，1818—1881年）的《古代社会》（1877年）对历时性文明等级的划分更为明确，该书的另一标题就是"人类从蒙昧时代经过野蛮时代到文明时代的发展过程的研究"②。与此同时，19世纪西方的地理学家则把这种历时性文明等级作了空间性表述，即在其地理著作中把世界各民族按照蒙昧、野蛮、文明作了空间划分和描述。例如，美国地理学家纳撒尔尼·亨廷顿（Nathaniel G. Huntington，1785—1848年）在其《现代地理体系》（1835年）一书中，把世界民族按照文化发达程度分为4个等级，即蒙昧人（savages）、野蛮部落（barbarous tribes）、半文明国家（half-civilized nations）、文明或开明国家（civilized or enlightened nations），其中欧洲国家和美国是文明或开明国家，半文明国家指土耳其、波斯、中国、日本、印度、缅甸等。③在美国地理学家奥古斯都·米切尔（Augustus Mitchell，1790—1868年）的同名著作《现代地理体系》（1858年）中，他根据发展程度把世界各民族划分为5个等级，即蒙昧、野蛮、半文明、文明、开明，把亨廷顿的第4类又细分成了2个等级。俄罗斯、西班牙、葡萄牙、希腊、墨西哥属于文明国家，美国、英国、法国、瑞士、德国的一些州属于开明国家，中国、日本、缅甸、泰国、土耳其、波斯属于半文明国家。④

如果说19世纪的历史学家、人类学家和地理学家描述了一个欧洲中心主义的世界图景，那么，国际法学家则将这种图景变成了一种国际政治话语运用到了国际关系实践中。如前所述，19世纪下半叶，随着西方国家取得世界霸权，西方"文明"成了一种普世话语，并运用于国际政治和国际关系而出现了衡量国家行为的"文明"标准。美国学者江文汉（Gerrit W. Gong）提出，19世纪的"文明"标准"把那些属于特定社会的成员从非成员中区别开来"⑤，即把符合

---

① William Swinton, *Outlines of the World's History*, New York: Ivison Blakeman & Company, 1874, p. 2.
② 参见路易斯·亨利·摩尔根：《古代社会》，杨东莼、马雍、马巨译，商务印书馆，1977年。
③ Nathaniel G. Huntington, *A System of Modern Geography, for Schools, Academies and Families*, Hartford: R. White, and Hutchison & Dwier, 1835, p. 16, 212.
④ Augustus Mitchell, *A System of Modern Geography,* Philadelphia: H. Cowperthwait & Co, 1858, pp. 42-43.
⑤ Gerrit W. Gong, *The Standard of 'Civilization' in International Society*, New York: Oxford University Press, 1984, p. 3.

标准的"文明"国家与不能达到标准的"不文明"国家区别开来,只有"文明"国家才是"国际社会"的成员。这种"文明"标准从当时大量西方国际法学家的论著中表现出来。前文提及的苏格兰法学家詹姆士·洛里默在其《国际法概要》(1883年)中谈到国际承认时,就将中国和日本列入"部分政治承认"的"半文明"国家。

因此,在19世纪西方"文明"话语所描绘的世界图景中,欧美基督教国家属于"文明"国家,东方有着悠久文化传统的国家则是"半文明"国家,非洲、美洲、澳洲等地区的部落社会则是"蒙昧"或"野蛮"民族。中国和日本在这幅图景所反映的世界政治格局中,属于中间等级的"半文明"国家。正是在这种背景下,西方"文明"观念于19世纪中叶传入日本和中国。虽然晚清知识分子接触civilization一词比日本人要早,但首先将它译成汉字"文明"一词的大概是福泽谕吉,并且这一观念首先在日本传播开来,通过明治初年的"文明开化"而大行其道,而后再传入中国。[1] 当时,西方"文明"话语及文明等级观也先后为日本和晚清一些知识分子所接受。例如福泽谕吉(1835—1901年)在其《文明论概略》中说道:"现代世界的文明情况,要以欧洲各国和美国为最文明的国家,土耳其、中国、日本等亚洲国家为半开化的国家,而非洲和澳洲的国家算是野蛮的国家。……文明、半开化、野蛮这些说法是世界的通论,且为世界人民所公认。"[2] 同样,梁启超在其《文野三界之别》中表达了类似的观点:"泰西学者,分世界人类为三级。一曰蛮野之人,二曰半开之人,三曰文明之人。其在春秋之义,则谓之据乱世、升平世、太平世。皆有阶级,顺序而升。此进化之公理,而世界人民所公认也。"[3]

正由于中国和日本在这个世界等级秩序中处于"半文明"国家的地位,在国际法和国际政治层面比欧美国家低人一等,西方国家以保护贸易和侨民为借口强行与中日签订了一系列不平等条约,在中国和日本享有一系列特权。因此,从19世纪晚期起,力图修改这些不平等条约成了中日两国的重要外交目标。然而,根据当时西方国际法学家的解释,"半文明"国家不适用于"文明"国家的国际法,也不是"文明"的"国际社会"中的平等成员,而这正是欧洲列强与之签订不平等条约的法理依据。因此,要以平等条约取代不平等条约,中国和

---

[1] 参见刘文明:《欧洲"文明"观念向日本、中国的传播及其本土化述评》,《历史研究》2011年第3期。
[2] 福泽谕吉:《文明论概略》,北京编译社译,商务印书馆,1959年,第9页。
[3] 梁启超:《文野三界之别》,载张品兴等主编:《梁启超全集》第1册,北京出版社,1999年,第340页。

日本首先应成为西方认可的"文明"国家并进入西方主导的"国际社会"。关于这一点，英国法学家威廉·爱德华·霍尔（William Edward Hall）在其《论国际法》（1895年第4版）中如此说道："国际法是现代欧洲特定文明的产物，它构成一个高度人为的体系，不能期待文明程度不同的国家都能理解和认可这一体系的法则。只有当这些国家成为欧洲文明的继承者时，他们才被认为可以适用国际法。要想解除这种限制，他们应该在过去和现在都生活在法制之下，切实收敛其行为。但欧洲文明之外的国家必须正式进入法治国家的行列，他们必须在欧洲国家（或者其中一些国家）的默许下做些什么，以达到完全接受法律而避免一切可能的误解。"① 这样，中国和日本修改不平等条约的目标也就转换成了争取成为"文明"国家和成为"国际社会"中的平等成员。按照霍尔所说，也就是中国和日本要"做些什么"来获得"文明"国家的地位。正是在此背景下，中国和日本国内一些知识分子和官吏进行了学习西方的改革。这样，当晚清洋务派在"中体西用"旗帜下试图富国强兵之时，日本明治政府则在"文明开化"口号下很大程度上采取了西方化的策略，在社会体制、军事、经济和文化领域都进行了改革。经过明治维新的"文明开化"和"殖产兴业"，日本开始走上"富国强兵"的道路。

然而，中日甲午战争爆发之时，一些西方舆论仍然将这场战争看作两个"半文明国家"之间的战争。例如，美国纽约《晚邮报》刊文谈及战争中局外国家的利益时，认为中日之间的战争是对现代军队和装备的检验，尤其是对"文明国家"建造的装甲舰的检验。因此文章提出："还能找到比半文明的日本人和中国人更好的试验品（corpus vile）吗？实际上，在竞争对手都只是半文明国家的情况下，对于旁观者来说还有一种额外的利益。他们[半文明国家]一直在玩文明生活的游戏，到现在有好些年了，但是西方国家对此一直都是一种半娱乐的心态，觉得这完全是一场有趣的闹剧。虚饰的文明（the veneer of civilization）怎能经得起战争的折腾？"② 由此可见，一些西方人对于当时清朝和日本学习西方"文明"采取怀疑和看热闹的态度，把它当作一场"闹剧"，认为他们学到的只是表面的"文明"，经不起战争的考验。正是由于这种质疑的存在，日本政府更加急于证明其争做"文明国家"的决心。因此，当日本经过明

---

① William Edward Hall, *A Treatise on International Law* (Fourth Edition), Oxford: The Clarendon Press, 1895, pp. 42-43.
② "Outside Interest in the War", *The Evening Post* (New York), from *The Literary Digest*, Vol. IX, No. 16, New York, August 18, 1894, pp. 451-452.

治维新而国力渐强之时，开始自诩为西方文明在东亚的代表，自称"文明"国家，将其邻国清朝和朝鲜看作"野蛮"国家，并提出"脱亚入欧"。这样，到中日甲午战争期间，日本操纵"文明"话语并利用它来贬损清朝和朝鲜，"文明"话语成了日本的战争宣传工具。

第二节 甲午战争中的"文明"话语

一、甲午战争中日本对"文明"话语的操纵

日本作为西方国家眼中的"半文明"国家，经过明治维新后力图证明自己已经成为一个"文明"国家，以便修改与西方国家间的不平等条约并进而取得东亚霸权。这样，在中日甲午战争期间，日本积极迎合西方"文明"话语并将其运用到宣传之中，通过操纵"文明"话语来建构自身的"文明"形象和清朝的"野蛮"形象。

在国内舆论方面，日本政府和知识分子充分利用当时国内日益勃兴的报纸杂志，用"文明"话语来动员和宣传这场战争。在这方面最具代表性的言论是福泽谕吉的"文野之战"论、陆羯南（1857—1907年）的"人道"论和内村鉴三（1861—1930年）的"义战"论。1894年7月29日，福泽谕吉在《时事新报》发表《日清战争是文明与野蛮的战争》一文，竟然声称："战争虽是在日清两国之间发生，然究其根源，实乃致力于文明开化之进步一方与妨碍其进步一方的战争，而绝非简单的两国之争。本来日本国人对支那人并无私怨，只欲作为世界上之一国民在人类社会中进行普通的交往。但他们却冥顽不灵，不理解普遍的道理，见到文明开化的进步不但不心悦诚服，反而欲妨碍进步，竟敢无法无天，对我等表示反抗之意，故不得已才有此战。即是说，在日本人眼中既无支那人亦无支那国，只以世界文明的进步为目的，凡是反对和妨碍这一目的的都是要打倒的对象。这不是人与人、国与国之间的事情，而是可以看作一种宗教之争。"[1] 在此，福泽谕吉把日本的侵略战争提升到一种人类道德的高度，提出战争目的不是为了日本的私利，而是为了推动文明进步，以此掩盖其侵略本

---

[1] 福澤諭吉「日清の戰争は文野の戰争なり」、『時事新報』、1894年7月29日。慶應義塾編『福澤諭吉全集』第14卷、岩波書店、1961年、第491—492頁。

质。正是基于这种逻辑,他甚至说:"倘若支那人鉴于此次失败,领悟到文明的力量多么可畏,痛改前非,从而将四百余州的腐云败雾一扫而空,迎来文明日新的曙光,付出多少代价也是值得的,更应向文明的引导者日本国人三叩九拜,以谢其恩。"① 同一天,日本另一著名人物陆羯南也在《日本》报上发表《妨害我帝国对韩政策的国度乃非文明之国》,提出日本在战争中应该举起"人道"和"文明"的大旗,这样就会得到西方国家的认可,使其不至于干涉日本侵略朝鲜和中国的战争。他认为,国际关系虽然似乎与"人道"无关,但世界上的公法家皆言必称"人道",如果日本在与他国周旋的过程中举起"人道"这面大旗,西方"文明"国家就不会干涉日本出兵朝鲜。因此他辩称,日本出兵是肩负着"拯救"朝鲜的任务,是"作为先进国对邻邦的厚谊"去"保护"朝鲜,向朝鲜输出"进步",成为"文明的事物"的"深切的介绍人",合乎"人道"之义。② 1894 年 8 月 11 日,内村鉴三在英文报刊《日本每周邮报》上发表《朝鲜战争的正当性》一文,该文于 9 月 3 日又在《国民之友》上以《日清战争的义》为题用日文发表。显然,这篇文章首先以英文发表,其目的是写给西方人看的,内村鉴三在日文版文章开头也表明了这一目的,说这篇文章是"为了使欧美人了解我们的'义'而努力"。在文章中,内村鉴三声称日本是"代表新文明的小国",清朝是"代表旧文明的大国",日本对朝鲜和清朝的战争是一场"义战"。他说:"日清战争对我们来说实际上是义战。这里所说的'义',不是法律意义上的'义',而是伦理上的'义'。""支那自身脱离了这个世界的潮流,朝鲜也向他们学习,他们这是在违抗世界的进步。""支那破坏了社交规则,是人性的敌人和野蛮主义的保护者,必须给支那以惩罚。""文明的国家对于虚假不实的国家只有一种方法,那就是铁血之道,用铁和血谋求正义之道。"③ 由此可见,"文明""人道""正义"成了福泽谕吉、陆羯南和内村鉴三宣扬侵略战争的借口和工具。日本报刊的宣传在动员国内民众方面起到了很好的效果。例如,日本学者生方敏郎(1882—1969 年)回忆说,当时日本民众每天都盼望着报纸给他们带来战况报道,每天谈论的都是战争。当平壤战役胜利的消息传来时,"一个

---

① 福澤諭吉「日清の戦争は文野の戦争なり」、『時事新報』、1894 年 7 月 29 日。慶應義塾編『福澤諭吉全集』第 14 巻、第 492 頁。
② 陸羯南「我帝國の對韓政策を妨害する國は是れ文明國に非ず」、『日本』、1894 年 7 月 29 日。西田長壽主編『陸羯南全集』第四巻、みすず書房、1970 年、第 563—564 頁。
③ Kanzo Uchimura, "Justification for the Korean War", The Japan Weekly Mail, August 11, 1894. 内村鑑三「日清戦争の義」、『国民之友』、1894 年 9 月 3 日。

正在扫地的妇女扔掉扫帚，高兴得跳了起来"，一个店员则"像疯子一样冲出了房屋"。① 因此，美国学者詹姆斯·霍夫曼（James L. Huffman）对此评论说，纽约的约瑟夫·普利策和威廉·赫斯特通过培养一种有利的公共舆论氛围给美国带来了美西战争，日本的陆羯南、福泽谕吉等人对于中日甲午战争同样也起了这种作用。②

在国际舆论方面，日本政府以"文明"话语进行海外宣传，利用西方报刊来展示自己的"文明"形象，并以此为自身的侵略战争辩护。例如，日本驻美国公使栗野慎一郎（1851—1937年）在战争期间亲自撰文为日本的战争行为辩解，并向美国民众推销日本。他在1894年11月出版的《北美评论》上发表《东方的战争》一文，声称日本明治维新以来一直追求的目标是把日本提高到"文明国家"的行列，力争排除干扰使日本"迈向更加开化、更加自由和更强有力地保障国家的繁荣"③，因此这场战争的发生并非由于日本的扩张，而是日本为了保卫其"进步"不受清朝的妨碍。他提出，清朝和日本"两个民族在许多方面差异极大，而且近年来他们走上了越来越不同的道路"，日本自结束闭关锁国以来取得了很大"进步"，而清朝仍然"顽固守旧"，"这两个民族的差异在于：日本人意识到了其先前所处状况的危险，寻求从西方文明中获益；而清国人完全满足于维持现状，无意放弃传统的方式"④。因此，"这场战争在一定程度上是现代文明势力与世界上最强大和最顽固的一种保守主义惰性力（vis inertia）之间的斗争"⑤。1895年5月，栗野又在《北美评论》上发表《日本的未来》一文，把日本包装成爱好和平的国家，声称日本学习西方是为了吸收利用日本国家发展所必需的"西方文明和现代进步的元素"，因此日本会保持对外开放，保护外国在日本的贸易和侨民。⑥

留学哈佛大学的日本人比佐道太郎（Michitaro Hisa）于1894年10月在美

---

① 转引自 James L. Huffman, *Creating a Public: People and Press in Meiji Japan*, Honolulu: University of Hawaii Press, 1997, p. 205。
② James L. Huffman, *Creating a Public: People and Press in Meiji Japan*, p. 222。
③ S. Kurino, "The Oriental War", *The North American Review*, No. CCCCLVI, November, 1894. Lloyd Bryce (ed.), *The North American Review*, Vol.CLIX, New York: 1894, p. 530.
④ S. Kurino, "The Oriental War", *The North American Review*, No. CCCCLVI, November, 1894. Lloyd Bryce (ed.), *The North American Review*, Vol.CLIX, p. 532.
⑤ S. Kurino, "The Oriental War", *The North American Review*, No. CCCCLVI, November, 1894. Lloyd Bryce (ed.), *The North American Review*, Vol.CLIX, p. 536.
⑥ S. Kurino, "The Future of Japan", *The North American Review*, No. CCCCLXII, May, 1895. Lloyd Bryce (ed.), *The North American Review*, Vol.CLX, New York: 1895, pp. 622-631.

国《论坛》杂志发表《日中战争的意义》一文,提出"战争确实具有广泛的意义——它是进步与停滞不前之间的一场斗争。日本的胜利意味着现代文明扩大到朝鲜,以及她的财富向世界开放。相反,清国的胜利意味着继续延续朝鲜的无能,而且这很可能迟早会屈服于俄国的专制"[1]。为了说明这一观点,他分析了英国和俄国在东北亚的争夺,以及清朝的对朝政策,认为朝鲜处于危险的境地,因此日本的目的就是要维护朝鲜的独立,避免其落入英国或俄国之手。与此同时,他还强调,日本"有道德上的义务支持朝鲜","正是日本首先使这个隐士王国开放而受到现代文明的有益影响;正是日本把朝鲜作为一个独立国家介绍给世界"。[2] 但是日本支持朝鲜改革和独立的政策受到了清朝的干扰,并与日本在此问题上发生冲突,这就是战争的起因。因此他认为,"日本的主要目标实际上不是攻打清国,而是保护朝鲜的独立"[3]。在文章的最后,比佐道太郎针对西方国家对日本的一些质疑而进行了辩护,认为"日本人虚饰的文明经不起战争的折腾"和日本"回归到野蛮"这些看法是错误的,因为西方人不相信"日本力图实现从一个半文明国家向完全文明国家的飞跃"。[4] 这样,比佐道太郎以维护朝鲜"独立"和西方"文明"为幌子,为日本的侵略战争辩护。同样,留学纽约大学的大石熊吉(Kuma Oishi,1864—1945年)于1894年11月在美国《竞技场》杂志发表《导致东方战争的原因》一文,将这场战争的原因归结为日本维护朝鲜"独立"而清朝试图保持其"附庸"地位、日本推动东亚"文明化"而清朝阻碍这种进步。他提出,朝鲜正处在"从半野蛮向更高文明的转变时期",日本承认朝鲜的"独立"和"自主",并且有帮助朝鲜的"崇高抱负",而清朝则把朝鲜当作"朝贡的附庸",阻扰其成为"文明"国家,并且因"太多偏见而不欣赏现代文明的价值",因此日中之间的战争不可避免。[5] 不仅如此,大石熊吉辩称,日本从事这场战争不仅为了维护朝鲜的"独立",也为了推动清朝甚至亚洲的"文明进步"。他说:"通过实践检验来使清国相信现代文明的优越性和她自身的微不

---

[1] Michitaro Hisa, "The Significance of the Japan-China War," *The Forum,* October, 1894. *The Forum*, Vol. XVIII, New York: The Forum Publishing Co., 1894, p. 216.

[2] Michitaro Hisa, "The Significance of the Japan-China War," *The Forum,* October, 1894. *The Forum*, Vol. XVIII, p. 221.

[3] Michitaro Hisa, "The Significance of the Japan-China War," *The Forum,* October, 1894. *The Forum*, Vol. XVIII, p. 226.

[4] Michitaro Hisa, "The Significance of the Japan-China War," *The Forum,* October, 1894. *The Forum*, Vol. XVIII, p. 227.

[5] Kuma Oishi, "The Causes Which Led to the War in the East", *The Arena*, No. LX, November, 1894. B. O. Flower (ed.), *The Arena*, Vol. 10, Boston: Arena Publishing Co., 1894, pp. 721-730.

第五章 "文明"话语与甲午战争　　189

足道，并且使清国相信，陶醉在对昔日辉煌的回忆中和忘记了危险及未来的各种可能性是荒唐可笑的，这是日本的崇高使命所关心的；把清国从几个世纪的昏睡中唤醒，将其4亿人口从苦难、愚昧和堕落中拯救出来，以此使文明之光照亮亚洲这块黑暗的大陆，使东方迎来一个安宁和繁荣的承前继后的时代，也是这个海岛帝国的宏伟志向。这一切都促使日本亮剑。她正在为这个自由、文明和人道的事业牺牲数百万的财富和最优秀勇敢年轻人的生命。"① 由此可见，日本像在国内利用媒体进行战争动员那样，也打着"文明"和"人道"的旗号，利用西方媒体来引导国际舆论，用西方人熟悉的价值观和话语为日本侵略战争辩护。

此外，日本政府为了展示自己的"文明之师"和对战争法的"遵守"，达到操控舆论的目的，一方面允许国内66家报刊派遣随军记者129人（其中包括11名画匠和4名摄影记者）对战争进行报道，并且邀请了5名西方报刊派出的记者随日本第二军进行采访报道；另一方面，又实行了严格的新闻审查制度。日本报刊条例第22条规定，禁止发表有关军队调动、军事机密和军事策略的新闻，因此就在宣战的那天（1894年8月1日），日本当局颁布了"紧急敕令"，规定报纸、杂志及其他出版物刊登有关外交和军事事件的，在出版前要将草稿交给行政厅内务大臣审查，经许可后方能发表。违反禁令的发行者、著作者、印刷者将被处以1个月以上2年以下的监禁，并处以200元以上300元以下的罚金。② 不久，关于新闻审查的权力由内务大臣转交给了陆军和海军大臣。在这种审查制度下，日本政府以保守军事机密为由，几乎封杀一切不利于日本的媒体言论。在这种情况下，日本《万朝报》甚至刊文抱怨说，官方的烦琐审查成了一种人为障碍，使民众不知道战争的进展情况。③ 这种新闻审查对西方记者也有影响，日本政府对亲日的外国记者会提供一切便利，而对刚正不阿如实报道的记者则会百般刁难，甚至威胁其人身安全。日本政府对美国记者A. B. 德·盖维尔和詹姆斯·克里尔曼的态度就是如此。克里尔曼对旅顺大屠杀的报道，使他在日本成了不受欢迎的人，许多日本报纸点名指责他，其中《日本报》社论说："对给我方带来如此麻烦的随军记者，吾军应断绝其关系，从吾军驱逐，拒绝其随军是正当的。"④ 为了控制记者对日军暴行的报道，日军大本营作出决定，

---

① Kuma Oishi, "The Causes Which Led to the War in the East", *The Arena*, No. LX, November, 1894. B. O. Flower (ed.), *The Arena*, Vol. 10, p. 734.
② 美土路昌一『明治大正史・I・言論篇』、朝日新聞社、昭和五年（1930年）、第193—194頁。
③ James L. Huffman, *Creating a Public: People and Press in Meiji Japan*, p. 207.
④ 井上晴树：《旅顺大屠杀》，朴龙根译，大连出版社，2001年，第56页。

从 1895 年 1 月 8 日起，在第二军，除了以前批准的随军记者，不再准许任何国内外记者随军。① 也正是在这一天，克里尔曼被迫乘船离开日本回国。

由上可见，日本政府在甲午战争期间通过各种手段来控制和影响国内外舆论，利用西方"文明"话语来打造自己的"文明"国家形象。对此，一些西方媒体在战争结束之后便有所认识。如前所述 1895 年 9 月英国《布莱克伍德的爱丁堡杂志》的一篇文章称"日本人从战争一开始就希望抓住欧洲媒体来展示自己"，"宣扬自己从事的是一场讨伐黑暗和野蛮的战争，正在传播光明"，由此使"他们首先消除了非议"。②

二、"旅顺大屠杀"与"文明"话语

日本第二军于 1894 年 11 月 21 日攻入旅顺，随即在城里进行了惨无人道的大屠杀，4 天时间里杀害旅顺居民约 2 万人。至此，日军的"文明之师"神话破灭了。跟随日本第二军的西方记者，即托马斯·科文、弗雷德里克·维利尔斯、詹姆斯·克里尔曼等人目睹了这场人道灾难，设法对所见所闻进行了如实报道，在西方舆论界甚至政界引起了轰动。11 月 29 日的《泰晤士报》首先报道了这一屠杀事件③，同一天（实际上因时差而晚一天）的纽约《世界报》也作了报道："日本人洗劫了旅顺，枪杀了无论老幼所有的人，劫掠和残杀长达三天。……旅顺街道和港口到处都是尸体。"④ 此后，英美许多报刊报道了旅顺屠杀事件。在这一过程中，科文、克里尔曼、维利尔斯作为事件的见证者，无视日本政府的威逼利诱，一直坚持如实报道，将旅顺大屠杀的真相告诉了世界。科文在其《旅顺暴行》一文中就明确说道："我要做的是讲述我看到的实情，让事实说话。"⑤ 对于西方亲日报刊对旅顺屠杀真相的质疑，维利尔斯也于 1895 年 3 月 1 日发表了《关于旅顺的真相》一文来澄清事实。他说，当英美许多报刊发表文章怀疑从前线发回的报道时，他作为一个日军攻占旅顺时身临战场的记者，觉得有必要澄清关于旅顺大屠杀的全部真相。因此他在文章中对整个事件作了较为详细

---

① 井上晴树：《旅顺大屠杀》，朴龙根译，大连出版社，2001 年，第 57 页。
② "The Japanese Embroglio", *Blackwood's Edinburgh Magazine* Vol.158 (Sept. 1895): 313-314.
③ "The War in the East", *The Times* (London), November 29, 1894, p.5.
④ "Say Li Sold China Out", *The World* (New York), November 29, 1894, p.5.
⑤ "The Port Arthur Atrocities", *The Times* (London), February 1, 1895, p.4.

的回顾和描述，揭露了日军令人发指的暴行。①

克里尔曼在《日军大屠杀》这篇报道中评论说："整个城市在骇人听闻的暴行中被劫掠。这是日本文明的最大污点（the first stain），日本人在这一事件中重回到了野蛮。把暴行看作事出有因的一切借口都是虚伪的。文明世界将会被屠杀详情震惊。外国记者为这种场面所惊骇，集体离开了［日本］军队。"②在《旅顺大屠杀》中，他又作了类似的评论："一场解放朝鲜的战争突然变成一场鲁莽而野蛮的征服战争。战争不再是一场文明与野蛮的对决。日本已经撕下其面具，在最后4天里，文明在其征服军的足下被践踏。""在19世纪的此时，正当日本寻求作为一个平等成员步入文明国家之列的时候，日本犯下的这一罪行令人震惊，与此相比，进攻软弱无助的北京或是使清王朝屈服都显得微不足道。"③

维利尔斯在其回忆录中也对日本人在这场战争中的虚伪表现作了"戏剧性"的评论。他记述了这样一件亲历的事情：在日军进入旅顺的第二天早上，他从日军的枪口下救出了一位老人及其家人。那天下午，他又见到了那位老人。他说："我看到早上那位老人正在向士兵上交粮食。他一看到我就跑过来抱住我的膝盖，我从他脸上的喜色了解到他的家人是安全的。我抓住老人的脖子，把他拖起来压在墙上，因为在日本人面前表现出对中国人的丝毫友好都是不明智的。但是，令我觉得诧异的是一名日本士兵走过来，并把他的饭团分给老人。他看着我，好像在说：'你们白人对这些人太粗暴了，你应该像我这样对他们以礼相待。'"④显然，这个日本士兵按照上级的要求在外国记者面前进行了拙劣表演，维利尔斯对此看得非常清楚，因此他接着感慨地写道："对大部分旅顺市民而言，球形的并不都是饭团。我从未在其他哪个城市的街道上看到过像旅顺街上那样多的人头。"⑤在维利尔斯看来，日军的虚伪掩盖不了其凶残的本性，但这两者的结合造成了日本人的怪异行为，因此他这样评论道："他们是那个时代里一群处于混乱与颠倒中的人（a topsy-turvy people）。我曾见过一个佩带武士刀的男人，他一刀将一个中国人的头砍下，只是为了检验刀刃是否锋利；而同样

---

① Frederic Villiers, "The Truth about Port Arthur", *The North American Review*, March 1, 1895, pp.325-330.
② James Creelman, "A Japanese Massacre", *The World* (New York), December 12, 1894, p.1.
③ James Creelman, "The Massacre at Port Arthur", *The World* (New York), December 20, 1894, p.1.
④ Frederic Villiers, *Villiers: His Five Decades of Adventure*, Volume II, London: Hutchinson & Co., 1921, pp.137-138.
⑤ Frederic Villiers, *Villiers: His Five Decades of Adventure*, Volume II, London: Hutchinson & Co., 1921, p.138.

是这个人，之后他又将自己的口粮分给了另一个中国人。要小心日本人的微笑、奉承的鞠躬以及温和的举动，因为一瞬间，他们可能变得毛发竖立、身体绷直、眼神充满恶意。这时你就要小心了！"①

克里尔曼等人对旅顺大屠杀的一些评论影响到了日本的"文明"国家形象，这直接关系到日本能否顺利修改与西方国家的不平等条约和最终争得与西方国家平等的地位，因此日本政府对不利其形象的西方舆论颇为焦虑。于是，一方面，日本政府继续采用贿赂收买西方通讯社、报社和记者的方法来影响舆论。如前所述，早在1894年10月，日本外务大臣陆奥宗光给驻英公使青木周藏送去"因路透社向世界发布对我有利的消息而申请的606英镑酬金"。11月中旬，日本驻英临时代理公使内田康哉"为感谢该社［中央通讯社］以前和今后的尽力服务，拨给了少许的资金。"②11月30日，内田康哉向陆奥宗光要求拨款用于"报界行动"，并说他压下了路透社关于日军暴行的电稿。因此，日本政府不仅收买了中央通讯社和路透社，而且采取了一种"报界行动"来干预和操纵国际舆论。1900年7月23日，日本驻美公使馆临时代办锅岛桂次郎（1860—1933年）给青木周藏的一封电报也说明，日本驻美公使馆长期向美国报刊提供有关日本的新闻，驻美公使馆"与美国主要报刊关系良好"，自甲午战争以来"一直通过它们来影响美国的公共舆论"。③另一方面，日本政府出面向西方各国政府和媒体作出统一的辩解，并两次在西方媒体刊登辩解声明。第一次声明分别刊登在12月15日的《泰晤士报》和17日的纽约《世界报》、洛杉矶《先驱报》和萨克拉门托《记录联盟报》，声称事件被夸大了，并且突出强调了两个理由：一是清兵改装成平民继续抵抗，因此日军所杀是士兵而非平民；二是日本士兵见到被杀害的日军俘虏后极为愤慨，变得忍无可忍。④第二次辩解声明发表于12月25日，大意跟第一次差不多，但译成了英文、法文、德文三个版本。

这样，在围绕旅顺大屠杀的这场舆论战中，尽管一部分西方媒体和记者在这场战争中坚持了客观报道，但是由于清政府及其舆论影响的缺位，许多媒体

---

① Frederic Villiers, *Villiers: His Five Decades of Adventure*, Volume II, London: Hutchinson & Co., 1921, p.130.
② 井上晴树：《旅顺大屠杀》，朴龙根译，大连出版社，2001年，第11、10页。
③ Robert B. Valliant, "The Selling of Japan: Japanese Manipulation of Western Opinion, 1900-1905", *Monumenta Nipponica*, Vol. 29, No. 4 (Winter, 1974), p.420.
④ "The War in the East", *The Times* (London), December 15, 1894, p. 5; "Japan Confesses", *The World* (New York), December 17, 1894, p.1; "Japan Trying to Remove the Red Stain From Her Escutcheon", *The Herald* (Los Angeles), December 17, 1894, p.1; "The War in the Orient", *The Record-Union* (Sacramento), December 17, 1894, p.6.

受日本影响而接受或选择了日本的说法，日本政府对西方舆论的操弄取得了很大成功。例如，1894年12月19日的《纽约每日论坛报》刊文表示，旅顺日军颁布严格的纪律要求保护居民，可与欧洲最优秀的军队相媲美，虽然行为有点"过度"，但是"可以原谅"。[①] 12月20日《纽约论坛报》也刊文对克里尔曼关于旅顺屠杀的报道进行反驳，认为克里尔曼的"目的是为了不顾后果的哗众取宠"，"这些故事随着时间的流逝而至今没有得到证实"。1895年1月14日，《纽约先驱报》第7版几乎全是否认旅顺大屠杀的文章，在"谁犯下了暴行？"这一醒目标题下有一系列标题式主题句："大量事实证明清军在旅顺杀害了他们的伤病人员"，"全部归咎于日本人"，"美国圣经公会得到来信证实了清军犯下暴行的报道"，"日本人没有做"，"清朝及其虚伪欺诈的体制注定要灭亡"。[②] 文章不仅为日军开脱，反而倒打一耙，指责清军犯下了暴行，尤其是夸大和渲染清军如何残酷对待日军俘虏。

因此，从总体上来说，尽管一些西方媒体揭露了日军的旅顺大屠杀罪行，但仍然有相当一部分报刊替日本说话，日本依然被视为西方"文明"在东亚的代表，日本对"文明"话语的操控收到了明显效果。旅顺大屠杀的事实并没有改变美英报刊主流舆论中评判这场战争的"文明"话语基调。

三、美国报刊相关报道中的"文明"话语

从"文明"来评价甲午战争是美国报刊在战争进程中一贯的态度和价值取向。美国报刊在评论甲午战争时的"文明"话语，概括起来主要体现在以下几个方面。

首先，站在西方文明优越论的立场来评价这场战争，认为日本代表西方"文明"而最终会取得战争的胜利。

甲午战争爆发后至平壤战役和大东沟海战发生前，许多美国报刊通过中日双方力量对比来分析战争可能的结果。总的来说，这些分析大多都提到了清朝在人口数量、领土面积和物质资源方面具有的优势，但从中日两国民众对战争的态度、军队的组织纪律性及其战斗力等方面进行对比，大多数报刊认为日本由于学习和代表西方"文明"，因此在这些方面会具有一定的优势，最终有可能

[①] "Japanese Excesses at Port Arthur", *New-York Daily Tribune*, December 19, 1894, p.4.
[②] "Who Committed the Atrocities ?", *New York Herald*, January 14, 1895, p.7.

在这场战争中取得胜利。1894年7月29日的《纽约论坛报》就通过对比分析认为,"在教育、工业、自由政体以及一切文明的因素方面,日本将会与美国及西欧国家并驾齐驱,而不是与亚洲国家为伍。这种特质在战争以及和平时期都有表现"。因此"有理由指望日本人的精神可能会比中国庞大的物质力量更强大"。[1] 这一评论站在西方文明优越论的角度来评述这场战争,认为日本明治维新以来对西方文明的学习,使得日本的精神力量会胜过清朝的物质力量。

在日本取得平壤战役和大东沟海战的胜利之后,一些美国报刊又将日本在这两场战役中的胜利看作"文明"的胜利。例如,1894年10月1日《纽约时报》刊登了一篇题为"文明反对野蛮"的报道,主要内容为R. S. 麦克阿瑟(MacArthur)牧师在纽约加略山教堂(Calvary Church)的讲道,麦克阿瑟声称,"中日之间的战争实际上是野蛮与文明之间、古老的保守和现代的进步之间、异教和基督教之间的战争"。日本在鸭绿江口和平壤取得的胜利是"文明""进步"和"基督教"的胜利。[2] 如果说上述《纽约论坛报》的对比分析还稍具理性的话,《纽约时报》这篇报道则纯粹是一种宗教的说教,以基督教文明必胜的神话来解释这场现实中的战争。

其次,美国一些报刊相信这场战争会促进西方基督教文明在东亚的传播,并且希望通过日本的胜利来达到这一目的。

甲午战争爆发之前,清朝和朝鲜的统治者对西方基督教文明一直采取一种抵制态度,因此被欧美国家指责为"排外"和"保守",美国一些报刊从日本代表西方文明这一前提出发,希望日本在这场战争中取得胜利,以推动基督教文明向中国和朝鲜的传播。例如,1894年7月25日《华盛顿邮报》的社论中说道:"由于明显的和天然的原因,美国人民同情日本。我们的衷心祝愿可能对日本在与天朝的战争中没有多大用处,但它当然可以得到我们的祝愿,这也是我们能为它做的,虽然《纽约先驱报》迫切希望我们的海军给予它大量帮助。"[3] 而《华盛顿邮报》之所以断言"美国人民同情日本",原因在于一些美国人"把这两个亚洲大国之间的战争当作推进基督教的最佳途径"。因此这一社论接着说道:"很可能,这一战争的结果会有利于'耶稣基督'宗教的传播,……《圣经》能够在基督教国家中发挥战斗作用,但当遇到不信它的异教徒时,剑和战斧就

---

[1] "China and Japan", *New-York Tribune* (New York), July 29, 1894, p. 6.
[2] "Civilization Against Barbarism", *New York Times* (New York), October 1, 1894, p. 5.
[3] "China and Japan", *The Washington Post* (Washington, D.C.), July 25, 1894, p. 4.

成了基督教文明最重要的助手。这两个国家都需要一场相互大战带来的教训。按照一般原则,战争是令人遗憾的,但一场中日之间的战争必然会给自由的宗教观念带来无价的益处。"① 由此可见,《华盛顿邮报》将这场战争看作有益于基督教文明的传播。

再次,在对待清朝的立场上,美国大多数报刊将西方"文明国家"看作一个利益共同体,希望借助于日本的胜利来进一步打开清朝的大门,由此从清朝获取更多权益。

1894年7月31日《纽约时报》发表的社论中就声称,清政府闭关保守,"而日本的目的则是促使其开放,使其受到西方文明的影响"。因此日本在战争中获胜会"促进商业和进步"。② 这篇社论表明美国希望借助于日本的胜利来进一步打开清朝的大门。正因如此,在战争结束之时,当日本提出苛刻的和谈条件并迫使李鸿章签订丧权辱国的条约时,大多数美国报刊并未表达同情,而是将其看作日本作为一个胜利者的理应所得,并从中看到了美国获取利益的机会。《纽约时报》发表社论说:"中日战争中所发生的一切越来越清楚地表明,日本人对清政府的惩罚,不仅仅是为了自身的扩张,而是在给人类带来巨大利益和促进文明的事业。"③《芝加哥鹰报》评论道:"日本胜利的结果可能会使中国开放而卷入外贸和文明。"④

正因为美国报刊从其西方文明价值观和国家利益出发来看待这场中日之间的战争,因此无视日军的侵略本性及其残暴行径,即使旅顺大屠杀这一事实也没能改变美国媒体评判这场战争的话语基调,日本在其眼中仍然代表了"文明"。美国巴特勒《市民报》在1894年12月20日的一篇报道以理解的口吻说道:"旅顺的日军,像受到这种刺激的文明军队,在发现他们被俘的同胞受到虐待后被激怒而进行了屠杀和报复。"⑤ 1895年1月14日旧金山《晨报》甚至直接采用日本记者的稿子为日本辩护:"出现暴行的地方一定会发生同样的报复。在一切时代的文明中,所有的基督教布道都不会阻止人们进行同样的回击。战场上的日军在旅顺事件之前就已经手下留情,这完全说明他们受到了很强的约束。……在从事战争方面,没有一个民族能有比日本人更好的记录。如果旅顺

---

① "China and Japan", *The Washington Post* (Washington, D.C.), July 25, 1894, p.4.
② "China and Japan", *New York Times* (New York), July 31, 1894, p.4.
③ "Japan and China", *New York Times* (New York), April 9, 1895, p.4.
④ "Civilizing China", *The Chicago Eagle* (Chicago, Illinois), June 1, 1895, p.2.
⑤ "The Eastern War", The *Citizen* (Butler), December 20, 1894, p.2.

事件是日本文明的一个污点，那么西方国家的文明显然具有更深色和更多的污点。"① 由此可见，尽管克里尔曼等人揭露了日军的旅顺大屠杀罪行，但仍然有相当一部分报刊替日本说话，日本依然被视为西方"文明"在东亚的代表。

　　甲午战争期间美国报刊中的"文明"话语，与美国政府的主张之间是一种怎样的关系？如果说，报刊舆论和"文明"话语对日本政府来说只是服务于国家利益的工具，因此它想方设法对其加以操纵，那么对美国政府来说，报刊舆论中的"文明"话语则符合美国政府倡导的价值观，同时也与美国的国家利益相吻合，因此在这一点上，报刊舆论和美国政府的主张在某种程度上具有一致性。这一点通过美国国务卿葛礼山的话典型地体现出来。如前所述，葛礼山在评论《马关条约》中的有关条款时表示："我对日本取得的地位的理解是，和平条约的部分条款是中国取消对进口商品征收国内税。在旧体制下，外国商品进入中国要交常规关税。除此之外，当商品运入内地，还要征收一种额外的税。显然，正是这一点，日本坚持应该取消。其他国家曾努力但没能成功取消这种税，它对外国在与中国的商业贸易中是一种负担。显然，现在日本已经介入并坚持要打破这一壁垒，这不只是为了个人目的，而是为了广大文明国家的利益。如果这是真实的，这使日本在世界面前处于极其有利的地位，而且作为文明的捍卫者，利用个人的胜利为所有国家的贸易谋取利益，日本人再也不能被欧洲人或美国人称为'异教徒'了。对日本来说，这是一次辉煌的行动，因为这标志着这个国家在世界各国当中向前迈进了一步。"② 在这一评论中，葛礼山把日本的行为看作在为欧美国家谋取利益，呼吁欧美国家不要再把日本人当作"异教徒"。葛礼山这段话，与美国报刊舆论完全一致，因为他们之间存在着共同的美国国家利益。当然，这种看法在欧美各国也具有普遍性。例如1895年5月6日英国《曼彻斯特卫报》在评述意大利公众舆论强烈反对俄德法三国施压日本时，也简明扼要地表达了类似的观点："日本在最近的战争中为文明而战，打倒了野蛮，所有的文明国家都会从中受益"③。

　　日本在甲午战争期间自诩为"文明"国家，因此在战争结束时对清朝的态度也有一种"文明"国家对"半文明"国家的心态，并试图从战后条约中体现出来。1895年8月4日的《纽约时报》在谈及《马关条约》中反映的中日关系

---

① "Vindicated by Precedent", *The Morning Call* (San Francisco), January 14, 1895, p.1.
② "Civilization Advance", *New York Herald* (New York), April 18, 1895, p.9.
③ "China and Japan", *The Manchester Guardian* (Manchester, England), May 6, 1895, p.8.

时，就认为日本把清朝当成了一个"半文明"国家："应该指出的是，日本人在对待中国时规定，一切新条约的签订，其框架都必须以中国同欧洲列强之间现存的条约为基础。这使中国被当作一个半文明国家而与所有文明国家保持一定的距离，而此时日本正在与文明国家缔结友好和商业条约，这些条约把日本当作一个平等国家来对待。当然，条约中的语言并没有表明这一点，但这是一个事实。"[①] 因此，关于《马关条约》中反映出来的清朝在文明等级体系中的国际地位，英美报刊看得很清楚，只不过这些报刊舆论并没有对清朝表示同情，而是认为理所当然。

四、反思英美报刊舆论中的话语暴力

众所周知，中日甲午战争的结果是日本通过《马关条约》从清朝获得了割地赔款及一系列特权，并且在不久后吞并了朝鲜，这种侵略性和掠夺性结果大概是美英媒体以"文明"名义对战争评头品足的时候未能预料到的。然而，这种结果在某种程度上又是日本打着"文明"旗号、按照西方"文明"方式处理国际事务的必然结果。因为，19世纪下半叶正是这样一个时代：西方国家的社会经济在第二次科技革命的推动下获得了突飞猛进的发展，以英国为首的西方列强成为世界的主宰，非西方世界大部分地方沦为了他们的殖民地或半殖民地，以资本主义世界市场为纽带的全球化发展到了前所未有的程度，而以此现实世界为基础的西方优越感也发展成为一种西方人空前的自负，这样，"文明"概念作为西方一切优势和优越性的最好概括，代表了这个世界的发展趋势，西方国家自认为负有教化世界的"文明使命"。这种情况，正如马克思和恩格斯在《共产党宣言》中指出："资产阶级，由于一切生产工具的迅速改进，由于交通的极其便利，把一切民族甚至最野蛮的民族都卷到文明中来了。它的商品的低廉价格，是它用来摧毁一切万里长城、征服野蛮人最顽强的仇外心理的重炮。它迫使一切民族——如果它们不想灭亡的话——采用资产阶级的生产方式；它迫使它们在自己那里推行所谓的文明，即变成资产者。一句话，它按照自己的面貌为自己创造出一个世界。……正像它使农村从属于城市一样，它使未开化和半开化的国家从属于文明的国家，使农民的民族从属于资产阶级的民族，使东方

[①] "The Japan-China Treaty", *New York Times* (New York), August 4, 1895, p.9.

从属于西方。"①因此，西方国家在"按照自己的面貌为自己创造出一个世界"的过程中，把是否符合西方"文明"作为他们评判国家行为的一个最重要标准。如果一个国家或民族，其国际行为没有遵循西方"文明"标准，那么，肩负着"文明使命"的强权国家可以以"文明"的名义教训她：她的人民可以被屠杀，她的领土可以被侵占，她的主权可以被破坏。这种虚伪地高喊"文明"而不顾杀戮和破坏主权的行为倾向，在某种程度上成了19世纪国际政治和国际舆论话语里的"政治正确"。甲午战争的后果就是日本打着"文明"旗号进行侵略扩张和西方列强以"文明"名义纵容的结果。日本通过战争攫取的领土、利益和特权，似乎就是对日本在战争中保持"政治正确"的"奖赏"。

因此，当中国人在战争中被屠杀时，福泽谕吉竟然如此说道："数千清兵确实本是无辜的平民，被尽数杀光是有些可怜，但要排除阻扰世界文明进步的妨害物，一些杀戮自是难免，他们不幸生在清国那样的腐败政府之下，对其悲惨命运也应该有所觉悟。"②在他看来，这些清兵"死有余辜"，因为他们"不幸"生在一个"阻扰世界文明进步"的国家。这种态度，与福泽谕吉文明观中的一个观点相一致："国家的独立是目的，现阶段我们的文明就是达到这个目的的手段。"③而在福泽谕吉眼里，日本的"独立""是指应该有独立的实力"，实际上也就是与欧美列强平起平坐和称霸东亚的实力。为了达到这一目标，日本可以随意使用"文明"这一工具，以"文明"名义标榜自身"政治正确"，并赋予其侵略朝鲜和中国以合法性。就在日本怀着自己的目的操纵"文明"话语之时，西方一些国家及其舆论在"文明"话语中也出现了选择性失明，无视旅顺大屠杀和日本的侵略行为，高唱日本的胜利意味着"文明的胜利"。

然而，我们只要回顾一下西方"文明"观念的演变史，便可以发现西方"文明"作为一种话语时，只是一个反映欧洲社会特性的地方性概念。埃利亚斯的研究表明，欧洲"文明"概念源于中世纪宫廷社会的"宫廷礼仪"，经文艺复兴时期的"礼貌"，最终于18世纪中叶出现"文明"这一名词，到19世纪发展成为反映欧洲现代社会特性的"文明"概念，并且随着欧洲的对外扩张而传播到世界其他地方。在欧洲扩张过程中，"西方国家……自认为自己是一个现存的，或者是稳固的'文明'的提供者，是一个向外界传递'文明'的旗

---

① 马克思、恩格斯：《马克思恩格斯选集》第1卷，人民出版社，1995年，第276—277页。
② 福澤諭吉「日清の戦争は文野の戦争なり」、『時事新報』、1894年7月29日。慶應義塾編『福澤諭吉全集』第14卷、第492頁。
③ 福泽谕吉：《文明论概略》，北京编译社译，商务印书馆，1959年，第192页。

手。……从这时候起，那些推行殖民政策，并因此而成了欧洲以外广大地区上等阶层的那些民族，便将自身的优越感和文明的意识作为了为殖民统治辩护的工具，就像当年'文明'概念的鼻祖'礼貌'和'开化'曾经被宫廷贵族上等阶层用来为他们的统治进行辩护一样。"[1] 实际上这也意味着"文明"是有边界的。欧洲国家是"文明"的，不具有欧洲社会特性的地方则是"野蛮"的或"半文明"的，这样就以"文明"标准在不同国家或民族之间划出了分界线，这种边界确立起了 19 世纪文明等级制的世界图景，欧美"文明国家"是"国际社会"成员，其他国家或民族则处在这个圈子之外。然而，"文明"的边界是移动的，即"国际社会"可以接纳新成员而不断扩大，"半文明"或"野蛮"国家可以达到"文明"标准而成为"文明"国家，进而成为"国际社会"的一员。这种话语，一方面让西方扩张进程中的"文明使命"具有了合法性，这正如美国历史学家布鲁斯·马兹利什（Bruce Mazlish，1923—2016 年）所说："欧洲人统治支配其他民族，确立自身主导地位时，用文明概念为其行为开脱，提供合法依据。"[2] 另一方面，也让"非文明国家"在这个等级体系中有了向上流动的机会，从而使它们接受这种等级体系的"合法性"，并自愿接受其规则。19 世纪下半叶的日本便成了这类国家的代表。这样，在 19 世纪西方推动的全球化进程中，"文明化"和"西方化"也就成了世界潮流，由此赋予"文明化"以国际社会的"政治正确"性。

需要指出的是，当"文明"话语依附于西方经济和军事实力而在扩张中强行获得普世性时，其强加于非西方世界的潜在规范力便成了一种软暴力，也就是法国社会学家皮埃尔·布迪厄（Pierre Bourdieu）所说的符号暴力，笔者在此称之为"话语暴力"。"这种合法的符号暴力，就是这样一种权力，即在一特定的'民族'内（也就是在一定的领土疆界中）确立和强加一套无人能够幸免的强制性规范，并将其视之为普遍一致的和普遍适用的。"[3] 无疑，这一界定可以适用于世界政治舞台和国际舆论环境，将 19 世纪的"文明"标准视为国际政治和舆论中一种强制性的符号暴力。布迪厄认为，符号暴力的一个重要特征就是"误识"（misrecognition），即"社会行动者对那些施加在他们身上的暴力，恰恰

---

[1] 诺贝特·埃利亚斯：《文明的进程》第 1 卷，王佩莉译，生活·读书·新知三联书店，1998 年，第 116 页。
[2] 布鲁斯·马兹利什：《文明及其内涵》，汪辉译，刘文明校，商务印书馆，2017 年，第 30 页。
[3] 皮埃尔·布迪厄、华康德：《实践与反思：反思社会学导引》，李猛、李康译，邓正来校，中央编译出版社，2004 年，第 153 页。

并不领会那是一种暴力，反而认可了这种暴力"[①]。这种"误识"也正是19世纪下半叶"文明"话语在世界政治领域的实践过程中所具有的特征。非西方国家在西方经济和军事霸权下接受了"文明"话语，并遵循"文明"标准而参与了这一话语实践，不自觉地认可了这种施加在它们身上的符号暴力。于尔根·奥斯特哈默在描述19世纪欧洲对世界的影响时也指出："其他地区将欧洲作为衡量的尺度和标准。欧洲对世界的作用体现在以下几点：往往以暴力方式被加以利用的权力；通过资本主义扩张的无数渠道得以巩固的影响力；就连许多欧洲的受害者也无法抗拒的榜样作用。"[②] 由此不难理解，许多晚清知识分子不仅没有意识到西方这种"话语暴力"，而且在甲午战争后普遍接受了西方"文明"话语。

　　总之，中日甲午战争期间，由欧美国家主导并被日本操纵利用的"文明"话语，通过国际舆论而演变成了一种国际政治中的符号暴力。日本凭借其宣传、公关及在战场上的有利地位，成功操纵了"文明"话语并与西方国家一道掌握了战争中评判是非的国际话语权，把自己划在了"文明"的阵营，由此给自己的侵略行为披上了"正义"和"合法"的外衣。相反，清朝则被贴上"野蛮"和"妨碍进步"的标签而被污名化，由此丧失了对日战争的正义性，不仅承受了旅顺大屠杀和割地赔款，而且遭受屈辱却没有得到西方国家大多数媒体的理解和同情。以史为鉴，值得警惕和反思的是，当今国际政治中一些西方国家仍然打着"文明"和"人权"旗号，通过制造国际舆论并掌握话语权，为其干涉他国内政寻找合法性。

[①] 皮埃尔·布迪厄、华康德：《实践与反思：反思社会学导引》，李猛、李康译，邓正来校，中央编译出版社，2004年，第222页。

[②] 于尔根·奥斯特哈默：《世界的演变：19世纪史》(I)，强朝晖、刘风译，社会科学文献出版社，2016年，第10页。

余论　全球性公共空间中的"他者"叙事

20世纪下半叶，文化研究中的"他者"概念逐渐从人类学运用于其他人文社会科学，历史学也伴随着文化转向而开始使用这一概念，至今它已成为文化史和全球史研究中使用频率很高的一个词语。当然，不同学者在使用"他者"来描述某个社会文化群体时，其含义可能因情境而不同，但一般来说是指基于文化差异而区别于本社群成员的外人，包括与"我们"相对的"你们"和在"我们"之外的"他们"。这也就意味着它包含了两个范畴：作为对立面的"他者"和作为旁观者的"他者"。由此，"他者"叙事也因这两种情况而存在差异，即对立叙事和旁观叙事。但由于"自我"与"他者"的差异是文化的，因此任何一种"他者"叙事都是跨文化叙事。英美报刊关于中日甲午战争的报道，就是一种跨文化的"他者"叙事。与此同时，由于甲午战争时期全球性公共空间的形成，这种叙事也就形成了一个全球性的舆论空间。

在此，笔者先对"他者"叙事的历史学意义提出一点思考。

"他者"作为"自我"的对立面，是一个群体（"我们"）带着文化偏见，强调并建构其与另一个（或一些）群体（"你们/他们"）之间的差异（包括事实的和想象的差异）而形成的一系列话语实践的结果。[1]因此"他者"是基于真实的文化差异而通过话语建构起来的，其重要功能便是以"他者"来强化对"自我"的认同。这种"他者"观念及其相关叙事自古有之。从西方文明来看，古典时代的希腊就形成了"他者"意识。当时希腊虽然没有形成统一的国家，而是由众多大小不一的城邦构成，但希腊人却形成了统一的民族意识，他们自称为"希腊人"（Hellenes），而将外族称为"蛮族"（barbaros）。这种"他者"观

---

[1] Rob Kitchin, Nigel Thrift (eds.), *International Encyclopedia of Human Geography*, Vol.8, Oxford: Elsevier Ltd., 2009, p.43.

的形成，是由于产生了一种觉得自己的语言、文化和生活方式都不同于他人的自我意识，并由此赋予了"蛮族"一种文化的含义。虽然此时"蛮族"还没有现代词汇贬称"野蛮人"那样的意思，但它的使用，已初步具备了近现代欧洲人用来指称非欧洲人（"他者"）所具有的文化功能，因为它包含了丰富的文化内涵和价值评判。基托说："要是我们问一个希腊人，到底是什么让他不同于蛮族，……他可能会说，而且事实上的确也这样说了：'蛮族是奴隶，而希腊人是自由人。'"① 这种蛮族受到"奴役"而希腊人享有"自由"的观念，在公元前5世纪上半叶的希波战争中表现得非常明显。希罗多德在其《历史》中，就描写了大量希腊人为捍卫"自由"而抵抗波斯人的故事。例如，当一个波斯人规劝两位斯巴达人臣服波斯国王时，他们回答说："对于作一名奴隶，那你是知道得十分清楚的，但是你却从来没有体验过自由，不知道它的味道是不是好的。如果你尝过自由的味道的话，那你就会劝我们不单单是用枪，而且是用斧头来为自由而战了。"② 当然，这里所说的"自由"并非现代语义的"自由"，但无论这种"自由"是什么，在希腊人的价值判断中无疑是东方"蛮族"没有体验过的好东西，表现出一种拥有"自由"的文化优越感。事实上，"自我"和"他者"是一对相互建构并且可以相互转化的范畴，在此，希腊人作为波斯人的对立面，也就是波斯人的"他者"，希罗多德关于"波斯人没有自由"的叙事，对于波斯人来说就是一种对立叙事，这种叙事在很大程度上奠定了一种西方人关于东方社会的元叙事。

在中世纪，我们也可以发现大量欧洲人面对伊斯兰世界的"他者"对立叙事。例如，1095年教皇乌尔班二世在克勒芒为发动十字军而做的演讲就是一种对立叙事，它在促成拉丁欧洲的"基督教世界"观念转化为现实的行动中扮演了重要角色。乌尔班二世说道："甚至世界属于我们的这小小一部分，也受到了突厥人和萨拉森人的压制。因此，300年来他们征服了西班牙和巴利阿里群岛，而且这些懦弱的人还热切希望占有其余的领土；他们没有勇气短兵相接，而是喜欢用飞箭的方式打仗。突厥人从来不敢近身战斗，但是，他们从驻地出发，远处拉弓，相信凭借风力造成杀伤；当他们给箭头涂毒，是毒液而不是勇敢造成了攻击带来的伤亡。因此，无论结果如何，我将之归因于运气而非勇气，因为他们靠飞箭和毒药来打仗。显然，那个地区的每个种族，由于受到炎热太阳

---

① 基托：《希腊人》，徐卫翔、黄韬译，上海人民出版社，1998年，第3—4页。
② 希罗多德：《历史》，王以铸译，商务印书馆，1959年，第516页。

的烤灼，擅长反省而气血不足；因此他们避免短兵相接，因为他们知道他们的气血太少。相反，那些生活在极地严寒中的人，远离太阳的炎热，的确缺乏谨慎，但他们气血旺盛，作战时极为敏捷。你们是生活在世界上一个气候较为温和地区的民族，既气血旺盛而不惧伤亡，又不缺乏谨慎。同样，你们在军营中能够行为端正，在战斗中能够考虑周全。这样，你们带着杀敌技能和勇气去从事一场值得纪念的远征。"[1] 乌尔班二世的演讲，一方面对于唤醒西欧基督徒作为一个文化共同体和利益共同体的集体意识起了重要作用；另一方面，他在演讲中所想象和建构起来的"上帝的敌人"形象，凭借其演讲的影响力而在欧洲产生了广泛的影响，从而加强了西欧基督教徒的"基督教世界"观念和身份认同。

当"他者"作为旁观者出现时，"他者"叙事只是一种观察记录，虽然也或多或少表现出记录者的自我意识和自我文化中心主义，但不会像对立叙事那样敌视对方并将其污名化。这种旁观叙事，在西方历史文献中也俯拾皆是。例如，在近代西方扩张的过程中，西方人作为殖民地世界的"他者"，传教士、航海家、殖民者、旅行者等都留下了大量关于东方社会和殖民地人民的旁观叙事。西班牙天主教神学家弗朗西斯科·德·维多利亚（Franciscus de Vitoria）在其《论印第安人》（1532年）中描述了这样一幅印第安人社会图景："他们没有适当的法律和法官，甚至不能掌控他们的家庭事务；他们没有任何文学或艺术，既没有文科，也没有工艺；他们没有精细农业和工匠，缺乏人类生活的许多其他便利设施和必需品。因此为了他们的利益，应该坚持由西班牙君主来承担他们国家的管理，为他们的城镇提供行政长官和管理者，甚至应该派给他们新的领主。"[2] 葡萄牙传教士安文思（Gabriel de Magalhaens）目睹了康熙帝前往天坛祭天的盛况，对康熙帝作了仔细描述。法国传教士李明（Louis le Comte）作了这样的转述："中国的王者从来没有在他接见外国使节时表现得那么神圣，那么至高无上。这支人数可观的军队，此时则全副武装；这群难以数计的官员，身着礼服，依等级爵位分开，依次就位，井然有序，肃穆无声，神态庄重，表现得如同在他们的神庙中似的。各部大臣，各主权国君王、贝勒、额驸、王位继承人在皇帝的面前都无比谦恭，而当他们高居于百姓之上时则非如此。皇帝本人，高踞宝座之上，面对跪伏脚下的这群崇拜者；这是惟有中国人才有的至高无上

---

[1] J. A. Giles (ed.), *William of Malmesbury's Chronicle of the Kings of England*, London, 1847, pp. 360-361.
[2] Franciscus de Vitoria, *De Indis et de Ivre Belli Relectiones*, Ernest Nys (ed.), John Pawley Bate (trans.), from http://www.constitution.org/victoria/victoria_4.htm.

的、伟大的气魄,而基督的谦卑甚至不允许欧洲最辉煌的朝廷的国王追求它。"[1]当英国探险家詹姆斯·库克于1770年到达澳大利亚时,他眼中是这样一群原住民:"他们不仅根本不懂我们欧洲人所追求的那种物质丰裕,就连我们的日常生活必需品他们都不知道,他们之所以快乐就是因为不知道这些。他们生活在一种静止的状态中,这种相差悬殊的境况对他们没有影响。土地和海洋自觉自愿地为他们提供生活必需的一切。"[2]

从维多利亚、安文思、库克的描述可以看出,他们作为异文化的"他者",无论是直接的还是间接的观察者,都是从自身文化出发来思考和描写他们的叙述对象,在一定程度上表现出了一种以西方文化为参照的审视和评判。因此,这种观察叙事虽然比对立叙事具有较为客观的一面,但也毕竟是一种跨文化的理解,主观臆断和想象自然不可避免。但是,无论对立叙事还是观察叙事,无论直接在场还是间接转述,这些叙事作为"他者"视角的史料仍然具有其独特价值,往往可以弥补当事者所没有的观察事物的维度。

在19世纪以前的世界,由于不同民族、不同文化之间的互动受制于交通手段和传播媒介的不发达,即时性和共时性的叙事只能局限于能够实现直接互动的小范围。因为,无论"他者"的对立叙事还是观察叙事,制作成文本并流传开来需要一段时间,有的长达数十年,因此被叙述的对象往往要事后一段时间才能知晓关于其自身的"他者"叙事,有的甚至始终不知道。例如来华传教士关于中国的叙事,一些文献在一两百年之后才为中国人所知晓和阅读。因此,全球史学者所考察的19世纪之前的"他者"叙事,从相互认知和建构的角度来说,因涉及空间范围较广而往往缺乏即时性和共时性的效果,成了一种滞后的话语,叙述者的言说相对于被叙述者来说也就成了一种不在场的话语,因而这种"他者"叙事是一种无声叙事。然而,这种无声叙事为研究者观察和理解叙述对象提供了"他者"视角,同时也倒映出了叙述者的思想世界,并且有助于建构大范围的历史关联。

"他者"叙事相对于被叙述者而言的历时性和不在场性,在19世纪随着全球化的发展而发生了变化。19世纪下半叶新的交通和通信技术以及报刊媒体的发展,更是为全球性公共空间的出现提供了条件,使"他者"叙事作为一种共时性话语在大范围内流动成为可能,"他者"叙事在此基础上也日益演变成了一

---

[1] 李明:《中国近事报道(1687—1692)》,郭强、龙云、李伟译,大象出版社,2004年,第162页。
[2] 詹姆斯·库克:《库克船长日记——"努力"号于1768—1771年的航行》,比格尔霍尔编,刘秉仁译,商务印书馆,2013年,第420页。

种在场的有声叙事。

哈贝马斯在《公共领域的结构转型》中探讨资产阶级公共领域时，只局限于民族国家范围内，他在2001年仍然这样认为："到目前为止，促使各种公共舆论广泛产生的必要基础（infrastructure）只存在于各民族国家范围内。"[1] 这种看法与哈贝马斯对公共领域的界定有关，把公共领域只看作一种资产阶级民主政治形式。但是，如果我们将公共领域看作一种公共舆论的话语空间，那么，随着全球化的发展，到19世纪下半叶，一个跨国的全球性公共空间逐渐形成。

"他者"叙事作为一种共时性有声叙事的出现，以跨国的全球性公共空间的形成为条件，而这一条件在19世纪下半叶的全球化环境中初步具备。

首先，随着19世纪工业革命、交通技术革新（轮船和火车的使用）和资本主义经济的发展，西方列强主导的资本主义世界市场和殖民体系形成，全球化加速发展，世界各地的联系和交往日益紧密。这正如于尔根·奥斯特哈默所指出："从19世纪中叶到第一次世界大战正好是60年，这段时间是空前的网络形成时期。……若把覆盖整个世界的网络的形成称作'全球化'的话，那么1860—1914年则是全球化被显著推进的时期。"[2] 在世界联结成一个整体这一大背景下，任何一个地方性事件都有可能成为一个全球性事件，或因其由域外因素所引发，或因其具有世界性的后果和影响。因此，在这样一个时代，完全有可能围绕一个事件而形成一种国际舆论的全球性公共空间。

其次，19世纪中叶以后通信技术的发展，使这种全球性公共空间中话语的即时性和共时性成为可能。1844年在美国出现了世界上第一条电报线路，1851年在英国多佛和法国加莱之间铺设了第一条跨海国际电报线路。从此，英、法、德、美等国纷纷成立电报公司，电报业迅速发展起来。1866年，大西洋海底电缆成功铺设，意味着大西洋两岸实现了信息的迅速传播。到19世纪80年代，由电缆联结而成的世界网络基本成型，信息传播进入了电报时代。此时的欧洲和北美，甚至每个中等城市都有自己的电报局。当时的中国也成了这个网络中的一部分。1880年至1894年间，在李鸿章的推动下，清政府在全国主要城市建立起了电报局，基本形成了遍布全国的电报网络，并且还铺设了通往朝鲜、越南和俄国的电报线路。正是在这种信息即时传递的基础上，有关甲午战争的消息能迅速传遍世界，并形成一个全球性舆论场域，英美报刊的"他者"叙事也

---

[1] Jürgen Habermas, "Why Europe Needs a Constitution", *New Left Review* 11 (September /October, 2001): 18.
[2] 于尔根·奥斯特哈默：《世界的演变：19世纪史》，强朝晖、刘风译，社会科学文献出版社，2016年，第1321页。

成为一种有声叙事。

再次,19世纪下半叶报纸杂志和通讯社的发展,为全球性公共空间的形成提供了其所必需的基本要素——公众舆论和公共场所(媒介)。报纸在欧洲出现于17世纪,并且于1702年在伦敦出现了第一家日报《每日新闻报》,此后报纸作为传递信息的主要媒介在欧美发展起来。到19世纪下半叶,以约瑟夫·普利策的纽约《世界报》为代表的"新式新闻业"发展起来。一些具有新理念的报纸突出新闻传播的职能,保持社论的独立性,迎合读者的阅读旨趣并将内容通俗化,以大字标题和插图来改革排版等,结果使报纸的发行量急剧增加。另一方面,国际通讯社在19世纪下半叶也依托电报技术而发展起来。例如法国的哈瓦斯社(后来为法新社)、德国的沃尔夫通讯社、英国的路透社、美国的美联社等,都成立于这一时期,它们为各国报刊提供即时新闻。

因此,到19世纪下半叶,由于全球性公共空间的出现,全球史学者所考察的公共空间中的"他者"叙事,无论对立叙事还是观察叙事,都已具有了共时性话语的特征,是一种被叙述者能够即时感知到的有声叙事。这种跨国公共空间中的"他者"叙事,作为一种思考问题的视角和方法,可以用来考察和理解中日甲午战争中的英美报刊舆论。

中日甲午战争发生于19世纪末,可以说是第一场普遍使用电报用于传递信息的国际战争(克里米亚战争中已有使用但不普遍),因为在战争期间,电报除了用于军事之外,也开始广泛运用于新闻媒体。这使得甲午战争成了一场具有即时国际舆论的战争。那么,在这个国际舆论构成的全球性公共空间中,"他者"叙事对于我们理解和研究这场战争有何史学价值?

首先,全球性公共空间中的"他者"叙事由于其在场性,也就使得其话语具有了实践性,从而有可能对叙事对象产生影响,这有助于我们了解报刊舆论与政府之间的互动关系。例如,在甲午战争中,当托马斯·科文、詹姆斯·克里尔曼等西方记者在美英报刊上揭露旅顺大屠杀真相时,日本政府急忙进行辩护,外务次官林董在给英国驻日公使楚恩迟(Trench)的备忘录中声称:"很可能超过了必要的流血,但由外国记者特别是《世界报》记者发往国外的报道希望产生轰动效应,不仅大肆渲染,而且严重夸大。"[①] 同时日本政府还将辩解写成

[①] "Substance of a Memorandum Communicated to Her Majesty's Minister by Mr. Hayashi, December 19, 1894", in *British Documents on Foreign Affairs, Reports and Papers from the Foreign Office Confidential Print*, Part I, Series E, Vol. 5, Sino-Japanese War and Triple Intervention, 1894-1895, University Publications of America, p. 34.

书面材料转给《泰晤士报》和《世界报》刊出，声称日军所杀的是士兵而非平民，因为清兵在战斗中改装成了平民继续抵抗；而且，日本士兵见到被杀害的日军俘虏后极为愤慨，变得忍无可忍才对清军进行了报复。[1] 由于克里尔曼在纽约《世界报》上的报道被英美许多报刊转载，旅顺大屠杀一下子成了世界舆论的焦点。日本政府在这种局面下进一步狡辩，再次发表了一份老调重弹的声明，仍然强调被杀者是换装的清军士兵、日军在目睹其战俘被害后群情激愤等等。而且为了达到更广泛的宣传效果，译成了英文、法文和德文三个版本。这一史实表明，全球性公共空间中的"他者"叙事已然是一种共时性的有声叙事，引起了被叙述者的即时回应，即日本政府的反应。

其次，甲午战争虽发生于中日之间，但此时的东亚已非半个世纪前清朝主导的东亚，而是一个西方列强虎视眈眈和彼此角逐的东亚，通过对英美报刊舆论的考察，既可以使我们从当时的国际舆论来观察这场战争，也可以使我们从"他者"叙事来了解"他者"。例如，中日甲午战争爆发之时美国纽约《晚邮报》那篇文章，把中日之间的战争看作对现代军队和"文明国家"制造的装备的检验，把"半文明的日本人和中国人"当作"试验品"[2]，反映了当时一部分西方人对清朝和日本学习西方采取怀疑和看热闹的态度。又如，《纽约先驱报》鼓吹支持日本打败清朝，然后西方乘机改变清朝："日本要把西方文明标准通过朝鲜推进到中国，就欧洲列强而言，在不妨害其利益的情况下，世界上这些伟大文明以其建议和赞同，应该允许日本激励其愚昧的邻居进入现代生活领域。日本的文明化使命应该进行到底，然后，为了中国未来问题的最终解决，世界上所有的大国就可以在东京举行一次会议。"[3] 这反映了西方国家打着"文明"的旗号，企图利用日本侵略来达到瓜分中国的目的。

再次，中日甲午战争期间一些英美记者的新闻报道，可以弥补当事者记述的不足，为研究这场战争提供珍贵史料。例如，克里尔曼在亲身经历旅顺大屠杀后给纽约《世界报》写的新闻报道，成为记载日军暴行的珍贵史料。关于旅顺屠杀事件，中文史料极少，日文史料也只有间接反映，只有克里尔曼的记

---

[1] "The War in the East", *The Times* (London), December 15, 1894; p.5; "Japan Confesses", *The World* (New York), December 17, 1894, p.1.

[2] "Outside Interest in the War", *The Evening Post,* New York, from *The Literary Digest*, Vol. IX, No.16, New York, August 18, 1894, pp.451-452.

[3] "Europe's Quadruple Alliance in View of China's Overthrow", *New York Herald* (New York), October 11, 1894, p.8.

录最为详细。其中,1894年12月20日克里尔曼发表于《世界报》的长篇通讯《旅顺大屠杀》,占据了当天《世界报》头版和第二版整整两个版面。当时编辑还将一些关键句当作小标题:"日军屠杀了至少2000名无助民众"、"杀戮三天"、"大山大将及其军官没有试图阻止暴行"、"城市各处遭到劫掠"、"男人、女人和儿童的残缺不全的尸体堵塞了街道而士兵却大笑"、"店主们被枪杀和砍杀"。① 这样,这篇报道以一个个具体的事件详细记载了日军屠杀无辜民众的过程,并且在英语世界引起了巨大反响,让世界知道了真相,至今成为控诉日军暴行的铁证。1895年中国人编写的《中倭战守始末记》中"倭寇残杀记"部分,主要译自克里尔曼这篇报道。

最后,甲午战争中英美报刊的"他者"叙事,为我们理解这场战争提供了一些军事之外的新维度,或者是理解战争中相关的人和事的新维度。例如,英国《泰晤士报》以读者来信的形式对"高升号"事件的讨论,主要围绕国际法这一主题展开。日军击沉"高升号"是否违反了国际法,在当时是一个极为重大的问题,直接影响到西方舆论对战端的看法。在这场讨论中,1894年8月3日《泰晤士报》刊登约翰·韦斯特莱克的《高升号的沉没》一文,因其剑桥大学著名法学教授身份而产生了很大影响。他认为,日舰击沉高升号的行为是合法的,英国政府不应对这一事件进行干预。② 随后的8月6日,牛津大学教授托马斯·霍兰德(Thomas Holland)也在《泰晤士报》刊文表达了类似的意见。这些看法应该对英国政府产生了影响。又如,英美战地记者对清军的报道,有助于我们从"他者"视角来理解清军的行为及其观念。随日军采访的克里尔曼曾这样描述平壤战役中的清军阵地:"宽阔的城墙上遍插红色、黄色的军旗,有数百面之多。6个清军将领,每个人都高高挂起自己的大旗,旗面的尺寸说明了其主人的军阶。清军主帅叶将军的大旗据测长达30英尺,旗面上绣着一个汉字,代表他的名字。……透过望远镜,看到一连串的堡垒上有大量军旗迎风招展,形成一条绵延数英里的军旗线。清军将领们大摇大摆地在城墙上走来走去,各自的军旗高高举起在前开道,同时以击鼓声和号角声进行挑衅。"③ "天空阴沉,下起了雨。令日军惊讶的是清军竟然在其堡垒墙壁上插上了巨大的油纸伞,以使自己在战斗时不被淋湿。四面八方都能看到清军的油纸大伞,它们就像这些防御工事的

---

① James Creelman, "The Massacre at Port Arthur", *The World* (New York), December 20, 1894, p.1.
② John Westlake, "The Sinking of the Kowshing", *The Times* (London), Aug 03, 1894, p.10.
③ James Creelman, *On the Great Highway: The Wanderings and Adventures of a Special Correspondent*, Boston: Lothrop Publishing Company, 1901, pp.35-36.

外壳,在雨水中幽幽发光。"① 维利尔斯也把甲午战争看作日本的"现代战争"与清朝的"中世纪战争"之间的较量。这种观察,从"他者"视角解释了清军在战争中失败的原因。

历史研究的过程就是历史学者与史料不断对话的过程,而文本一直是历史学者赖以建构历史的重要史料。文本大致可以分为两种:当事者(我)的记录、对方(你)和旁观者(他)的记录。当事者的记录是一种主位视角的叙事,而对方和旁观者的记录是一种客位视角的叙事。民族国家史注重当事者记录,认为这是历史研究最重要的原始资料,历史学者可以用移情的方法加以理解并用于历史个案的细致描述。然而,当全球史学者考察大范围的历史现象,要从更广阔的互动情境来思考问题时,发现仅用当事者记录来做研究是不够的,还要借助于对方和旁观者的"他者"叙事来理解和考察历史,以便建立大范围的历史关联。因此,"他者"叙事便成为全球史学者不可或缺的史料。

综上所述,全球史学者要考察超越民族国家界限的历史现象,具有跨文化互动或全球性意义的历史事件成为重要的研究主题,因此全球史研究中所用的"他者"叙事是一种跨文化叙事。然而,由于世界历史进程中不同时期的全球化程度不同,"他者"叙事在不同历史时期也表现出不同的特点。总的来说,在19世纪以前,人类各群体之间的互动还不密切,信息传播媒介也不发达,来自异域文化的"他者"叙事对当事者来说缺乏即时性和共时性效果,是一种相对滞后的"他者"话语,因此是一种不在场的无声叙事,但它为全球史研究者提供了理解大范围历史关联所需要的视角和史料。从19世纪下半叶开始,由于资本主义世界市场和世界殖民体系的形成、交通和通信领域的技术革命、报纸杂志等媒体的发展,世界成了一个互动密切的整体,一种前所未有的全球性公共空间由此形成。在这种空间中,当事者和观察者具有同时在场性,"他者"叙事也因其即时性和共时性而成为一种有声叙事,并对当事者的行为产生影响。将中日甲午战争置于一个更广阔的公共舆论空间,借助于"他者"叙事来审视这场战争,可以为我们理解这场战争提供一个思考问题的新维度。

然而,需要注意的是,当"他者"在这个公共空间中处于强势地位时,"他者"叙事就会成为一种权力话语,并进而对当事者的行为产生支配性影响。19世纪下半叶出现的全球性公共空间中,西方列强相对于广大非西方世界而言正是扮演了这种强势"他者"的角色,它们对东方社会的想象和建构,是一种西

---

① James Creelman, *On the Great Highway: The Wanderings and Adventures of a Special Correspondent*, pp. 45-46.

方霸权下的帝国主义"他者"叙事。这正如爱德华·萨义德在《东方学》中所指出:"在东方的知识这一总标题下,在18世纪晚期开始形成的欧洲对东方的霸权这把大伞的荫庇下,一个复杂的东方被呈现出来……对东方事物富于想象的审察或多或少建立在高高在上的西方意识的基础上。"[①] 因此,当西方作为"他者",在近现代全球史研究中运用这种"他者"叙事时,全球史学者应该警惕其中的话语霸权,这一点也适用于中日甲午战争时期英美报刊的相关报道和评论。在这场战争中,英美报刊中所充斥的"文明"话语,实际上就是一种"他者"话语霸权。这种话语与当时的自由主义和社会达尔文主义等思潮相结合,导致美英报刊不是从事实出发来评判这场战争,而是从抽象的西方价值观来审视和评论。由此我们不难理解,当时大多数英美报刊不仅不同情被打败的清朝,反而为日本欢呼,将这场战争的结果看成"文明"的胜利。

---

① 爱德华·W. 萨义德:《东方学》,王宇根译,生活·读书·新知三联书店,1999年,第10页。

附　录

一、英国报刊中法学界关于"高升号"事件的争论

（一）《"高升号"的沉没》

关于日本巡洋舰"浪速号"击沉悬挂英国旗帜的中国运输船的"高升号"事件，还远远不能形成一种明确的意见。但是，由于关心旗帜问题，发生的事情自然会引起我国的激动情绪。因此，对于事情中哪些地方是清楚的，哪些地方有必要调查，这应该加以引导，对此给出一些提示也许是有用的。

第一，"高升号"似乎一直是由英国人所有并正当地悬挂着英国旗帜，但同样清楚的是，它正作为一艘运输船服务于中国。如果就此而言，可以进一步说，这次服务是一次交战（belligerent）服务，它没有权利得到任何来自英国旗帜和船主的保护，没有比这一点更确定的了。斯托维尔（Stowell）勋爵曾指责一艘中立的（美国）船"奥罗增波号"（Orozembo）搭乘了 3 个交战国（荷兰）的军官，理由是"一艘被敌人租赁用于运输军人的船，可以被视为一艘应受到谴责的运输船"（6, Ch. Rob. 433）。在这一学说（doctrine）中，如果出租给 3 个军官就够了，更何况 1700 人及其比例的军官。

第二，我坚持认为，同样确定的是，不能仅凭尚未宣战这一事实就认为日本人不能把这次租赁看作一次交战服务。未经宣战而开始战争是一种坏习惯，不过，这种习惯在以往国家的惯例中已有几个世纪了，不能认为它已被排除在由本世纪下半叶少数更好的例子（better examples）所确立的惯例之外。的确，战争的开始事实上（de facto）只有在双方开始了战争才在国际法上有效，中立者在其能够承担战争状态强加于他们的特定责任之前，有权得到通知。但是，"高升号"当时不是作为一艘打破封锁或运送战时禁运品的中立船。它是服务于

中国的运输船，因此，如果中国是一个交战国，它就是一艘交战船，正如认定"奥罗增波号"是交战国荷兰雇用的那样。

然而，第三，日本人不能通过攻击"高升号"而使其成为一艘交战船。他们对付"高升号"船中立的拥有者及其所搭载的中立者，为了证明这一行为的合法性，他们必须表明，要么是中日之间的战争由于别处发生的敌对行为而实际上已经开始了，要么是中国舰队——"高升号"构成其中的一部分——正从事一项日本人不允许其完成的任务。前一选项可能通过以下途径得到满足：通过中日之间在朝鲜发生敌对行动，或者通过朝鲜和日本之间发生敌对行动，而在一系列行动的过程中使朝鲜得到中国的支持。正当理由很可能由于后一选项而得到维持，也就是通过表明中国在做以下事情：中国的海上增兵正通过舰队涌入朝鲜，其目的是将日本人从其驻地赶走，而日本人声称其有权控制那里。

不过，第四，此事作为英国和日本之间的案件，可能不由我们来认定，如果我们一定要承认，日本有权将"高升号"作为一艘交战船来对待。如果它可能是被俘而不是被击沉，或者它被追赶从而阻止其装载的军队在朝鲜登陆，或者它让军队在其所能到达的朝鲜半岛任何其他地方登陆，那么，担心它所做的事情造成的军事损害还会被忽视吗？在此有一系列关于事实的建议，我们至今仍然完全没有回答这一事实所需要的信息。必须坦承，如果答案不利于日本，我们应该坚持我们有权抱怨，以此开辟新领域。谁也不能否认，战争甚至交战双方本身都必须按照以下原则予以引导：切勿制造苦难，它与通过这种方式获得的军事优势完全不成比例。一个交战国如果受到违背这一原则的对待，它就有权采取报复措施或者在和平时候要求赔偿，前提是它有能力这样的话。但是，在拥有欧洲文明的国家之间，战争很少受到忽视这一原则的玷污，以致一个中立国政府代表其臣民（当他们通过其行为将自己认同为站在交战国当中的一方时，他们遭受了违反这一原则造成的苦难）提出的索赔缺少先例。然而，原则上似乎可以索赔，对中立国权利的承认，可能对过分行为是一种有益的约束，现有可怕的破坏手段必须被当作一种对过分行为的诱惑来对待。

第五，我们得知，"高升号"船上的清军不允许该船投降。不能坚持认为这就完全影响到了日本人摧毁它的权利，如果，由于不让它投降，摧毁它就确实是一个这样做的军事必要性的问题。那些履行指挥或运输清军职责的欧洲人，必须与清军共成败。

J. 韦斯特莱克（J. Westlake）

8月2日于切尔西（Chelsea）

〔来源：J. Westlake, "The Sinking of the Kowshing", *The Times* (London, England), Friday, August 03, 1894, p.10.〕

（二）《"高升号"和国际法》

现在我觉得，认为击沉"高升号"的日本军官的行为是粗野地违反了国际法，这是没有争议的。交战国之间为了证明其交战行为的正当性，是否有必要存在一种正式的宣战，这是一个国际法律师们争论的问题，虽然更好的观点似乎是不需要这种宣战。然而，关于中立者的责任和权利，毫无疑问，只有从中立者感知到了战争的存在那时候算起。"高升号"在航行的时候，其船主和船长并不知道且事后也不知道存在战争，但实际上对"高升号"开枪构成了最初的公然敌对的行动，这种行动创造了中日两国之间的交战状态。因此，高惠悌船长及船主有权将清军和军火从中国运输到朝鲜（我理解，这种运输是中国按照条约履行权利的行为），就像他们必须将茶叶从香港运输到墨尔本一样。

而且，如果"高升号"的文件是整齐的（除非有相反的证据，否则必须假定这些文件没有问题）那么他们明确知道其行为是违法的，就像从冯·汉纳根少校和高惠悌船长口中知道的那样，他们从事实中也清楚地知道这一点。当然，对英国旗帜的侮辱是极其恶劣的（flagrant），希望政府不要忽视这个问题的这一方面。然而，在一些人的观点中，问题的另一面也同样重要，对于问题的这一面，恕我冒昧，我希望引起《佩尔美尔街日报》读者的注意。

日本通过违反国际法，无疑在其与中国的战争中取得了一种暂时的优势。它摧毁了一支1200人的清军和大量火炮。如果日本仅仅为其侮辱旗帜的行为道歉，以及为"高升号"船主和那些英国溺亡者的亲属支付金钱赔偿，英国就放过了它，那么日本就会向世界其他各国（the rest of the world）证明，即使对于一个三流国家来说，违反国际法比遵守它往往更好。换言之，国际法的旧弱点将再次真实地展示出来，学习它的学生将被断然告知，它没有且可以没有名副其实的制裁。现在，毫无疑问，人类事务中的国际法行为几乎纯粹是仁慈的行为，倾向于削弱其权威的任何事情都是一种罪恶，应受到每一个仁慈和通情达理的人谴责。

国际法的制裁，可以和应该由那些能够并愿意为此目标采取必要措施的国家来强制执行。其他国家在这一案件中是否将同英国一道，这是一个问题，对此作预言也是不合适的。但清楚的是，如果邀请其他国家，而他们拒绝为此目的加入英国，英国作为被伤害方，必须为自身证明国际法制裁的正确性。也就是说，英国必须注意，日本不能从其违法行为中得到好处。如何很好地做到这一点，对于政治家而不是律师来说，是一个问题。也许，交出违法的日本船的船长和船员，由日本将其拘留直到战争结束，会是一种合适的处罚。但是，惩罚的性质实际上不重要，只要它足够严厉以阻止将来其他国家出现类似的违法行为。各国共同体（community of nations）和英国在这个案件中作为文明世界的权利的监护者，必须做的主要事情就是要让日本因其所犯的国际犯罪而受罚。如果国际法就这样被日本蔑视，当更多强国为了自身利益而违法时，我们还能指望什么？即使加强处罚的努力会导致我们走向极端，但我们可能会觉得，我们并不仅仅在与自私作斗争，我们也应该从道德上意识到，为了促进国际仲裁与和平而采取的强制措施会受到所有社会的热情支持。

一个学法律的学生（a law student）
8月2日于内殿法律学院（Inner Temple）

［来源："The 'Kow Shing' and International Law", *The Pall Mall Gazette* (London, England), Monday, August 6, 1894, p. 5.］

（三）《"高升号"的沉没》

在上周五你们刊登的韦斯特莱克教授的来信中，关于"高升号"的沉没说了一些清醒的真话。愚昧难改，否则，在那封信和你们的相关评论刊登出来之后，人们本来可以期待那篇引导性的文章会大大减少如下添油加醋的话，如"海盗行为""不宣而战""侮辱英国旗帜""给日本指挥官应得的惩罚"。但是，这些言论仍在继续。现在，今天早上的电报似乎可以摆脱质疑而确立起事件的真相，我很高兴允许我简短地陈述一下我关于所发生事件的国际法裁决的看法。

如果对"高升号"的检查（visiting）及其最终沉没发生在和平时期，或者在战争时期但它尚不知道战争已经爆发，那么这是发生了一种粗野的暴行。但是，事实并非如此。

首先，战争状态已经存在。一场战争随着一方在宣战前的敌对行动而在法律上可以算作开始，这是早已众所周知的，也在英国和美国的法庭上一次又一次得到确认。这种事情在实际中发生有多么频繁，可以看看历史上科洛内尔·莫里斯（Colonel Maurice）有关抗议海峡隧道（Channel Tunnel）而为战争指挥部准备的声明。无论在陆地上事先是否出现了敌对行动，我坚持认为，日本指挥官为了使"高升号"服从其命令而登上该船并以暴力威胁它，这已是战争行为。

其次，当"高升号"收到日本指挥官的命令时，至少从这一时刻起它就知道了战争的存在。因此，在第一颗鱼雷发射之前，"高升号"是而且知道它是一艘正在从事交战国运输服务的中立船（它悬挂英国旗帜，无论是作为一种战争诈术［ruse de guerre］还是其他，根本不重要）。它作为这种船的责任是双重的：

1. 尽管"高升号"是一艘孤立的轮船，但它应该停船、接受检查和接受日本捕获法庭（Japanese Prize Court）的裁定。如果事实也正是那样，日本押解船员（prize crew）实际上不能登上"高升号"船，日本指挥官有权使用任何必要的武力来迫使该船服从其命令。

2. "高升号"作为由运输船和战舰构成的一支舰队中的一员，正在给大陆上的清军运送增兵，它显然是敌对远征行动中的一部分，或者可以视为一种敌对行为，日本人有权使用一切必要的武力来阻止它达到目标。

无论是对于捕获一艘敌国的中立运输船来说，还是对于阻止一种敌对远征行动的进展来说，所运用的武力似乎都没有超出合法使用的范围。获救的军官也及时地被释放了，我没有看到对中立者权利的任何侵犯，不用向我们的政府道歉。"高升号"的船主或者船上任何欧洲船员（也许他们已经遇难）的亲属，也不能有任何索赔的要求。日本人对落水的清军开火涉及日本人对文明战争惯例的违反，我对此没有任何谈及（也没有说到日内瓦公约，它与这个问题无关）；不仅因为关于这一点的证据还不够，而且也因为不满情绪（如果已经有了）会影响交战国彼此之间（inter se）的权利。它不会影响到中立国的权利，而中立国权利正是这封信所关心的。我也把我的观察限定在问题的法律方面，其他方面则留给侠义行为的规则或人道的法则来检验日本指挥官的行为。

T. E. 霍兰德（T. E. Holland）

8月6日于雅典娜神庙俱乐部（Athenæum Club）

［来源：T. E. Holland, "The Sinking of the Kowshing", *The Times* (London, England), Tuesday, August 07, 1894, p. 3.］

（四）《"高升号"案件》

众所周知，除非正处于一种战争状态，没有一个国家的公共船只有权检查（visit）和调查（search）另一个国家的商船。

"高升号"被要求停下来、登船，检查其文件。林德赫斯特（Lyndhurst）勋爵曾经说过："一旦问了一个问题，检查就变成了调查。"

日本指挥官的行为只有在战争状态下才是合适的。

霍兰德教授（我非常尊重他的学识并珍视他的友谊）似乎赞同这种观点。

"我坚持认为"，他说，"日本指挥官为了使'高升号'服从其命令而登上该船并以暴力威胁它，这已是战争行为。"

将此与其信中前面一句话相比，我愿意赞同这句话："如果对'高升号'的检查……（我省略了'最后沉没'这句，关于这一点无疑可以存在）发生在和平时期，或者在战争时期但它尚不知道战争已经爆发，那么这是发生了一种粗野的暴行。"

不能声称"高升号"在"检查"之前已经知道或者本来能够知道战争已经爆发；因为目前为日本人所能做的最好的辩护就是，正是"检查"这一行为成了最初的战争行为。我斗胆认为，"粗野的暴行"是一个非常好的措辞。

内殿法律学院（Inner Temple）

［来源：Inner Temple, "The Case of the Kowshing", *The Times* (London, England), Thursday, August 09, 1894, p. 7.］

（五）《"高升号"案件》

"高升号"事务已经被不负责任的人利用，借此机会大肆宣扬劣质的国际法（bad international law），当不太可靠的指南书擅自指出，为一个交战国运送军队相当于运送战时禁运品，从事者要承担相同的后果，此时很少有像韦斯特莱克和霍兰德教授那样有才华的信件通过你们的栏目告知公众，合法的敌对行动可以不经正式宣战而存在。事实上，上述两种违法行为颇为不同，前者比后者更严重。它相当于实际上加入了交战国的服务，无论其目的地是哪里，均可以受到没收船只的处罚。然而，在运送禁运品的情况中，交战国目的地是关键因素，对其没收处罚也只限于货物而不是船只，它也只在特殊情况下才被定罪。"特伦特号"（Trent）案件就表明，人类并非战时禁运品，正如韦斯特莱克教授引用的"奥罗增波号"案件那样明确表明的，一艘中立船为一个交战国运送士兵是犯了严重的错误。"非中立服务"是用来描述这种行为的最好的词汇。将其与运送禁运品相混淆是一种错误。

但是，尽管必须坦率地承认，如果中国和日本之间存在一种战争状态，"高升号"就要受到严厉的对待。可是，把处于中立状况下的无能为力强加于其他强国的臣民，从这种意义上来说，我怀疑在它被摧毁时两国是否是交战国。显然，双方都没有开展事先的敌对行动。确定的是，（双方）都没有正式宣战，也没有向中立国政府发布任何声明。毫无疑问，一个交战国不能要求被告知敌人首先动手的意图。但肯定的是，远离竞争的国家处于更有利的位置。就我所知，一场战争通过针对中立国人员及财产的暴力行为而开始，这种案件以前从来没有成为国际讨论的主题。但根据一般原则，无疑中立国有权知晓，这可以通过外交途径被正式通知，或者通过交战国之间敌对行动的恶名而非正式地得知。

在我们面前这个案件中，既没有声明也没有事先的战争行动。"高升号"船长收到的唯一警告是针对该船的行动中的重要部分，事实上，根本没有警告，因为他当时的处境使他无法离开满船的清军而置身事外。韦斯特莱克教授似乎愿意承认，这艘英国运输船伴随着中国舰队从事运送军队到朝鲜的行动，仅仅是它的在场就构成了参与一种敌对行动，日本有权通过攻击它而阻止这一行动。在我看来，这种观点是站不住脚的。这种观点以一种谨慎的和试探性的方式提出，也许，把这种观点的著名作者与这种观点拴在一起是不公平的。这涉及一种原则上的矛盾，那就是：除非和直到战争实际上已经开始，无意卷入战争的国家的臣民，在和平时候有自由做他们合法从事的任何事情；我坚持认为，像我们这样一个贸易大国，应该一直坚持遵循这一如此合理的信条。

霍兰德教授认为"战争状态已经存在"，"高升号""当它收到日本指挥官的命令时，至少从这一时刻起"就知道了战争的存在。与此相反的观点，只要举出他剑桥同事的声明就足够了，该声明认为日本人"不能通过攻击'高升号'而迫使它成为交战方"。命令是敌对行动的一部分。只有事先存在战争才能证明它是正当的，不能声称创造了预设的交战状态。

我带着对持对立观点的著名权威人士的敬意，斗胆地主张：日本犯下了技术性的违法（technical offence）。我不打算作进一步阐述。日本指挥官处于一种困境。他有权利进攻清军船只，他自然地认为，阻止清军在朝鲜增兵是他的职责，因为增派大量军队在紧密对抗的交战中足以扭转局面。"高升号"船主肯定知道战争可能随时会爆发，毫无疑问，他们通过尽可能在法律意义上顺风而行，正在赚取巨大利润。我们不必因为他们的描述而激起自己进入一种道德义愤的状态，但是我们有权要求日本给一个正式的道歉。

还有关于金钱赔偿的问题，我认为我们有权要求中国及日本赔偿。由于中国军官不允许高惠悌船长按照日本指挥官的命令开船，"高升号"船沉没了，船上一些船员丧命。清国军官的错误与其对手犯的错差不多。如果没有战争，清军只是英国船上的乘客，他们的军官在航行问题上无权干涉船长的判断，尽管他们的政府可以提出损害赔偿——如果船长把船开到了任何一个目的地而不是共同商定的地方。当然，清军胁迫了他，据说清军还向在水中挣扎的船长及其船员开枪。接着发生的灾难是中国和日本共同造成的，而且，如果受害者会得到赔偿，应该要求两个国家都出钱。

T. J. 劳伦斯（T. J. Lawrence）

8月20日于欣克利（Hinckley）的内尔斯通寓所（Nailstone Rectory）

［来源：T. J. Lawrence, "The Case of the Kowshing", *The Times* (London, England), Friday, August 24, 1894, p.4.］

（六）《"高升号"案件》

我完全同意劳伦斯博士所说的"除非和直到战争实际上已经开始，无意卷入战争的国家的臣民，在和平时候有自由做他们合法从事的任何事情"。但是，与此一道，必须给予警告的是，如果战争随后爆发，上述臣民必须承担他们所做事情的后果。关于和平时期"高升号"注定要做的事情，劳伦斯博士赞同霍兰德教授和我的观点。他将其描述为"实际上加入了［后来成为］交战国的［国家的］服务"，这超出了法律争论的范围。女王陛下政府向清国提供由英国军官训练清国海军的服务，同样是合法的，但是，当战争来临，政府必定会召回其军官，也已经这样做了。而且，如果一个军官在收到其召回通知之前，发现清国需要他去执行的任务是反对日本的敌对行动，那么这是他的责任，但是一旦收到女王的委任状，他有责任从这种任务中退出。"高升号"船没有退出，如果当它正在从事与日本敌对的服务时被捕获，那么它要承担后果，即使它加入中国的服务是合法的。

劳伦斯博士写到，我"似乎愿意承认，这艘英国运输船伴随着中国舰队从事运送军队到朝鲜的行动，仅仅是它的在场就构成了参与一种敌对行动"。这里有两处细微但重要的言语变化，我称"高升号"为一艘中国运输船，它"作为"（qua）运输船是中国的，但是它"作为"船是英国的，我也没有说它与中国舰队同时在场，而是说它构成了舰队的一部分，如果它是构成前往朝鲜的远征军队中大量船只中的一只，它当然是舰队的一部分。上个世纪，一些德国诸侯曾经出租士兵给英国。当法国人和美国人在叛乱殖民地的战场上遇到［德国］黑森人（Hessians），如果一个诸侯抱怨其中立的臣民甚至没有放一枪就被当作敌人对待，仅仅因为他们在和平时期合法地参加了对一个君主（sovereign）军队的服务并且同这些军队出现在战场，那么选民（elector）会怎么想？

还有一个问题就是，战争事实上究竟在什么时候开始。劳伦斯博士发现，"显然双方都没有开展事先的敌对行动"。我不愿说那么多，甚至从此前——在收到有关朝鲜可能发生的事情的更多信息之前——没有开一枪这一意义而言。但是，派遣中国远征队本身不是一种敌对行动吗？如果是，它几乎不能看作其他行为，正如我在上一封信中所说："中国的海上增兵正通过舰队涌入朝鲜，其目的是将日本人从其驻地赶走，而日本人声称其有权控制那里。"假设一只外国舰队不经宣战正驶向亚历山大里亚（Alexandria），其目的是将英国军队从埃及赶走，而一个英国海军司令在地中海发现了这支舰队并攻击了它。那么，是哪一边从事了最初的敌对行动？如果这个正试图驱逐我们的国家很谨慎地从第三国臣民那里租用了运输船，它应该拥有成功实现这一企图的更好机会吗？

J. 韦斯特莱克（J. Westlake）

8 月 27 日于康沃尔（Cornwall）埃尔维斯（Ives）街

［来源：J. Westlake, "The Case of the Kowshing", *The Times* (London, England), Wednesday, August 29, 1894, p.9.］

（七）《"高升号"案件》

在乡村寓所的条件下不能指望及时地读到伦敦的报纸。我要向韦斯特莱克教授致歉，我这么晚才回复他 8 月 29 日的信，因为我直到它发表后的一些日子才看到。

把"高升号"描述为一艘中国运输船而"作为"船属于英国，或者把它描述为一艘从事中国运输服务的英国船，哪种描述更好，这种讨论几乎没有什么价值。为了不把时间浪费在细微的改善上，我将接受韦斯特莱克教授的表述"它是构成前往朝鲜的远征军队中大量船只中的一只"，并且相应地对这一情况尽力进行讨论。我的观点是，这样一个远征队的派遣本身不是一种敌对行动，不能以此证明日本人攻击一艘英国船——它构成远征队中的一部分——是正当的。在战争开始之前的一段时间，双方似乎在朝鲜都已有军队。增派军队是一种准备和预防行为，并不必然是一种战争行为。直到最后一刻，外交手段都在起作用。直到斗争发生，仍然有和平解决困境的机会。当然，这是一个难以把握的信条（doctrine），一个贸易大国如果没有明确的真实证据，就不应该接受一艘中立船为两个处于激烈争论中的强国之一做事，这事是在战争时期双方都不能做的事情，这就要冒来自另一个国家的交战风险，将自己暴露在被捕获及摧毁的痛苦和惩罚下。

韦斯特莱克教授举的例子，在我看来似乎对这一案件没有帮助。一个为中国服务的英国军官，一旦他发现自己将参加针对日本的军事行动，毫无疑问必定会退出。但是这个例证假设的要点是有争议的。我们正在讨论"高升号"的服务是否具有敌意。引用美国独立战争期间英国军队中的黑森部队也不太恰当。在美国的敌对行动开始于1775年4月，在莱克星顿（Lexington）和康科德（Concord）发生了小规模战斗，直到第二年2月，与黑森-卡塞尔（Hesse-Cassel）的兰德格拉弗（Landgrave）及其他德国诸侯的条约才签订。黑森部队是在战争期间为了战争而从黑森政府雇佣的。"高升号"则是在和平时候租自一家私人公司，租用的时候其目的是和平的。那个假设的案例，即一支外国舰队为了把英国军队从埃及驱逐而前往亚历山大里亚，在途中受到英国海军司令的攻击，需要进一步说明，使它足够清楚以有助于我们当前的讨论。如果英国军队和外国军队在埃及面对面，如果积极的谈判仍在继续，如果没有宣战，双方的军队都没有攻击对方，我可以肯定地说，英国海军司令通过攻击一只中立运输船（它正在运送一支可能的敌军到一个可能冲突的地方）而开始敌对行动，将会为其侵害中立权而感到内疚。

我来大胆地举一个例证。1861年至1862年的冬天，英国和美国由于"特伦特号"事件而处于战争的边缘。正在举行谈判的时候（通过谈判愉快地达成了和解），当时的内阁把军队派到了加拿大。假如匆忙地租用一艘荷兰船只用作运输船，一个美国舰队司令在大西洋中部击沉了它，理由是它是敌对的远征队的一部分，这个美国舰队司令的行为是正当的吗？我认为不是。如果我们本来应该把他当作一个违法者，就很难看到我们如何坚持认为击沉"高升号"的日本毁灭者不应受到谴责。

T. J. 劳伦斯
9月3日于欣克利的内尔斯通寓所

［来源：T. J. Lawrence, "The Case of the Kowshing", *The Times* (London, England), Friday, September 07, 1894, p. 10.］

（八）《"高升号"案件》

劳伦斯先生今天在《泰晤士报》上发表的信中，认为日本人行为的合法性和对"高升号"的定罪（condemnation）是同一个问题，假设它遵守了日本军官的命令而开到了日本港口，现在正在一个捕获法庭接受审判。

当前这个案件中的事实是，当日本军官命令"高升号"开往日本港口，中立的船长愿意遵守也准备这样做；但是，船上的清兵违抗船长的权力，以死亡威胁他，不准这艘船开动。当这一事实被用信号告知日本军官后，他击沉了该船。为了怪罪于日本军官，提出他本来无权干涉"高升号"这个几乎难以置信的假设还不够。肯定还会继续争论说，甚至在中立的船长告知说船已处于清兵的控制下之后，他仍然无权干涉。

"高升号"船上的乘客是清兵，但他们本来也可以是任何其他人。例如去库页岛（Saghalien）的俄国罪犯，很有可能，他们会利用被日本军舰截停的"高升号"来反叛，决定去朝鲜登陆并为中国提供服务。

如果一个中立的船长遵守了一道由交战国军舰发出的错误命令，他本国政府可以为他获取损害赔偿。但是，如果一艘中立船上的乘客控制了该船并准备以战斗来解决问题，那么除了击沉这艘船，没有其他选择。中立船的拥有者没有抱怨的理由，因为他们的船长已经失去了对该船的控制，正如它被海盗夺取了一样。

W. F. B.

［来源：W. F. B., "The Case of the Kowshing", *The Times* (London, England), Tuesday, September 11, 1894, p.8.］

（九）《"高升号"案件》

请允许我第二次回答，原谅我可能回答得有点长，因为这个案件很重要，其原理容易接受，但其应用更为重要。

一艘军事运输船就是处于为国家服务之中（它为国家运送军队），这一原理可能容易被船主忽视，他最关心的自然是租船合同中的商业方面；也许，他的法律顾问也可能只熟悉国际法中的商业方面而忽视这一原理。劳伦斯博士毫不犹豫地承认这一原理，正如从他（作为一个国际法学家）的立场中可能预料到的那样，但是他反对自己的结果。一旦公正地理解了这一原理，就会发现，正如日本舰队司令所说的那样，如果日本无权把"高升号"作为敌人对待，一定是因为以下两个原因中的一个，如果我们对其不加以区别考察，只会造成想法混乱。要么"高升号"从事的服务不是一种敌对服务，要么是事先没有宣战的情况，一定是这两点影响到日本必须处理所涉及的交战国和中立国财产的模式。

首先，关于服务的敌对性，劳伦斯博士没有直接回答我的观点，即一支前往亚历山大里亚的舰队可以是从事一种敌对行动，因其目的是驱逐在埃及的英国军队。实际上，他说一个英国舰队司令攻击了作为中立国财产但构成了这支舰队一部分的运输船，如果还没有宣战就会为其侵害中立权而感到内疚。换言之，劳伦斯拒绝通过单独地考虑第一个问题来正面交锋（come to close quarters）；而且他承认，任何试图在埃及攻击我们的强国有这样做的力量，如果它从中立国租用运输船就免于惩罚。

同样地，至于在美国的黑森人，我举这个例子是为了分开两点：他们是中立国臣民，他们和一支敌军一起在场（劳伦斯博士关于"高升号"的语言）。博学的博士引用了他们被雇佣的时间，这就好像，假如"高升号"从事敌对服务，它可能与签订租赁合同的时间有关。

他把从英国向加拿大增兵当作类似的例子，当时英国与美国关于大西洋上的一艘船有外交争执（diplomatic difference），尽管又加上了一艘雇用的荷兰船。任何人都能看到朝鲜的例子和埃及的例子之间的区别。关于日本军队在朝鲜停留的谈判可能悬而未决，他们很可能不放一枪一弹而最终使日本撤军，尤其是如果中国舰队运送的增兵已经登陆。但是，如果达成了这样的结果，可能是由于武力在论争地点的展示，以及中国声称除非因为争论，否则不会去那里——"高升号"就与这武力的展示有关。

必须作出结论，不仅从常识来说可以畅所欲言——如果是埃及而不是朝鲜真的出了问题，而且从类似埃及的例子来看，无法否认"高升号"所从事的服务是对日本的敌对行为。因此，我们准备考察第二点，即像其舰队司令所说的，日本是否一定要区别对待从事这种服务的中立国财产和交战国财产。在此，我的博学的朋友和反对者也没有针对我的要点回应，而是由此转移了注意力，当我把"高升号"描述为一艘中国船时，说它是一艘英国运输船，当我改一个名字以提醒读者［注意］它的服务时，指责我［注重］细微的改善。我手头的书不多，但除了我以前引用过的"奥罗增波号"，我可以引用"友谊号"（Friendship）的例子，它是一艘美国籍的船，1807年在美国获得特许，运送80个法国军官和士兵返回法国。W. 斯科特（Scott）先生（斯托维尔［Stowell］勋爵）谴责该船为"一艘直接为敌人提供军事服务的运输船"；并且说，关键的问题是它是否被敌国政府的代理人雇用，为敌人运送军人或物资（6 Ch. Rob., p. 420）。它受到了谴责，不是因为它作为一艘中立船做了中立船不该做的事，而是因为它不再是一艘中立船并且变成了敌人。这个"判决理由"（ratio decidendi）去掉了像支持"高升号"那样对其有利的理由，即没有宣战。英国政府本身在过去的惯例确实都是反对宣战的法律必要性，正如可以在《没有宣战的敌对行动》一书中看到的那样——我相信该书是莫里斯上校（Colonel Maurice）为作战指挥部起草的，也可以在所有关于国际法的论述中看到。

然而，这个案件除权威之外的第二点是值得考虑的。一个舰队司令或者一个船长在必须处理敌人或中立者时，根据情况有两种不同的职责。这些不同种类的职责产生于不同的情境。一种发生于当他遇到正从事常规贸易的中立船，另一种发生于当他遇到正从事敌对行动的舰队或船只。当他遇到的是后一种描述的情况时，他可以做任何事情但就是不能挫败这种敌对行动，听说过这种事情吗？他要去分心考虑谁是这些承担军事行动的不同船只的船主？他要克制自己去击败它们，只因为它们或其中一些是中立拥有者的财产？对同一舰队中的各个组成部分，只能有相同的对付办法。

简言之，整个事情是这样的。如果已经宣战，一艘中立船在宣战之前，作为一艘中立船，可以自由地做它可以做的任何事情。但是，即使在宣战前，它也不能做不该做的事，如果在宣战后做了，就是做了不是作为一艘中立船而是作为一艘敌船所做的事情。它所做的事情可能违背了也可能没有违背战争法。这不是问题所在，因为使其丧失中立特性的并不是违反战争法，尽管违反战争法会带来惩罚。不过，为了它能够保持中立权，以便正常地获知战争的存在，它切不能这样做以致丧失中立特性。

J. 韦斯特莱克
9 月 11 日于康沃尔的埃尔维斯街

［来源：J. Westlake, "The Case of the Kowshing", *The Times* (London, England), Thursday, September 13, 1894, p. 8.］

（十）《"高升号"案件》

请容我在你们的栏目里与韦斯特莱克教授的友好争论中说最后一句话。话会尽可能地简短和少些专业术语。

迄今为止，从我第一封信，我就坚持认为在"高升号"合法地受到攻击之前，宣战是必要的，我感谢韦斯特莱克和霍兰德教授指出了当前流行观念的谬误。但我确实认为，存在战争状态的告知是必要的，但这种告知不能记在这艘不幸的运输船身上。

韦斯特莱克教授声称而我否认的是，"高升号"因为介入了为清政府服务，其目的在于运送军队到朝鲜可能的战场，它使自己成了一个参战者。现在，如果运输船参加服务的行为完全去掉了它的国家属性，把它转变成了清军海军装备中的一部分，那么，毫无疑问日本人就可以像攻击任何一艘清军舰队中的其他船只那样，通过攻击它而随意地开始战争。但是，我坚持认为，如果它仍然具备英国属性，其法律地位是按照签订的合同出租、绝对合法地履行服务的一艘英国船，那么就不能将其当作清军中的必要组成部分，以至于认为与中国不宣而战的第一枪可以打在它身上。韦斯特莱克教授举的"友谊号"例子中的决议，几乎不能支持他的论断，即认为其中受谴责的船只被认为是很好的捕获物，因为它"不再是一艘中立船并且变成了敌人"。斯托维尔勋爵在总结其判决时说道："我非常满意地宣布这是一个一艘船从事贸易的案件，中立船被认为不允许从事这种贸易，也毫不犹豫地宣布这艘船应受到谴责。"（6 C. Rob., p. 428）这一判决在这个案件和其他案件中的一般意义对这个主题有影响，例如"卡罗林纳号"（Carolina）（4 C. Rob., p. 256）、"奥罗增波号"（6 C. Rob., p. 430）、"亚特兰大号"（Atlanta）（6 C. Rob., p. 440），这些案件都是这样：宣布被没收的这些船都是从事了非中立性质的服务的中立船，这样它们应该受到谴责。它们的行为是"介入为敌人服务"的行为（6 C. Rob., p. 461），但其本身不是敌船。我可以进一步说，我读到的案例也是德纳（Dana）提到的案例，他在其编辑的惠顿（Wheaton）的《国际法》关于"运送敌人和文件"中，以令人钦佩的口气评论这些案例说："谴责的原因是中立者所从事的服务的性质。"

　　如果我在这一点上是对的，那么韦斯特莱克教授的论点的整个架构就不成立了。他的论点建立在以下命题的基础上："高升号"几乎就像其所伴随的军舰那样是一艘清军战船（war-vessel）。我斗胆认为，我已经为我所持的相反观点阐明了充分的理由。我仍然主张：（1）它所从事的服务不是一种敌对服务（hostile service）；（2）通过日本宣战或日本攻击清军，有可能使其服务成为一种非中立服务；（3）在没有这种宣战或攻击的情况下，对"高升号"的未遂扣押和实际摧毁是一种非法暴力行为，英国为此应该要求日本政府负责。战争可以通过战争行为开始，但不能通过针对中立者的战争行为开始，尽管这种中立者在敌对行动已经开始后容易被俘——如果他们在和平状态终结时仍然坚持履行他们的任务。

　　我已光明正大地尽力回应了韦斯特莱克教授的主要论点，并且尽量不以次要观点占用你们的版面。然而，我要求再讲一件事。如果我们与一个国家在埃及问题上有争端，它在敌对行动开始前，为了将军队安全地运送到亚历山大里亚而雇用了中立船只，虽然我们无权通过攻击前往目的地途中的船只来开启战争，但我们也不用睡大觉。我们可以通过宣战、声明或攻击敌军的方式来给予中立者通知，如果运输船仍然试图履行其服务，那么我们可以问心无愧地捕获它。为了文明和人道，不允许一个交战国行使其构想中的战争的权利，这种权利在战争中也只有在战争中才能赋予。

还有一句话来回答"W. F. B."的信。正如我所主张的，如果日本指挥官在其最初对"高升号"船的干涉中受到责备，我就不会看到，由中国乘客犯下的针对中立船长及船主的进一步过错，如何掩盖了日本军官的犯罪并得到赦免。对于你发表于8月24日的信所说，我认为双方都有错，当然，肯定不能认为第二个错误消除了第一个错误，剥夺我们针对犯罪者们的全部要求。

T. J. 劳伦斯
9月18日于欣克利的内尔斯通寓所

［来源：T. J. Lawrence, "The Case of the Kowshing", *The Times* (London, England), Thursday, September 20, 1894, p. 8.］

二、英美报刊谴责日本的相关报道

（一）伦敦《标准报》1894年8月1日评"高升号"事件

昨天有从上海传来的谣言说，清军海军中最强大的铁甲舰"镇远号"被日本人击沉了，在消息灵通的地方，这一传闻并不重要。报告者声称消息来自天津，但很难理解这一消息是如何从这一城镇传到上海的。据我们所知，内地的电报线，除了官方通讯完全被切断了。尽管如此，我们必须面对这一事实：双方都没有正式宣战，但确定的战争正在远东两个国家之间发生。在任何秉持公正的人看来，对于这种可悲的状况，责任真正在谁是没有疑问的。即使我们同意接受来自日本方面的声明，承认日本方面提出的论点，也不可能否定以下结论：东京政府已决心把战争强加给清政府，除非清政府完全放弃其在朝鲜行使了数代人的权利。中国运输船"高升号"沉没的事件，不仅使这种推断毫无疑问，而且（除非随后的解释完全改变这一事件的局面）也证明了侵略者有着恶毒的心灵（ferocious spirit）。在目前对这一事件的判断中，我们必须牢记的是，尚未宣战，中国既作为宗主国，也按照与日本之间直接而明确的条约，派遣军队去朝鲜只是在行使一种无可争辩的权利。由于同样的条约，日本不仅已经在汉城（Seoul）驻扎了强大的军队，还实际上控制了这个国家的君主和政府。在这种情况下，清政府自然希望加强他们的地位，以避免突然发现自己的权威和控制被完全取代。从这一目的出发，他们一定要增强其在朝鲜的驻军。"高升号"船上有大约1500名清军,他们在这个月20日从大沽①被派往朝鲜,前去增援在牙山的清军。当船航行至此,日本军官登上运输船,要求船长高惠悌将船及船上军队开往日本,换言之,船长应该以对捕获者来说最方便而有效的方式投降。高惠悌船长坚决拒绝遵从这一无理的要求,除非是已经宣战了,对此没有人会感到惊讶。日本军官在遭到船长那英勇而恰当的拒绝后,回到了自己的军舰上,下令用机枪对不幸的运输船开火。与此同时,他们发射鱼雷攻击它,使它很快沉没,船上所载1500人中只有40人被附近的一艘法国军舰救起。没有理由相信高惠悌船长会逃脱其同伴那种命运,据报告说,一个曾任清廷总督助手(Aide de Camp)的德国军官和其他外国人都遇难了。清军描述说,"高升号"没有作任何抵抗就被摧毁了,但他们完全否认其军舰放弃为运输船提供保护。如果他们可信,正相反,当其他运输船在承受着侵略者大肆虐待的同时,他们会成功地营救其免于日本人的攻击。他们还坚称,第二天,一艘清军铁甲舰和一艘日本巡洋舰发生了激烈的海战,日舰在这次遭遇战中损失惨重。

似乎很奇怪,将上述那条单独的新闻传送到欧洲的电报,后面却没有清政府因日本的粗暴行为而反对日本的宣战声明。但是,北京的政治家出于对政策和实际自身利益的考虑,不愿伤害体面和情感。那些了解天朝帝国处事方式的人会听到说,在运输船大部分卸载完成和在朝鲜的增援部队登陆之前,清政府不愿意宣战。无疑,这是其对手想要伺机而动(play a waiting game)的想法,日本借此大胆地违反国际法和忽视人道法则,而这些甚至在战争状态下都应该被遵守。后一点尤为突出,因为日本人以其[拥有]西方文明而感到自豪,把这归功于他们遵守《日内瓦公约》,但只有这样补充说才是公平的:日本官方代表不相信其海军军官的行为正是属于他们的方式。然而,毫无疑问,东京政府已经决定强行把中国拖进战争中。他们夸耀说,他们目前的财力使他们能够轻松面对战争,他们的装备优于对手,因此不用担心后果。无论来自哪里的调停建议都被拒绝了,欧洲各国政府(包括我们英国政府)仍然在不懈努力来避免危险的灾难,但似乎他们在保持和平方面没有取得任何进展。战争的借口同以往任何借口一样站不住脚。虽然,清政府几年前同意允许日本在一定条件下有权派兵到朝鲜,这是不可否认的。但是,这绝不表示清政府放弃同样的权利。目前没有人会相信,日本的态度的唯一或最有效的原因,是对朝鲜拥有好政府的一种诚实而专心的关怀。这种借口是一种最陈腐和最明显的侵略性国家政策

---

① 该报原文为Tokio(东京),笔者认为此处为印刷错误,应为Taku(大沽)。

的策略。如果阻止不了两个国家之间更多的灾难性冲突，毫无疑问，这将会是因为日本人决心开战，而没有任何东西能够改变他们的战争政策。

很明显，他们对自己有能力实施其血腥的决定来获得成功抱有无限的信心。然而，这不是世界其他各国乐意接受的看法。也许，日本海军的装备比中国海军的更有效。而且，日本的常备军规模虽小却更敏捷、更好指挥，使用比其对手更好的武器。然而，日本人不应忘记，即使他们在与中国战争的早期阶段因为运气好而获得了荣誉，但从长远来看，后者是一个有耐心、资源丰富且具有持久耐力的国家，估计能够使一个甚至比日本更强大的敌人陷入困境和精疲力竭。俄国会告诉他们这个人口众多的国家有点坚不可摧的顽强，试图通过间歇性的攻击而战胜它是多么的徒劳。与中国进行一场短促、激烈、果断的战争也许非常适合于日本，但中国将会非常小心，战争不会只通过一次战役就结束。战争一旦开始，对中国而言，将会无限期地持续；而日本会发现，他们正在进行一场需要承担财政平衡和一些欧洲精密武器的战争，这些还不够。而且，日本还必须考虑（尽管目前日本人似乎还没有意识到）各种看法、利益和欧洲国家有可能的干涉。他们几乎不会被允许——即使他们在与中国的战争中取得全面胜利——完全按照其自己的意愿安排朝鲜事务。当最终安排善后和平时，他们会不得不承受打击和容忍花费的代价，仅仅为了满足有点苛刻的仁慈的中立者。总之，他们必须注意其行为与欧洲国家的权利有怎样的冲突。似乎"高升号"在受到攻击和沉没时悬挂着英国旗帜。如果这个侮辱我们国民的事件得到证实，他们必须考虑到我们的政府，就目前了解的事件相关情况而言，我们也没有任何理由不以最坚决的方式来表明我们的立场。也许这是作为提出和执行要求的一个例子，只要日本不经正式宣战而坚持实施与中国的战争。当然，只要官方不宣战，我们仍然希望有更明智和更和平的（哪怕是迟到的）倡议占据主导。但是，这种情况不正常，既不令人满意，也很危险。

［来源：The Standard (London, England), Wednesday, August 01, 1894, pp.4-5.］

（二）伦敦《标准报》1894年8月2日评中日战争

中日之间最终正式宣战了。对于直接卷入战争的两个大国以及那些在远东积极从事贸易的国家来说，由此确定的立场无论多么严肃，争论中的问题现在都已经很清楚并且无可置疑。日本已经发出了挑战，中国当然应该毫不犹豫地应战，而全世界都将带着某些焦虑和极大的好奇，观察两个古老帝国装备着由最先进的西方科学发明出来并具有毁灭性的武器和机械引擎进行的战争。贯穿最近朝鲜问题的整个阶段，日本都被认为是冒犯者，现在它以明白无误的措辞宣称，它意欲成为朝鲜半岛的女主人（mistress）。由于北京政府对其无理要求不作让步，并且拒绝承认日本人占领朝鲜都城的既成事实（fait accompli），日本就诉诸侵略行为，以致命的战斗公然挑衅中国。决定将一场争论强加于中国，并在多年潜伏着许多重要问题的地区任意发动战争，可能会引起严重的国际纠纷。怀着一种重大的责任感，我们希望天皇的阁僚们对此仔细权衡。就判断而言，他们似乎以轻松的心情采取了这一冒险行动，没有冷静地考虑情形中的全部因素。他们相信，他们的自信可以由结果来证明其正当性，他们的战斗力远远优于清军。这一点有待证实。但是，在公正的观察者看来，力量的优势不会宽恕那些不可原谅的和不必要的侵略。在过去五六个星期，东京为其在朝鲜采取极端措施而提出的证明其正当性的辩护，是荒谬可笑的。并且，除了日本人从一开始就决心再作一次努力，以解决中日两国在朝鲜的霸权问题上几个世纪以来一直存在的竞争，此外不可能得出任何其他结论。当前，日本人一如既往地是侵略者，虽然他们可以回顾一两次成功的战役，但他们以前所有试图在大陆永远地确立统治的尝试都遭到了彻底的挫败。如果日本人目前的行动具有相似的结局，这只能怪他们自己；如果他们的希望落空，他们不能指望来自文明国家的任何同情。宣战将明确的义务强加于中立国，当然，英国将忠实地履行这种义务。但是，日本人绝不能指望那些因其在东半球制造的骚乱而受害最深的国家，赞同其鲁莽而不合时宜的一意孤行的政策。

  我们今天早上发表的来自我们驻芝罘记者的重要电报，对袭击英国轮船"高升号"作了形象甚至惊人的描述。如果随后的调查——这一调查现在已变得非常必要——证实了他所报告的可怕事件的准确性，以文明的观点来衡量日本人的行为，表明他们犯下了比放纵军事野心还重的罪行。如果这是真实的，除了日本海军指挥官在攻击"高升号"中对英国旗帜的侮辱，他们犯了我们的记者特别描述的那种恶行，向试图从溺亡中求生的无助的人开枪，是对人类犯下了一种无法被宽恕的暴行。无论如何，日本政府提出为攻击"高升号"进行赔偿和道歉，这似乎是很不够的，尽管进一步的证据可能有点掩盖了日本人的行为，但我们不能回避这一事件已成为一个极为严重的事件，并要求给予最全面的解释，除非日本从值得尊敬的文明国家的行列中被除名。至于我们的记者提到的"浪速号"舰放下小艇去射杀"在水中挣扎求生的清兵"这一事件，我们注意到，根据日本人的说法，这一小艇救起了船长和其他许多人。我们相信，这一说法可能是正确的，但是，不幸的是，船长高惠悌的获救似乎没有什么希望。我们也不能完全接受他们关于冯·汉纳根少校（他奇迹般地逃跑了）所讲的同样的话，因为，如果日本人——如他们所声称的那样——救了他，他们几乎不会让他逃到济物浦，并且向英国领事正式陈述事实。日本人如果要保持其文明国家的声誉，他们就必须立即采取措施澄清这一对其非人道的可怕指控。冯·汉纳根少校将会对整个事件给出他的说法，日本除了简单地否认被指控的事实，还需要进一步澄清，使"浪速号"的军官们摆脱他们目前所面临的严重指控。从任何一种观点来看，在尚未宣战的情况下攻击一艘悬挂英国旗帜的船只是非法的，需要总体赔偿。但是，如果情况正如我们的记者所报告的那样，日本的确将会发现自己处于一种非常严峻的境地。

　　肯定要过一些时间之后才有可能对交战国之间的战争问题表达确信的看法。但是，上个月26日和27日在牙山（Yachan）发生的战斗，应该表明了日本人不像他们表面上所预期的那样一直要以自己的方式处理问题。清军主力部队到达战场需要数周时间，但与此同时，先进的日本远征队可能会在试图从牙山驻地驱逐清军的战斗中，徒劳地损兵折将，清军显然善于防守。开赴朝鲜的清军，是一支装备优良和纪律严明的军队，其战斗力几乎不容争辩。像日本人一样，这支军队拥有带弹匣的步枪和现代野战炮，当两国军队发生遭遇战，就会发现他们在装备上旗鼓相当，而在人数和后备力量方面，中国将拥有明显的优势。很可能，在战争的早期阶段，清军指挥官的一些判断失误会给日军提供一些有利条件，但最终结果则依赖于持久力，而不是大胆冲动的短暂努力。中国政府在整个危机期间表现出了非凡的克制，其语言直到最后一刻都是和平的，面对肆意挑衅而没有采取行动来恶化这一必须克服的困局（difficulties）。但是，中国既然受到公然挑衅，其态度毫无疑问是坚定的，并且决心投入战斗。以热爱和平赢得声誉的总督李鸿章，被日本的傲慢自大刺痛，宣布清军将战斗到底。因此，天皇的臣民们明显充满的战争狂热将有充分的机会自行平息，但战争的结果是否会像他们想象的那样令人愉快，必须留给时间来决定。无论最后会怎样，英国和其他大国在东方海洋拥有经济利益，胜利者将不得不向我们和他们说明在朝鲜所做的一切。

　　［来源：*The Standard* (London, England), Thursday, August 02, 1894, p. 4.］

（三）《旅顺大屠杀》

　　一场解放朝鲜的战争突然变成一场鲁莽而野蛮的征服战争。战争不再是一场文明与野蛮的对决。日本已经撕下其面具，在最后4天里，文明在其征服军的足下被践踏。

攻陷旅顺口的故事将是历史篇章中最黑暗的一页。轻而易举战胜一群清兵，并攻取一座世界上最强大的炮台，这些对日军的性情来说是个巨大的冲击，几个小时后，他们崩溃了，沉睡在一代人身上的野蛮残暴复苏了，他们退回并陷入其前代人的残暴状态中。

街上堆满了死尸

旅顺港中几乎全城人口被屠，百姓手无寸铁，束手就擒，屠杀一天接着一天，直到街上堆满尸体，并且尸体皆被残损。我记录此事时，仍能听到来复枪声。

在19世纪的此时，正当日本寻求作为一个平等成员步入文明国家之列的时候，日本犯下的这一罪行令人震惊，与此相比，进攻软弱无助的北京或是使清王朝屈服都显得微不足道。

一种强烈的责任感迫使我记录下我在这里的所见所闻，记录下这一场毫不必要、毫无意义的大屠杀。

暂不论这一战役巨大的战场，或是陆上、海岸炮台链上威力强大的大炮，旅顺城的沦陷是这样一个事实，即一支规模庞大、受过良好训练的军队偷袭一支散漫的军队，作为一场战争，仅此事实就使战争的尊严尽失。虽有大炮的狂轰滥炸，军队在崇山峻岭之间科学地调度部署，但步兵的冲锋陷阵仍无法避免，日军老奸巨猾、铁石心肠的出谋划策者们罗列出的"阵亡者名单"实为无关紧要。

肆意妄为的暴行

日军在攻打一座炮台时，50人阵亡，250人受伤，如果是由欧洲和美国的军队来攻占的话，可能会折损10000人。然而，一种不可控制的力量导致了随后肆虐而来的残暴，这种残暴一直被日本人用文明外衣掩盖着，这充分证明这个国家完全经受不住一场真正的考验。

这盏亚洲之灯本来在黑暗的东方发出宁静祥和的光芒，看到此光芒的熄灭令人痛心。她在满洲的城墙上贴满告示，呼吁中国人放下武器，相信她的军队，而她的军队却以其冷血暴力在旅顺施行残暴，制造出一幕幕难以言喻的惨烈情景，看到这些同样使人心痛。

日本无颜面对世界。她侵犯了《日内瓦公约》，羞辱玷污了红十字会，她的统治机构泯灭了人性和怜悯。对战争胜利和奴役他人的新渴望绑架了她的意念。

屠杀旅顺城中可怜的百姓并损害其躯体，任何为此辩护的企图都无济于事。事实无可辩驳地表明，这是日本文明在意识的压力下突然崩溃了。

没有清军

到目前为止，这场战斗揭示出的惊人事实是：

［被屠杀者中］实际上不存在清军。

日本一直在用文明的外衣来打扮自己，却没有经历过道德和精神上的发展，而这些正是现代文明的根基所在，掌握其内在理念是必需的。

日本本质上是一个野蛮国家，还不能将文明人的生命和财产托付其管治之下。

直至日军进入旅顺的那一刻，包括在场的日军，他们对待敌人还是仁慈宽容的，这我可以见证。她的国旗上还没有沾上任何污点。然而，全是因为不理智的情感，像对待一个新玩具一样，日本一直在戏弄红十字会，她的军官们乐此不疲地吸引各国的目光，吸引别国来观看日本的表演。

旅顺陷落之时，日本的真面目暴露出来，甚至在惊吓不已的英美武官和负责记录此次疯狂屠杀的外国新闻记者面前也毫不避讳。我屡次尝试通过抗议或恳求来救助那些可怜的人们免遭杀害，但都无济于事。

日军嘲讽红十字会的标志，在满地的血污中，在抢来的赃物堆中，在失去家园的受害者身上，日兵肆意踩踏。肥胖的老司令官和他的将领们在其中微笑地踱着步，欣赏着夹杂着来复枪声的国歌音乐，相互碰杯祝贺。

日军从金州出发的行军以及攻打旅顺的过程，在大屠杀这一事实面前都变得微不足道，所以我要进一步讲述此事。

日军涌入旅顺时，看见他们被杀战友的头颅悬挂在绳子上，鼻子和耳朵都被削去。城中的主街上有一扇简易的拱门，上面用日军血淋淋的头颅作装饰。一场大屠杀随后而至。愤怒的士兵逢人便杀。

我亲眼见证旅顺城中可怜的人们从未企图反抗侵略军。日军现在声称有子弹从门窗中射来，而这一说法完全是谎言。

日军根本不想抓俘虏。

我看见一个男人跪在日军面前，祈求饶命时，他的头被砍下，身子被刺刀钉在地面上。

另外一个中国人蜷缩在角落里，一队日兵用枪把他射得千疮百孔。

一个跪在街上的人几乎被砍成两半。

还有一个可怜的家伙在屋顶上被射死。另一个人从屋顶摔到路上，后背被刺数刀而死。

我的下方就是一家医院，红十字会的旗帜插于其上，然而日军仍向走出家门的无助百姓扫射。

一个戴着皮帽的商人跪在地上，举手乞怜。日军向他开枪时，他用手遮住脸。第二天我看到他的尸体时，已面目全非，无法辨认了。

妇女和孩童被杀

妇女和孩童被护送着逃往山里时，遭到日军的追捕和射杀。

城从头到尾被洗劫一空，居民在家中被屠杀。

成群结队的马、驴和骆驼，还有成群的受惊吓的大人、孩子从旅顺的西边逃出城。那一群逃亡者涉水淌过一条狭窄的水道，在冰冷刺骨的水中不住颤抖，走得摇摇晃晃。一队日本步兵在水道前方停下脚步，向衣服还滴着水的逃难者扫射，但是没有一颗子弹击中目标。

最后走过水道的是两个男人，其中一个领着两个小孩子。他们跌跌撞撞地走出水道，到达对岸时，一队日本骑兵出现了，他们砍杀了其中一人。另一个人和两个孩子退回水里，像射杀狗一样被打死。

我们能看见各条街道上苦苦哀求的店主们被军刀砍死。门窗被打破卸下。每家每户都遭到入侵和抢劫。

第二军的先头部队到达黄金山炮台时，发现它已被弃之不顾。后来他们发现海湾中有一只帆船，上面挤满了逃亡者。一队日兵沿着码头岸边一字排开，向船上开火，直至杀光船上男女老少所有人。海湾外的鱼雷艇击沉了10只载满惊慌百姓的帆船。

屠杀中的幸灾乐祸

大约5点时分，从操练场上传来一阵音乐声，所有的日军将领在那里齐聚一堂，恭贺司令官的胜利，不过乃木希典不在其中，他还在山里追击敌军。多么兴高采烈的欢呼声和握手！乐队的表演如此庄重！我却始终能听到子弹在旅顺街巷中嗖嗖穿梭，我还知道那些无助的人们正倒在血泊中，他们的家正被洗劫。

当夜是那一年中最寒冷的一夜。温度计上的数字骤降至20华氏度。逃往山里的妇女和孩子被冻僵了，而同时屠杀城里男人的活动一整夜不曾停歇。

早晨，我从街上走过。看见到处的残肢碎体，仿佛是被野兽撕咬所致一般。店主被杀，尸体堆叠在路旁，眼泪结成冰，身上的伤口处挂着血红的冰锥。

狗在其冻僵的主人尸首边悲鸣低吠。到处都有饥饿的畜生在撕咬余温尚存者的尸骨。

哨兵的嘲笑

我和柯文先生在一起时，遇到一具无头死尸。距其两三米处是其头，一只狗正在撕咬其脖子。一个日本哨兵看着这一幕，并且大笑。

随后我看见一个胡须花白、口中无牙的商人被人开膛破肚，躺在自己店铺的门槛上，店铺已被洗劫一空了。另有一个受害者，他的胸腔也被一把日式刀剖开，一只宠物狗在其手臂下不住颤抖。一具女尸被压在一堆男尸下面，这堆尸体以各种能想到的或痛苦或哀求的姿势躺在地上。

在一个角落里，25具尸体堆成一堆。日军朝他们开枪时，站得太近，以至于他们的衣服被烧焦，其中一部分人是被烧死的。在此20英尺以外的地方躺着一个胡须花白、满脸皱纹的男人，喉咙被割断，眼睛和舌头被挖出来。

到处都没有武器的痕迹，也没有反抗打斗的痕迹。这里的一幕幕足以使[日本]这个世界上最能言善辩的国家无地自容。

在这幕惨烈的屠杀情景中，有一个战栗的老妇人，她是唯一的幸存者，她在死尸中徘徊，四肢颤抖，其沟壑纵横的脸上因为恐惧而抽搐不已。她能去哪儿？她该怎么办？所有的男人都被杀死了，所有的女人都逃进了冰冷的山中。然而，她没有获得任何同情的目光，反而被推挤、被嘲笑，直至她转身进入一条血污满地的小巷子里，苍天知道她又将面对怎样的可怕场景。

屠杀和劫掠

日军尝到了血腥的甜头后，其暴行第二天仍在继续。

我看见有4个男人沿着城市边缘安静地走着。其中一个人抱着一个婴儿。几个日兵突然向他们开枪，但是他们的枪法太差，那几个男人逃跑了。

从早到晚，日军持续地将人们从民舍中拽出，枪杀或是用刀砍杀他们。

奄奄一息的人们在地上抽搐，我看见日兵在他们身上踩来踏去，抢劫他们的家，从未企图掩盖其骇人的罪行。羞耻心泯灭了。人像被围困的野兽一样蜷缩在角落，跪求饶命，却不能如愿，看到这些惹人心碎。

第二天的暴行持续了一整天。数百人被杀。仅路旁就堆放了227具尸体。至少有40人被杀时，手是背在后面的。

有谣言说两名欧洲人被捕，并将被枪决。我追查了此事，发现那两人被囚禁过，但是已被释放。其中一人是路透社的记者史蒂芬·哈特（Stephen Hart），另一人是他的翻译奥尔伯格（Olberg）。

哈特先生搭乘一艘中国帆船途经烟台来到这里，为了搜集新闻，开战前3天，他已经到达这里。

他发现一艘拖船的船长约翰·麦克卢尔（John McClure）曾被任命为一艘军舰的舰长。旅顺当地官吏友好地接待了他，并允许他进入军营走动。

悬赏人头

他在道台衙门看见有以金钱悬赏日本人头的事。开战当天,那位官吏试图乘一艘小汽船逃跑,但却被日军的鱼雷艇赶回岸上,现在他正躲在山里的某个地方,对他的搜捕也正在进行。

第二军一进入旅顺,就有一个日本士兵用来复枪对准哈特先生,但是一个军官把枪向上挡开了。我见到他时,他刚刚从旅馆出来,日军为了洗劫那里,杀了一个厨子和两个男孩。

日军有 24 小时的时间冷静下来,然而其暴行却未停歇。日军对死尸的羞辱恶劣至极,残损尸体的行为令人作呕,我甚至无法用语言表述。

试探新闻记者

当天晚上稍晚一些时候,大山岩的法律顾问有贺长雄先生来到外国记者的驻地坐了一会儿。当时他戴着一副金边眼镜,面带笑容,温文尔雅,但十分警觉深沉。突然他转过身来对我说:

"您如何看待发生的这些事?"

"这是一次漂亮的战略行动。"我回答说。

"不,"他说,"您知道我的意思,我是说在旅顺杀人一事,您如何称呼它?您会称之为屠杀吗?我希望您坦诚相告。"

其他记者紧张地看着我,害怕我会口是心非,害怕日本人会禁止我们离开中国,强迫我们通过军事审查机构来发送新闻消息,进而掩盖我们所目睹的那些骇人事件的经过。我尽力回避问题,但是他紧抓着不放。

"您会称其为屠杀吗?"他又问,"还是,您称它为一场文明的战争?我们急切地想知道您将如何报道此事。例如,您是否认为它是一场针对旅顺和平居民的大屠杀?"

我再一次把问题引向别的方面。他放弃了对我的询问,转头面向伦敦《黑与白》周刊的记者弗雷德里克·维利尔斯(Frederick Villiers)先生,维利尔斯也尽可能地巧妙回避直接回答问题。

然后他又问《泰晤士报》的柯文先生,柯文先生直截了当地回答他自己将如何报道在开战当天日军的状态,以及告诉有贺长雄说,他认为在随后几天日军对手无寸铁的居民的所作所为完全是一场屠杀。有贺长雄沉思片刻。

"您也这么认为吗?"他转回来询问我。

"当然是的。"我说,"一个文明的国家理应俘虏犯人,而非屠杀。"

害怕曝光

有贺长雄显然是在试图让我们作出承诺,使我们保证在通讯稿中不使用"屠杀"一词,他用一种严密的亚洲方式为此事辩护。

"这不是同一个问题,"他说,"如果我们选择处死俘虏,这是另一个问题。"

"但是你们不是在杀死俘虏,而是在直接任意杀害无助的居民,从未试图俘虏他们。"

"啊,"有贺长雄一边说话,一边轻轻将双手交叠,以加强他的争辩,"就算是同一件事吧,我们在平壤抓捕了几百个俘虏,我们发现供养、看守他们的成本太高,太麻烦。根据实际情况,我们在这里就不抓俘虏了。"

屠杀第三天

开战的第三天,天一放亮,我就被来复枪声吵醒。他们还在忙于杀人。我走出去,看见一个军官带着一队日本兵正在追击三个人。其中一个人手臂中抱着一个光着身子的婴儿。他跑的时候婴儿掉到地上。一个小时后,我发现这个婴儿已经死了。第二个人被枪杀在地。第三个人是孩子的父亲,他失足摔倒。一个手里拿着一把出鞘刺刀的日兵立刻冲上前去,抓住他的后背。

我跑过去,露出缠在我手臂绷带上的红十字会非战斗人员标志,但是没用。日兵用刺刀向俯伏在地的男人连刺三四刀,然后走开,任由那人在地上喘着气,等待死亡。

我赶忙跑回驻地,叫醒维利尔斯先生,我们一同赶往那个奄奄一息的人所在之地。赶到时,他已经死了,伤口处还冒着热气。

我们弯腰检查尸体时,听到几码之外的路上有枪声响起,我们走过去看发生了什么。我们看见一个老人站在路上,双手被绑于后背。他身旁的地面上有三具扭曲的男尸,均是绑着被杀的。我们赶到时,一个日兵开枪射倒老人。老人脸朝上躺在路上,呻吟着,眼珠还在转动。士兵们撕开他的衣服,看见血从他胸部流出来,然后向他射出第二枪。老人的脸抽搐着,身体因为疼痛而剧烈颤抖。士兵们向他吐口水,嘲笑他。

我们转身离开那里。记起来,那已是开战的第三天了。

挖出心脏

次日,我和维利尔斯先生走进一个院子,看见里面堆满了残肢碎体。我们进去之时,惊讶地看见两个士兵弯着腰围在一具尸体旁。一个人手里拿着刀,剖开尸体,将心脏挖出来。他们看见我们时,退缩到一边,试图遮住自己的脸。

我确定有超过100名清兵在公开的交战中身亡,但有至少2000名手无寸铁的平民被屠杀。

也许，这是一群军人看到战友的残肢后怒不可遏的自然后果，或者称之为一场复仇。但是，我在旅顺所闻所见的暴行，是一个文明国家无法做出来的。我所记录的每一个场景，均是我亲眼所见，同时身边还有其他人在场见证，要么有英美的武官在场，要么是与柯文先生或者维利尔斯先生在一起。

也许这就是战争，不过它是一场野蛮的战争。它用超过一代人的生命来使一个民族文明化。

司令官和他的所有将领都知道屠杀一直在进行，一天接着一天。

［来源：James Creelman, "The Massacre at Port Arthur", *The World* (New York), December 20, 1894, pp.1-2.］

（四）《旅顺陷落后的日军暴行》

想要将日军攻占旅顺后所发生的一切当时就报道出来几乎是不可能的，若这样做甚至会给自己带来危险。所有的外国记者都尽快逃离了这一人间地狱，去往言论自由可以得到保障的地方。8天前乘坐长门丸号驶离旅顺时，我们万分惊讶地发现，自己竟然从一场疯狂漫延开来的、令人难以置信的残暴杀戮中得以生还。我们最后听到的是嬉笑着的日军不停射击的声音，旅顺陷落后这样的屠杀一直持续到第5天。

当日军在21日下午两点开始进入旅顺时，清军做了最后的殊死抵抗，他们凭借着房舍等遮蔽从一处向另一处慢慢地撤退，最后到达了城镇外围的一片区域。在此之后，所有的反抗都停止了，他们被彻底击败了。四下逃窜的清军跑过街道，想要找地方躲起来，或是拼了命地逃往东面或西面的野外。我当时正在一座名为"白玉山"的陡坡顶端，这座山在日文中被称作 Hakugokusan，意思亦是白玉山，从那里能够近距离观察下方的整个城镇，我背后是西面炮台，案子山炮台在左边，黄金山炮台和大海在右边，东面炮台远在城镇的前方。我看到日军进入城内，在街道上、向房舍内不断射击，他们抓住并杀害了遇到的一切生命，而在此期间我一直努力寻找着导致他们这样做的原因。我几乎目击了所有的射击，但我发誓除日军外没有人开枪。我看到大批中国人被从藏身之处抓出来，被射杀并遭到肢解，没有一个人试图反抗。被屠杀的中国人都穿着平民的衣服，但这说明不了什么，战斗中死里逃生的清军可能换下了军服。很多人跪倒在地，不停地磕头向日军乞求，但仍旧被占领军无情地屠杀了，他们至死还维持着这样的姿势。那些逃跑的中国人遭到日军追击，或早或迟均被杀害。

我能够看到这个小城镇的每一个地方,就像是站在大英博物馆顶层看伦敦塔桥一样。就我所见,没有任何人从房舍内向日军射击。我几乎不能相信眼前的景象,因为正如我在以往的信件中所言,之前战争过程中无可争议的事实使我对日军这一仁爱之师充满敬佩之情。所以我奋力观察与寻找着可以解释日军此等暴行的哪怕丝毫线索,坚信日军这样做是有原因的,但我什么也没有找到。如果我是被双眼所蒙蔽,那么其他人也一定面临着同样的困境。英国和美国的陆军武官那时也在白玉山上,他们同样对眼前的景象感到万分惊骇。他们宣称日军的所作所为是爆发的一次毫无征兆的野蛮行径,是其撕破人性面具,对之前言行的背叛。

背后的枪响将我们的注意力引向了北面,那里是一条注入广阔潟湖的溪流。一大批船只正向西蜂拥而去,超载一倍的船上挤满了惊慌失措的逃亡者,有男有女也有儿童,他们从被围的旅顺城内逃出时已经太晚了。一支由一位军官率领的日军骑兵队从溪流的上游向下游入海的方向射击,杀死了射程范围内的所有逃难者。一位老人领着2个10岁到12岁的儿童,已经开始涉水过溪,这时一骑兵下到水中,用长刀猛砍了他们十多下,这一残忍景象远非一个普通人所能接受。

视线转回旅顺城方向,我们看到一个农民打扮的男人,他空着两手正沿着山脚下干涸的河床向海边跑去,位置正处在我们和城内的房舍之间。他身后射来二三十颗子弹,在奔跑中他一下子跌倒了,但立刻爬了起来继续飞奔着逃命。日军兴奋得过了头,以致不能很好地瞄准目标,之后这个男人消失在了我们的视野中,但他很有可能最终还是被杀害了。

另一个不幸的人趁着日军从前门进屋胡乱开枪的时候,从屋后跑了出来。他跑进一条屋后的小巷,但很快就发现自己陷入了两面夹击的境地。我们听到他哭喊了大约15秒,并给日军士兵磕了三个头。他磕第三个头后就没能再起来,而是倒在一边,仍保持着弯腰姿势,妄图乞求获得日军那被过分夸大了的仁慈。日军士兵站在大约10步远的地方,朝着这个男人打光了枪膛里的子弹。

我们看到更多的可怜之人被杀害,但苦于无法阻止日军的屠杀行为。越来越多的人遇害,我们已经不能用语言来描述所看到的景象,厌恶与悲痛已超出了文字所能描绘的范围。我们在渐浓的夜色中缓慢走下山坡,经过了数个布满清军弹壳的步兵战壕,最终回到了大本营。面向宽阔练兵场的凉亭是为清军将领而建,而此时大山岩元帅和所有的军官集合在了这里,军乐团演奏着奇怪的乐曲,先是一首具有奇异日本特色的进行曲,然后是一首欢快的法国华尔兹舞曲，最后是令人印象深刻的日本国歌《君之代》（kaminoga），曲终后2万名军士齐声高喊："日本万岁！"这些人脸上都洋溢着热切的爱国之情，以及奋战之后获得全胜、圆满完成任务的喜悦之情。这些日本军人中没有一个人会想到他们来自西方的客人此刻心中充满了惊骇、愤慨与厌恶。摆脱激荡在日军中那恶魔般的欢愉，从以前的朋友那洋溢的欢乐中逃离对我们来说真是一种解脱，不然他们会用关注的目光将我们淹没，对我们而言这就像是被地狱饿鬼抚摸一样不适。我们目睹了日军的暴行，与如此残忍的人共处简直就是一种折磨。

攻占旅顺的前夜我们未能睡觉，回到住处全都筋疲力尽了。我们第二天早上醒得很晚，是被枪响惊醒的。周三的屠杀虽然确是无法宽恕，但其事出有因，日军在战火中受到的刺激、胜利的喜悦以及得知同伴尸体被肢解的愤恨，都可以对此作出解释。但令我们吃惊和恐慌的是，我们发现冷血的日军仍继续着周三开始的大屠杀。

从周四到周日的四天里，日军在城内的烧杀抢掠从清晨一直持续到夜里，他们肢解尸体，犯下一切可以想到的无耻暴行。到最后，整座城变成了一个可怕的人间地狱，目睹了这一惨状的人们至死都不会忘记，每次想起都会害怕得发抖。我看到过很多妇女和孩童的尸体，三四个一堆地散落在街道上，水里的尸体更多。我弯腰把其中一些捞起来，想要确认是否真的没有人在日军的刀下侥幸存活。街上散落着数百具男性的尸体，也有可能是数千具，我们已经数不过来，其中一些四肢都被割了下来，一些头被砍下，尸体被横向或纵向地切成两半，还有一些尸体被仔细、精确地向下向里剖开，内脏被挖出，手脚被割断，有时还会有短剑或刺刀插在尸体的私处。我曾看到好几群俘虏，他们的手都被缚在身后，用绳子捆成一长串。日军向他们射击了整整五分钟，尸体被打得千疮百孔，之后还被砍成了碎块。我还曾看到一条搁浅在沙滩上的舢板，上面挤满了逃亡的男女老幼，一拨又一拨的子弹向他们齐射而去，我已无法用语言来描述此等惨状。日军为何要不断重复制造着我在那四天里看到的所有可怕景象，其中桩桩件件、每处细节都令人痛苦不堪。

同时，城内的所有房屋都被洗劫一空，日军破开了每一道房门，将所有的箱子和橱柜掠夺一空，就连墙角和缝隙也没有放过。一切值钱的东西都被抢走了，剩下的不是遭到破坏就是被扔进了排水沟。甚至连路透社战地记者哈特先生也被抢劫一空，最后只剩下身上的衣服。而与他住在一起的厨子和帮厨男孩则被射杀在炉边，他们当时除了日常的活计什么也没有做。旅顺被攻占前，哈特先生曾告诉当地的旅馆店主不要离开城镇，因为日军肯定不会伤及他们的人身财产安全。在整个战争过程中，日军一直军纪严明，并完美展现了文明的战争方式，以至于现在的这种冷血与野蛮的爆发是所有人都未曾料想到的。

日军宣称城内居民持有枪支和"快装弹药"（一种厘米弹，根据气囊原理爆炸），还称他们进城时遭到了来自房屋内的射击。我后来的确在屋内的地上发现了弹壳，但我从没看到过有谁开枪。我只看到日军在进屋之前就向屋内射击，未经允许就破门而入。

在攻城的前一天，双方爆发了几次小规模战斗，被伤、被杀以及被俘的日军遭到清军残忍的虐待与肢解。……日军士兵发誓报仇，他们的确做到了，而且用的是极具东方特色的野蛮方式。我们只能说清军犯下了无耻的罪行，而日本人成百倍地进行了报复。如果日本甘愿按照清军的游戏规则来的话，那么英国人毫无权力来指责她。但毫无疑问，英国人将再也不会产生之前的那种对日本的欣赏之情。但也许日本对这种欣赏本就毫不在乎。

然而，如果这种突然爆发的野蛮报复是违背日本政府与人民的意愿的呢？因为很明显，这一行径与日方之前的所有言行都是相悖的。如果这一行动是未经授权、未被许可的，如果日本作出受到全世界称赞的承诺时是真心实意的，那么日方就应该尽快澄清事实，而且想要证明这一点并非难事。参与暴行的日军必须受到严厉制裁，否则我们只能认为日方批准了这一行动。我现在不能确定日方是否承认这是一场暴行，与此信同时抵达伦敦的电报将给出答案。也许发生在旅顺的一切最终仅会变成一件令人感到遗憾的事故。我希望并且相信此类事件不会再次发生。他国军队也曾做过类似的事情，但均不过是偶然所为。日军可能也不会再作出此等可怕暴行。

无辜平民在战争中遇难是不可避免的事情，我不会仅仅为了这个原因就指责日军。清军穿上了平民的服装并且仍持有武器，他们会凭借这一伪装偷袭日军。因此，不管其是否穿着军装，把所有中国人都当作敌人在某种程度上可以说是情有可原的。从这点来看，日军的所作所为是完全正当的。但即使是把他们当作敌人，也不应全部屠杀而应生俘，那才是人道的做法。我看到成百上千的人被抓住和捆绑后，仍旧被杀害了。也许有人说那不能被称作野蛮，但无论如何事实的确如此。

攻城那天，日军士兵也许因为刚刚经历了苦战得胜的兴奋而无法抑制嗜血的欲望。无论怎么说，他们当时正神经紧绷、热血沸腾、处在极度兴奋的状态中。不是说他们这样是合理的，但这种状况的确极为常见。但攻占旅顺发生在21日，而直到25日，日军已得到四天良好休整的情况下，屠杀仍在继续。这样看来，日军一定极易受刺激，而如果说这就是日本人的本性的话，这种本性将不会受到任何欣赏与赞扬。

一定有人考虑到了清军虐尸事件会使士兵们义愤填膺，而愤慨正是最好的借口。日军应当感到愤怒，但他们为何要以同样野蛮的方式来表达这种愤怒呢？这是因为他们的内心和清军一样野蛮、残忍吗？当然他们会予以否认。那么他们就必须证明这一点，因为不可否认的是，很多白人目睹了这些日军的所作所为，他们在战斗结束之后的整整四天里犯下了种种野蛮暴行。

1894 年 12 月 3 日写于神户

［来源］:"The Atrocities after the Fall of Port Arthur", *The Times* (London, England), January 08, 1895, p.6.］

（五）《关于旅顺的真相》

作为《黑与白》周刊的特约画师和伦敦《标准报》的记者，我跟随日军实地经历了进军及占领旅顺的全过程。当英美一些报纸杂志刊登大量文章怀疑前线记者发回的报道时，我感到有必要告诉大家旅顺大屠杀的事实真相。讲述真相并不总是一件令人感到愉悦的事，特别是当其涉及曾与你和睦相处、对你殷勤友好的那些人的所作所为。

陆军大将大山岩伯爵领导了在辽东半岛作战的日军，全程跟随这支日军的英美记者可以证明，天皇的军队在向旅顺进军途中，人道地对待了所有非战斗人员。所有村庄中的公屋墙壁上都张贴了布告，请村民们继续留在当地生活，保证他们的安全并承诺他们会受到士兵及随军劳工的友善对待。尽管最初当地居民感到担忧与害怕，但他们在发现这些保证十分可信后，在数天内都纷纷返回家中。他们的确受到了良好的对待，我不止一次从这些中国人口中听到"天皇的军队是上天派来的"。

作为日本真诚的朋友，我认为尽管日军之前表现良好，但旅顺大屠杀的真相仍应得到披露。假如她［日本］坦率地承认日军的过激行为，承认此事件是偶发的野蛮行为，惩罚那些没有试图控制其士兵暴行的军官，并枪毙一些在屠杀中罪孽深重的军人，那么她在其欧洲朋友眼中的形象所遭受的破坏将不及现在的一半。然而她却没有这样做。日本人在如何文明处事方面还是太年轻了，并且有时会表现得极度残酷与野蛮；但是，像大多数小孩子一样，他们十分不愿被发现犯错，并将厚着脸皮地精心编造谎言来掩盖自己的错误。

此类事件还有高升号（Kow-Sing）惨案与牙山（Asan）流血事件等，而日本人在处理旅顺大屠杀这一事件过程中的所作所为是极端幼稚的。他们完全否认除第一天的枪击外发生过任何屠杀，尽管这些声明与亲历了旅顺大屠杀的三名外国武官的报告相矛盾，这些武官的职责就是及时向本国政府报告日军的行为。日本通过运用其组织严密的新闻出版系统，利用相互竞争的欧美各报纸间的嫌隙，也许能够否认战地记者的报道，但是，日本再怎么也不应该妄想公众一下子会怀疑美国陆军中尉奥布莱恩（O'Brien）、英国海军上校迪布莱（Du Boulay）和陆军上校泰勒（Taylor）这样的人。虽然这些军官先生和记者们目睹了大屠杀，但日本人幼稚地想单纯用否认来掩盖事实，脸不红心不跳地对其欧洲朋友说：那些报告都是假的，全都是编造出来的。如果日本迷失了自我，作出了与其身份不相符的事情，那么作为她真正的朋友，我就应该指出她的错误。日本是一个优秀的民族，他们勤俭、朴素、爱国，并且能够为了祖国的利益而作出巨大牺牲。日本这个国家正快速走向世界的前列，她杰出的军队组织已经震惊世界。无论是高举战争的火炬，还是做一名熬夜苦读、从不闹事的学生，日本都毫无疑问是现代的"亚洲之光"。

旅顺大屠杀的爆发是一种孩子似的对杀戮的疯狂与痴迷。没有什么理由能够合理解释这连续三天的屠杀。日军在城中各处都轻易获得了胜利，几乎未遇到反抗，只有很少伤亡。旅顺这一建有16个堡垒的中国重点要塞，坚持了仅数小时就陷落了。陆军大将大山岩直接领导的第二军奉命攻占旅顺城区。在经过第一座桥时，他们发现了同伴被割下的头颅，这些日军是在11月18日的小规模战斗中被俘的，这在一定程度上导致了第一天的屠杀。两三个头颅被用绳子穿透嘴唇，悬挂在路边的一棵树苗上。再往前走，还有两个头颅被捆在一起，挂在一座房子的屋檐下。这批日军士兵很可能被眼前的可怕景象激怒了，他们未收到长官的命令就开始随意射击在街上遇到的任何活物。迪布莱上校、泰勒上校、奥布莱恩中尉以及三名记者在能够俯瞰全城的高处看到了这场射杀，而每条街道和小巷就像一张地图一样展现在他们面前。这几位武官和记者没看到任何对日军的反抗，也没有哪座房子里有人射击大山岩部的士兵。法国武官及两名法国记者那时正在后方的陆军大将大山岩处，距此地尚有一段距离。

那些不幸的店主和市民，听信了大山岩保证和平的公告，他们站在门前准备欢迎日军入城，结果却全都被残忍地枪杀在了自家门口。在与泰勒上校（曾从军印度的老兵）讨论了这一令人悲痛的事件后，我们得出这样的结论：在看到同伴的头颅被割下示众的情况下，即便是纪律最为严明的部队也很难不动怒。日军进入旅顺城后三天内的所作所为甚至使战时大本营的官员大伤脑筋。大山岩的国际法顾问有贺长雄是一名杰出的英文学者。在发生屠杀的第三天晚上，他把战地记者们召集到了旅顺衙门内。我们正围着屋子中间的炭火盆抽烟，这时有贺君坐了下来，转向我问道："维利尔斯先生，请不要迟疑地回答，你会把过去三天内发生的混乱叫作大屠杀吗？"一位日本官员问出这样的问题着实令人吃惊。我看了看我的同事克里尔曼、科恩和哈特，他们也对这个问题感到十分惊讶。之后我回答道："有贺君，大屠杀这一表述也许并不非常适合用来称呼这次的情况。"我告诉他，同伴的头颅给日军的刺激基本能为其第一天的行为提供理由，但后来两天所发生的事应当用另一个词语来表述。幸好有贺君当时没有追问我应该用什么词。我经过深思熟虑后最终决定称其为"冷血的屠杀"（a cold-blooded butchery）。那的确是一场冷血的屠杀。

　　［俄土战争中］苏里曼·帕夏（Suliman Pasha）在数周的苦战后从希普卡（Shipka）撤军，他率领着狂热的军队经过保加利亚的埃斯基（Eski）、叶尼扎格拉（Yeni Zagra）等城镇时，屠戮了一切生灵。土军一撤退，我就到了这些城镇里。街上的饿狗正争抢着小女孩的头颅，她们的头发上还编着艳丽的丝带。水井被残忍的士兵用受害者的尸体塞得满满当当，情景十分可怕。你尽可以把这些土耳其人称作恶魔，然而他们犯下这些罪行时正处在对惨败的狂怒中，并且知道这些保加利亚的男女老少与他们的俄国敌人情同手足。但是在旅顺，市民们听信了大山岩保证和平的公告，平静地等待着日本占领军入城。店主们不住地磕头也未能幸免于难，他们僵硬了的尸体仍保持着弯腰的姿势。有些尸体惨白的脸上仍依稀可见欢迎的笑容。路透社的记者哈特在旅顺陷落时被捕了，他曾帮助减轻了很多居民的恐惧，并劝说市民留在城内，因为他听闻了日军之前对非武装人员的友善对待。但此时日军已牢牢被砍杀的狂热所控制，毫无仁慈和怜悯可言。除日军士兵外，配有武器的军夫也参与了这场血腥的屠杀。这些人全都来自著名的武士阶级，他们实际上是日军的非正规部队。天皇规定武士或者说双手执剑的人不能参军，因为担心会发生过激行为，但这些武士应征成为军夫从而钻了这一规定的空子。在每辆运送物资装备的火车上，你都能见到武士：他们穿着普通的劳工服，但将长刀挂在两肩之间，并用布条仔细地裹好以保护上了漆的刀鞘，同时防止珍贵的刀身染尘或生锈，他们协助低等级的工友一起推车来掩护自己。如果这些武士一时找不到中国人的鲜血来唤醒他的长刀，他们就会挥舞着古刀砍向中国大地上的猪狗。走过满洲的村庄时，你能看到这样一片惨烈的景象：很多猪身上都有着严重的刀伤，有的头都几乎被切下来了，但仍有着足够的力气在地上挪动。屠杀城内的所有中国人似乎成了士兵

和军夫间的一场比赛。

第三天下午，我走在一条冷清的街道上，特别的是这条街上没有那么多死尸，只有数十处三三两两堆在一起的尸体，这时我遇到了三名日军士兵，他们喝了日本清酒，已有些醉意。这三名士兵刚刚破开了一家店铺的门板，并向里面蜷缩着的不幸居民射击。这个可怜人也许已经在担惊受怕中藏匿了数日。这些士兵给步枪重新装上子弹，在我赶到他们那里之前又破开了另一家店铺的门板。通过三人间的缝隙，我看到店铺最里面的位置有一个中国妇女，她伸着胳膊护着两个孩子。一位中国老人跪在三名士兵面前，浑身颤抖，不住地磕头。他听到了邻居被枪杀的声音，还有痛苦的呻吟以及尸体倒下时的重响，他想这一次轮到他了。我能做些什么来阻止这场蓄意的杀戮呢？突然我的脑子里蹦出了一个好主意。我轻轻地拍了拍其中一个士兵的后背，向着他微笑，用日文说了一两句问候军人的话，接着用手指着我的嘴和水壶，意思是说他在这之前喝得很快活。三名士兵一下子对我的动作产生了兴趣。他们试图看懂我的臂章，那上面有我的职业。像小孩子一样，他们的注意力被一个新玩具转移了，一下子就忘记了射杀。我最终谈笑着把他们引到了别的街上。他们一拐过街角我就离开了。无论如何，这名中国人和他的家人在另一队士兵到来之前暂时安全了。第二天下午，我又走到这条街上，这里的景象已经不一样了。所有的店铺都开着门，已经有日军部队驻扎了进去。当我经过前一天发生上述事件的那家店铺时，我发现那位中国老人还活着，正等着日军进入店铺。他一看到我就难以抑制感激之情而跪趴在地上，紧抱着我的双腿，我只得强行用双手将这位老人拖起来。正在这时，一名嚼着热饭团的日军士兵从店里走了出来。他看到这样的情景，就把自己的饭团掰成两半，并将其中一半塞到老人的手里，这真是一个值得记录的真善之举。几分钟后，我走到另一条街上，一名士兵正剖开一具死尸，他想要看看天朝的人到底有没有心脏。

第三天早上的八点半，克里尔曼刚转过我们所住房子的拐角外就走了回来，并让我跟着他。在距离我们的房子不到一百码的一个沙堆上，有一个大概只有两个月大的女婴，十分可怜。她刚刚从父亲的怀抱中掉下来，她的父亲试图从残忍的日军手中逃脱，但不幸身受重伤，正躺在几码之外的地上，脖子上有刺刀造成的伤口。他温热的血液在严寒中仍冒着热气。杀害他的那队恶魔士兵已经走向了下一个目标，正忙着射杀几位老人，这些老人正双手背后地跪在日军的步枪前，其中有几位已经中枪倒地。日军占领旅顺后，这样血腥的惨剧一直上演了整整三天，直到大约剩下36个中国人，他们成为这个城市中存活下来的仅有的天朝居民。这些人被用来埋葬他们死去的同胞，也是日军的送水工。他们的生命由插在其帽子上的一张白纸片得到保护，上面用日文写道："此人不可杀。"

［来源：Frederic Villiers, "The Truth about Port Arthur", *The North American Review*, Vol. 160, No. 460, March 1, 1895, pp. 325-330.］

参考文献

一、原始资料

（一）甲午战争期间的英国报刊

Birmingham Daily Post (Birmingham, England)

Blackwood's Edinburgh Magazine (Edinburgh, Scotland)

Daily News (London, England)

Derby Daily Telegraph (Derby, England)

Edinburgh Evening News (Edinburgh, Scotland)

Evening Telegraph and Star and Sheffield Daily Times (Sheffield, England)

Manchester Courier and Lancashire General Advertiser (Manchester, England)

Hull Daily Mail (Hull, England)

Leslie's Illustrated Weekly (London, England)

Sunderland Daily Echo and Shipping Gazette (Sunderland, England)

The Citizen (Gloucester, England)

The Daily Colonist (Victoria, British Columbia)

The Dundee Courier & Argus (Dundee, Scotland)

The Evening News (Portsmouth, England)

The Evening Telegraph (Dundee, Scotland)

The Huddersfield Daily Chronicle (West Yorkshire, England)

The Manchester Guardian (Manchester, England)

The Morning Post (London, England)

The Northern Daily Mail and South Durham Herald (Hartlepool, England)

The Nottingham Evening Post (Nottingham, England)

The North-Eastern Daily Gazette (Middlesbrough, England)

The Pall Mall Gazette (London, England)

The Shields Daily Gazette and Shipping Telegraph (South Shields, England)

The Sheffield & Rotherham Independent (Sheffield, England)

The Standard (London, England)

The Strand Magazine: An Illustrated Monthly (Strand, England)

The Star (Saint Peter Port, England)

The Times (London, England)

The Weekly Standard and Express (Blackburn, England)

The Yorkshire Evening Post (Leeds, England)

The Yorkshire Herald, and The York Herald (York, England)

Western Mail (Cardiff, Wales)

(二)甲午战争期间的美国报刊

Bangor Daily Whig & Courier (Bangor, Maine)

Bismarck Daily Tribune (Bismarck, North Dakota)

Boston Daily Advertiser (Boston, Massachusetts)

Daily Public Ledger (Maysville)

Chicago Daily Tribune (Chicago)

Evening Journal (Wilmington, Delaware)

Great Falls Weekly Tribune (Great Falls, Montana)

New York Times (New York)

New-York Tribune (New York)

Rocky Mountain News (Denver, Colorado)

San Francisco Chronicle (San Francisco)

Scranton Tribune (Scranton)

The Arena (Boston)

The Cape Girardeau Democrat (Cape Girardeau, Missouri)

The Century Illustrated Monthly Magazine (New York)

The Citizen (Butler)

The Daily Picayune (New Orleans, Louisiana)

The Chicago Eagle (Chicago)

The Evening Star (Washington, D.C.)

The Emporia Daily Gazette (Emporia, Kansas)

The Fairfield News and Herald (Winnsboro)

The Forum (New York)

The Fort Worth Gazette (Fort Worth)

The Galveston Daily News (Houston, Texas)

The Herald (Los Angeles)

The Indianapolis Journal (Indianapolis, Indiana)

The Literary Digest (New York)

The Macon Telegraph (Macon, Georgia)

The Milwaukee Sentinel (Milwaukee, Wisconsin)

The Morning Call (San Francisco, California)

The North American (Philadelphia, Pennsylvania)

The North American Review (New York)

The Milwaukee Journal (Milwaukee, Wisconsin)

The Omaha Daily Bee (Omaha)

The Record-Union (Sacramento)

The Roanoke Times (Roanoke)

The Salt Lake Herald (Salt Lake City)

The Saint Paul Daily Globe (Saint Paul)

The San Francisco Call (San Francisco, California)

The Saint Paul Daily Globe (Saint Paul)

The Standard Union (Brooklyn)

The Sun (New York)

The Washington Post (Washington, D.C.)

The Wichita Daily Eagle (Wichita)

The Wheeling Daily Intelligencer (Wheeling)

The World (New York)

（三）日本报刊

1.福澤諭吉「日清の戰爭は文野の戰爭なり」、『時事新報』、1894年7月29日。

2.陸羯南「我帝國の對韓政策を妨害する國は是れ文明國に非ず」、『日本』、1894 年 7 月 29 日。

3. 内村鑑三「日清戦争の義」、『国民之友』、1894 年 9 月 3 日。

4. Kanzo Uchimura, "Justification for the Korean War", *The Japan Weekly Mail*, August 11, 1894.

（四）外交档案

1. *British Documents on Foreign Affairs: Reports and Papers from the Foreign Office Confidential Print, Part I: Series E: Asia, 1860-1914, Volume 4, Sino-Japanese War, 1894*, University Publications of America, 1989.

2. *British Documents on Foreign Affairs: Reports and Papers from the Foreign Office Confidential Print, Part I: Series E: Asia, 1860-1914, Volume 5, Sino-Japanese War and Triple Intervention, 1894-1895*, University Publications of America, 1989.

3. *Papers Relating to the Foreign Relations of the United States, December 3, 1894*, Washington: Government Printing Office, 1895.

4. *Papers Relating to the Foreign Relations of the United States, December 2, 1895*, Washington: Government Printing Office, 1896.

5. 日本外交文書デジタルアーカイブ第 27 卷第 1 冊（明治 27 年／1894 年）（https://www.mofa.go.jp/mofaj/annai/honsho/shiryo/archives/27-1.html）

6. 日本外交文書デジタルアーカイブ第 27 卷第 2 冊（明治 27 年／1894 年）（https://www.mofa.go.jp/mofaj/annai/honsho/shiryo/archives/27-2.html）

7. 日本外交文書デジタルアーカイブ第 28 卷第 1 冊（明治 28 年／1895 年）（https://www.mofa.go.jp/mofaj/annai/honsho/shiryo/archives/28-1.html#e1）

8. 郭廷以、李毓澍主编：《清季中日韩关系史料》，台北："中央研究院"近代史研究所，1972 年。

9.《清光绪朝中日交涉史料》，故宫博物院，1932 年。

10. 王彦威纂辑，王亮编，王敬立校：《清季外交史料》，书目文献出版社，1987 年。

（五）著作

1. A. B. de Guerville, *Au Japon*, Paris: Alphonse Lemerre, 1904.

2. Augustus Mitchell, *A System of Modern Geography,* Philadelphia: H. Cowperthwait & Co, 1858.

3. Frederic Villiers, *Villiers: His Five Decades of Adventure*, Volume II, London: Hutchinson & Co., 1921.

4. James Creelman, *On the Great Highway: The Wanderings and Adventures of a Special Correspondent*, Boston: Lothrop Publishing Company, 1901.

5. James Lorimer, *The Institutes of the Law of Nations*, *Vol.1*, Edinburgh: William Blackwood and Sons, 1883.

6. John W. Foster, *Diplomatic Memoirs*, New York: Houghton Mifflin Company, 1909.

7. John Westlake, *Chapters on the Principles of International Law*, Cambridge: Cambridge University Press, 1894.

8. Nathaniel G. Huntington, *A System of Modern Geography, for Schools, Academies and Families,* Hartford: R. White, and Hutchison & Dwier, 1835.

9. Thomas Erskine Holland, *The Elements of Jurisprudence* (Third Edition), Oxford: The Clarendon Press, 1886.

10. William Edward Hall, *A Treatise on International Law* (Fourth Edition), Oxford: The Clarendon Press, 1895.

11. William Swinton, *Outlines of the World's History*, New York: Ivison Blakeman & Company, 1874.

12. 陈支平主编：《台湾文献汇刊》第六辑，九州出版社、厦门大学出版社，2004年。

13. 戴乐尔：《我在中国海军三十年（1889—1920）——戴乐尔回忆录》，张黎源、吉辰翻译，文汇出版社，2011年。

14. 李鸿章：《李鸿章全集》，时代文艺出版社，1998年。

15. 李·马吉芬：《他选择了中国：大东沟海战亲历者、北洋海军洋员马吉芬传》，张黎源译，山东画报出版社，2013年。

16. 刘文明编：《西方人亲历和讲述的甲午战争》，浙江大学出版社，2015年。

17. 陆奥宗光：《蹇蹇录》，伊舍石译，谷长清校，商务印书馆，1963年。

18. 戚其章主编：《中国近代史资料丛刊续编·中日战争》，中华书局，1994年。

19. 沈云龙主编：《近代中国史料丛刊三编》，台北：文海出版社，1987年。

20. 沈云龙主编：《近代中国史料丛刊》第一辑，台北：文海出版社，1966年。

21. 中国史学会主编：《中国近代史资料丛刊·第五种·中日战争》，新知识出版社，1956年。

22. 中国社会科学院近代史研究所近代史资料编辑组编:《近代史资料》总57号，中国社会科学出版社，1985年。

二、外文论著

1. Arthur De Gobineau, *The Inequality of Human Races*, New York: G. P. Putnam's sons, 1915.

2. Bruce Mazlish, *Civilization and Its Contents*, Stanford University Press, 2004.

3. Gerrit W. Gong, *The Standard of 'Civilization' in International Society*, New York: Oxford University Press, 1984.

4. J. A. Giles (ed.), *William of Malmesbury's Chronicle of the Kings of England*, London, 1847.

5. James L. Huffman, *Creating a Public: People and Press in Meiji Japan*, Honolulu: University of Hawaii Press, 1997.

6. Jeffery M. Dorwart, *The Pigtail War: American Involvement in the Sino-Japanese War of 1894-1895*, University of Massachusetts Press, 1975.

7. Lucien Febvre, Émile Tonnelat, Marcel Mauss, Adfredo Niceforo et Louis Weber, *Civilisation – Le mot et l'idée*, Paris: la Renaissance du livre, 1930.

8. Michael P Banton, *The Idea of Race*, Colorado: Westview Press, 1977.

9. Nagao Ariga, *La Guerre Sino-Japonaise au Point de Vue du Droit International*, Paris: A. Pedone, 1896.

10. Raghavan Iyer, ed., *The Glass Curtain between Asia and Europe*, London: Oxford University Press, 1965.

11. Rob Kitchin, Nigel Thrift, eds., *International Encyclopedia of Human Geography*, Vol. 8, Oxford: Elsevier Ltd., 2009.

12. Sakuye Takahashi, *Cases on International Law during the Chino-Japanese War*, Cambridge: The University Press, 1899.

13. Saya Makito, *The Sino-Japanese War and the Birth of Japanese Nationalism*, International House of Japan, 2011.

14. S. C. M. Paine, *The Sino-Japanese War of 1894-1895: Perceptions, Power, and Primacy*, Cambridge University Press, 2003.

15. Stewart Lone, *Japans First Modern War: Army and Society in the Conflict*

with China, 1894-95, New York: Scholarly and Reference Division, 1994.

16. 高橋作衛『英船高陞号之撃沈』、清水書店、1903 年。

17. 酒井忠康、清水勲編『近代漫画 III・日清戦争期の漫画』、筑摩書房、1985 年。

18. 美土路昌一《明治大正史・I・言論篇》、朝日新聞社、昭和五年（1930 年）。

19. 慶應義塾編『福澤諭吉全集』第 14 巻、岩波書店、1961 年。

20. 西田長壽主編『陸羯南全集』第四巻、みすず書房、1970 年。

21. 鈴木健二『ナショナリズムとメディア——日本近代化過程における新聞の功罪』、岩波書店、1997 年。

三、外文论文

1. Alfred T. Story, "Captain McGffin—Commander of the 'Chen Yuen' at the Battle of Yalu River", *The Strand Magazine: An Illustrated Monthly*, Vol. 10, Strand, 1895.

2. Daniel Kane, "Each of Us in His Own Way: Factors behind Conflicting Accounts of a Massacre at Port Arthur", *Journalism History*, vol. 31, No. 1 (Spring 2005): 23-33.

3. Frederic A. Moritz, "China Slaughter: His Scoop Was Heard around the World", *Media History Digest*, (Fall-Winter 1991): 38-46.

4. Gustavo Gozzi, "History of International Law and Western Civilization", *International Community Law Review*, Vol. 9, No. 4 (December 2007).

5. Jeffrey M. Dorwart, "James Creelman, the *New York World* and the Port Arthur Massacre", *Journalism Quarterly*, Vol. 50, No. 4, 1973.

6. Jürgen Habermas, "Why Europe Needs a Constitution", *New Left Review* 11 (September /October, 2001): 18.

7. Philo N. McGiffin, "The Battle of the Yalu: Personal Recollections by the Commander of the Chinese Ironclad 'Chen Yuen'", *The Century Illustrated Monthly Magazine*, Vol. 50.

8. Robert B. Valliant, "The Selling of Japan: Japanese Manipulation of Western Opinion, 1900-1905", *Monumenta Nipponica*, Vol. 29, No. 4 (Winter, 1974): 420.

9. Thomas L. Hardin, "American Press and Public Opinion in the First Sino-Japanese War", *Journalism Quarterly*, March, 1973, Vol.50, No.1, pp.54-59.

10. T. Mahan, "Lessons from the Yalu Fight: Comments on Commander McGiffin's Article by the Author of 'Influence of Sea Power upon History'", *The Century Illustrated Monthly Magazine*, Vol.50, New York: The Century Co., 1895.

11. 大谷正「中国および朝鮮における日本外務省の『新聞操縦』-1- 1894年～1913年」,『専修法学論集』(通号55・56)、1992年2月。

12. 大谷正「中国および朝鮮における日本外務省の『新聞操縦』-2-」、『専修法学論集』(通号57)、1992年9月。

13. 大谷正「『新聞操縦』から『対外宣伝』へ──明治・大正期の外務省対中国宣伝活動の変遷」,『メディア史研究』(5)、1996年11月。

14. 大谷正「旅順虐殺事件の一考察」,『専修法学論集』(45)、1987年3月。

15. 大谷正「エドワード・ハワード・ハウス詮考──『旅順虐殺事件の一考察』補遺-1-」,『専修法学論集』(48)、1988年9月。

16. 大谷正「ワールド新聞と日清戦争報道──『旅順虐殺事件の一考察』補遺-2-」(明治国家史の研究-特集-)『The Annual bulletin of social science』(23)、1989年3月。

17. 大谷正「旅順虐殺事件と国際世論をめぐって」(日清・日露戦争と世界〈特集〉)、『歴史評論』(532)、1994年8月。

18. 大谷正「旅順虐殺事件再考(含質疑・討論)」(1995年度(大阪歴史学会)大会特集号)、『ヒストリア』(149)、1995年12月。

19. 大谷正『兵士と軍夫の日清戦争──戦場からの手紙を読む』、有志舎、2006年。

20. 大谷正「戦争・戦地の情報と地域の民衆──地方新聞の日清戦争報道と掲載された兵士の手紙」,『自由民権』(12)、1999年3月。

21. 福井純子「おなべをもってどこいくの──日清戦争期の漫画が描いた清国人」(特集 近代日本社会の軍事動員と抵抗)、『立命館大学人文科学研究所紀要』(82)、2003年12月。

22. 福永知代「久保田米僊の画業に関する基礎的研究(2)久保田米僊と日清戦争──『国民新聞』におけるルポルタージュを中心に」,『お茶の水女子大学人文科学紀要』57号、2004年。

23. 岡村輝人「英米新聞の中の日本報道:宣戦布告前の戦闘に関して

（Ⅰ）」、『北星学園大学文学部北星論集』（36）、1999 年 3 月。

24. 金山泰志「日清戦争前後の児童雑誌に見る日本の中国観」、『史學雜誌』120（11）、2011 年 11 月。

25. 李其珍「新聞論評漫画の社会的機能に関する一考察：日清・日露戦争期における新聞漫画の内容分析から」、『マス・コミュニケーション研究』（72）、2008 年 1 月。

26. 辻千春「日中両国の報道版画：19 世紀末に現れた錦絵と年画にみる日清戦争の描き方を中心に」、『名古屋大学博物館報告』（27）、2011 年。

27. 松木修二郎「日清戦争とその後の新聞――報道新聞への脱皮 -1-」、『政経研究』23（2）、1986 年 12 月。

28. 松木修二郎「日清戦争とその後の新聞――報道新聞への脱皮 -2-」、『政経研究』23（3）、1987 年 3 月。

29. 石倉和佳「独歩と蘇峰――『国民新聞』における日清戦争報道より」、『関西英学史研究』（5）、2010 年。

30. 杉井六郎「日清戦争とキリスト教 -1-『基督教新聞』と『福音新報』を中心として」、『キリスト教社会問題研究』（31）、1983 年 3 月。

31. 杉井六郎「日清戦争とキリスト教 -2-『基督教新聞』と『福音新報』を中心として」、『キリスト教社会問題研究』（32）、1984 年 3 月。

32. 杉井六郎「日清戦争とキリスト教 -3-『基督教新聞』と『福音新報』を中心として」、『キリスト教社会問題研究』（33）、1985 年 3 月。

33. 原田敬一「国権派の日清戦争――『九州日日新聞』を中心に」、『文学部論集』（81）、1997 年 3 月。

34. 三輪公忠「『文明の日本』と『野蛮の中国』――日清戦争時『平壌攻略』と『旅順虐殺』のジェイムス・クリールマン報道を巡る日本の評判」、『軍事史学』45-1・通巻 177、2009 年 6 月。

35. 土屋礼子「日本の大衆紙における清仏戦争と日清戦争の報道」（シンポジュウム報告 世紀末の日英仏における報道と文学）、『Lutèce』通号 37、2009 年。

36. Teruto Okamura「Hostilities Prior to War Declaration as Reported in American and British Newspapers 1.Chino-Japanese War」、『北星学園大学文学部北星論集』（35）、1998 年 3 月。

37. 小林瑞乃「日清戦争開戦前夜の思想状況――金玉均暗殺事件をめぐ

る一考察」、『青山學院女子短期大學紀要』第 64 輯、2010 年 12 月。

38. 小林宗之「戦争と号外（1）——号外の誕生から日露戦争まで」、Core Ethics Vol. 8（2012）。

四、中文著作

1. 陈悦：《沉没的甲午》，凤凰出版社，2010 年。
2. 丁则民主编：《美国通史》第 3 卷，人民出版社，1990 年。
3. 方汉奇：《中国近代报刊史》，山西人民出版社，1981 年。
4. 关捷、唐功春、郭富纯、刘恩格总主编：《中日甲午战争全史》，吉林人民出版社，2005 年。
5. 关捷总主编：《旅顺大屠杀研究》，社会科学文献出版社，2004 年。
6. 韩俊英、王若、辛欣编著：《史鉴——甲午战争研究备要》，中央民族大学出版社，1997 年。
7. 刘成、胡传胜、陆伟芳、傅新球：《英国通史》第五卷，江苏人民出版社，2016 年。
8. 戚其章主编：《中日战争》，中华书局，1996 年。
9. 戚其章：《甲午战争史》，人民出版社，1990 年。
10. 戚其章：《国际法视角下的甲午战争》，人民出版社，2001 年。
11. 戚其章：《甲午战争国际关系史》，人民出版社，1994 年。
12. 戚俊杰、郭阳主编：《甲午纵横》第 3 辑，华文出版社，2010 年。
13. 雪儿简思：《大东亚的沉没：高升号事件的历史解剖》，中华书局，2008 年。
14. 雪珥：《绝版甲午：从海外史料揭秘中日战争》，文汇出版社，2009 年。
15. 郑天杰、赵梅卿：《中日甲午海战与李鸿章》，台北华欣文化事业中心，1919 年。
16. 张品兴等主编：《梁启超全集》，北京出版社，1999 年。
17. 中国甲午战争博物馆、北京图书馆阅览部：《中日甲午战争研究论著索引（1894—1993）》，齐鲁书社，1994 年。
18. 宗泽亚：《清日战争（1894—1895）》，世界图书出版公司，2012 年。

五、中文译著

1. 爱德华·W. 萨义德：《东方学》，王宇根译，生活·读书·新知三联书店，1999年。
2. 本·威尔逊：《黄金时代：英国与现代世界的诞生》，聂永光译，社会科学文献出版社，2018年。
3. 布鲁斯·马兹利什：《文明及其内涵》，汪辉译，刘文明校，商务印书馆，2017年。
4. 福泽谕吉：《文明论概略》，北京编译社译，商务印书馆，1959年。
5. 哈贝马斯：《公共领域的结构转型》，曹卫东等译，学林出版社，1999年。
6. 詹姆斯·库克：《库克船长日记——"努力"号于1768—1771年的航行》，比格尔霍尔编，刘秉仁译，商务印书馆，2013年。
7. 井上晴树：《旅顺大屠杀》，朴龙根译，大连出版社，2001年。
8. 基托：《希腊人》，徐卫翔、黄韬译，上海人民出版社，1998年。
9. 基佐：《欧洲文明史》，程洪逵、阮芷译，商务印书馆，1998年。
10. 李明：《中国近事报道（1687—1692）》，郭强、龙云、李伟译，大象出版社，2004年。
11. 路易斯·亨利·摩尔根：《古代社会》，杨东莼、马雍、马巨译，商务印书馆，1977年。
12. 马克思、恩格斯：《马克思恩格斯选集》第1卷，人民出版社，1995年。
13. 迈克尔·埃默里、埃德温·埃默里、南希·L. 罗伯茨：《美国新闻史：大众传播媒介解释史》（第九版），展江译，中国人民大学出版社，2009年。
14. 迈克尔·舒德森：《发掘新闻：美国报业的社会史》，陈昌风、常江译，北京大学出版社，2009年。
15. 皮埃尔·布迪厄、华康德：《实践与反思：反思社会学导引》，李猛、李康译，邓正来校，中央编译出版社，2004年。
16. 诺贝特·埃利亚斯：《文明的进程》，王佩莉译，生活·读书·新知三联书店，1998年。
17. 维拉德·G. 布莱雅：《美国新闻事业史》，王海、刘泉译，北京师范大学出版社，2014年。
18. 希罗多德：《历史》，王以铸译，商务印书馆，1959年。
19. 约翰·扎勒：《公共舆论》，陈心想等译，中国人民大学出版社，2013年。

20. 于尔根·奥斯特哈默：《世界的演变：19 世纪史》，强朝辉、刘风译，社会科学文献出版社，2016 年。

六、中文期刊论文

1. 陈悦：《西方人眼里的甲午战争》，《光明日报》2014 年 9 月 26 日。
2. 崔志海：《美国政府与中日甲午战争》，《历史研究》2011 年第 2 期。
3. 高鸿志：《英国与中日甲午战争》，《安徽大学学报》（哲学社会科学版）1994 年第 4 期。
4. 郭海燕：《有关甲午战争宣战前日本报刊对中国报道的研究——以〈朝日新闻〉报道李鸿章及清军动向为中心》，《社会科学战线》2014 年第 10 期。
5. 龚书铎：《甲午战争期间的社会舆论》，《北京师范大学学报》（社会科学版）1994 年第 5 期。
6. 归与：《中日海战评论撮要》，《海事月刊》1936 年第 9 卷第 12 期。
7. 范永强：《中日甲午战争中的国际法运用比较分析》，《西安政治学院学报》2015 年第 1 期。
8. 韩小林：《甲午战争期间〈申报〉对日本的报道综述》，《嘉应学院学报》（哲学社会科学版）2015 年第 9 期。
9. 何扬鸣、吴静：《试析甲午战争期间中日对欧美新闻舆论的态度》，《国际新闻界》2009 年第 9 期。
10. 蒋丰、赵新利：《甲午战争背后的中日舆论较量》，《青年记者》2015 年 2 月上。
11. 赖骏楠：《十九世纪的"文明"与"野蛮"——从国际法视角重新看待甲午战争》，《北大法律评论》第 12 卷第 1 辑，2011 年。
12. 李坚：《甲午战争时期报刊舆论与社会变迁》，《华东师范大学学报》（哲学社会科学版）1997 年第 2 期。
13. 李坚：《甲午战争时期的新闻舆论》，《河北学刊》1999 年第 1 期。
14. 李新军：《甲午战争前夕的〈申报〉舆论》，《沧桑》2008 年第 5 期。
15. 刘文明：《欧洲"文明"观念向日本、中国的传播及其本土化述评》，《历史研究》2011 年第 3 期。
16. 吕朋：《〈字林沪报〉对甲午战争的报道》，《青年记者》2015 年 1 月上。
17. 马军：《事迹与文献：甲午黄海海战北洋水师中的洋员》，《军事历史研究》2015 年第 4 期。

18. 戚其章：《西方人眼中的旅顺大屠杀》，《社会科学研究》2003 年第 4 期。

19. 戚其章：《建国以来中日甲午战争研究述评》，《近代史研究》1984 年第 4 期。

20. 戚其章：《中日甲午战争研究四十年》，《历史教学》1991 年第 2 期。

21. 戚其章：《甲午战争研究一百年的回顾》，《历史教学》1994 年第 7 期。

22. 戚其章：《中日甲午战争史研究的世纪回顾》，《历史研究》2000 年第 1 期。

23. 任勇胜：《作为媒体行为的朝鲜特派员——甲午战争前期朝日新闻通讯报道的媒介研究》，《汉语言文学研究》2017 年第 4 期。

24. 石建国：《西方传教士视域下的甲午中日战争"平壤战役"——以〈朝鲜丛报〉为中心》，《韩国研究论丛》第二十七辑（2014 年第一辑）。

25. 孙洪军：《从甲午战争中"禁米出洋"政策的实行看清政府的国际法意识》，《绥化学院学报》2012 年第 6 期。

26. 王超：《论早期英国"第四等级"报刊观念——以〈泰晤士报〉独立精神形成为例》，《今传媒》2015 年第 12 期。

27. 王美平：《甲午战争前后日本对华观的变迁——以报刊舆论为中心》，《历史研究》2012 年第 1 期。

28. 雪珥：《舆论战帮日本人打赢甲午战争》，《文史博览》2014 年第 5 期。

29. 徐建平：《甲午战争时期的天津〈直报〉及其对战后的舆论导向》，《历史档案》2004 年第 3 期。

30. 赵树好：《英国与甲午战争》，《学海》1997 年第 1 期。

31. 郑师渠：《〈万国公报〉与中日甲午战争》，《近代史研究》2001 年第 4 期。

32. 郑瑞侠：《甲午战争前日本的舆论及情报准备》，《辽宁大学学报》1993 年第 6 期。

33. 赵兴元：《马关议和时期的〈申报〉》，《吉林师范学院学报》1995 年第 7 期。

34. 赵兴元：《从〈申报〉看甲午战后国人心态》，《求是学刊》1997 年第 2 期。

七、中文学位论文

1. 常萌萌：《〈叻报〉对甲午战争报道的研究》，山东大学硕士学位论文，2015 年。

2. 陈鹏：《甲午战争期间的〈申报〉舆论》，华东师范大学硕士学位论文，2004年。

3. 孔令洁：《甲午战争期间的中日报刊舆论及其比较研究》，首都师范大学硕士学位论文，2013年。

4. 李康民：《中国的新闻舆论与中日甲午战争》，山东大学硕士学位论文，2012年。

5. 李慧：《〈申报〉对中日甲午战争的回应》，四川大学硕士学位论文，2005年。

6. 李敬：《甲午战争期间的〈字林沪报〉舆论》，华东师范大学硕士学位论文，2006年。

7. 李磊宇：《中日甲午战争期间〈泰晤士报〉的相关报道研究》，首都师范大学硕士学位论文，2016年。

8. 徐毅嘉：《美国报界对中日甲午战争的报道述评——以西海岸四大报为例》，吉林大学硕士学位论文，2013年。

9. 姚颖冲：《甲午战争期间的〈新闻报〉舆论》，华东师范大学硕士学位论文，2006年。

10. 曾庆雪：《中日甲午战争期间〈申报〉的失实报道研究》，山东大学硕士学位论文，2015年。

八、网络资料

1. Franciscus de Vitoria, *De Indis et de Ivre Belli Relectiones*, Ernest Nys (ed.), John Pawley Bate (trans.), from http://www.constitution.org/victoria/victoria_4.htm.

2. Frederic A. Moritz, "A Tale of Darkest Massacre, Slashes Japan's Shining Armor: James Creelman at Port Arthur", http://www.worldlymind.org/creelarthur.htm#portent.